探寻臧质城

欧锦铖 题

南京大学六朝研究所书系·甲种专著·第伍号
南 京 大 学 六 朝 研 究 所　主 编

探寻臧质城
——刘宋盱眙保卫战史地考实

钟海平 著

南京大学出版社

图书在版编目(CIP)数据

探寻臧质城：刘宋盱眙保卫战史地考实 / 钟海平著. ——
南京：南京大学出版社，2022.3
 (南京大学六朝研究所书系. 甲种专著. 第伍号)
 ISBN 978-7-305-25284-6

Ⅰ.①探… Ⅱ.①钟… Ⅲ.①战争史—研究—盱眙县
—六朝时代 Ⅳ.①E293.5

中国版本图书馆 CIP 数据核字(2022)第 016973 号

出版发行	南京大学出版社		
社　　址	南京市汉口路 22 号	邮　编	210093
出 版 人	金鑫荣		

丛　书　名　南京大学六朝研究所书系·甲种专著·第伍号
书　　　名　探寻臧质城——刘宋盱眙保卫战史地考实
著　　　者　钟海平
责任编辑　黄继东　　　　　　　编辑热线　025-83592193
照　　排　南京南琳图文制作有限公司
印　　刷　南京玉河印刷厂
开　　本　787×1092　1/20　印张 12.6　字数 220 千
版　　次　2022 年 3 月第 1 版　2022 年 3 月第 1 次印刷
ISBN 978-7-305-25284-6
定　　价　62.00 元

网址：http://www.njupco.com
官方微博：http://weibo.com/njupco
官方微信号：njupress
销售咨询热线：(025) 83594756

* 版权所有，侵权必究
* 凡购买南大版图书，如有印装质量问题，请与所购
　图书销售部门联系调换

总　序

一

　　晃晃悠悠的节奏、断断续续的过程,也许是"万事开头难"吧,从 2017 年 3 月 14 日"南京大学六朝研究所成立仪式暨学术座谈会"召开、计划出版系列图书至今,竟然已经三年又八个月过去了,具有"标志"意义的南京大学出版社版"南京大学六朝研究所书系"首批四册,终于即将推出,它们是:

　　刘淑芬著《六朝的城市与社会》(增订本),"甲种专著"第叁号;

　　张学锋编《"都城圈"与"都城圈社会"研究文集——以六朝建康为中心》,"乙种论集"第壹号;

　　[美]戚安道(Andrew Chittick)著、毕云译《中古中国的荫护与社群:公元 400—600 年的襄阳城》,"丙种译丛"第壹号;

　　[德]安然(Annette Kieser)著、周胤等译《从文物考古透视六朝社会》,"丙种译丛"第贰号。

　　既然是"首批四册",如何"甲种专著"却编为"第叁号"呢? 这缘于此前"书系"已经出版了以下数种:

　　胡阿祥著《东晋南朝侨州郡县与侨流人口研究》(修订本),江苏人民出版社,2019 年 10 月版,"甲种专著"第壹号;

　　吴桂兵著《中古丧葬礼俗中佛教因素演进的考古学研究》,科学出版社,2019 年 12 月版,"甲种专著"第贰号;

　　(唐)许嵩撰,张学锋、陆帅整理《建康实录》,南京出版社,2019 年

10月版,"丁种资料"第壹号;

胡阿祥著《"胡"说六朝》,江苏人民出版社,2019年6月版,"戊种公共史学"第壹号;

胡阿祥、王景福著《谢朓传》,凤凰出版社,2019年12月版,"戊种公共史学"第贰号。

据上所陈,"南京大学六朝研究所书系"的总体设计,应该就可以了然了。

首先,"书系"包含五个系列,即甲种专著、乙种论集、丙种译丛、丁种资料、戊种公共史学,这显示了我们对六朝历史之基础研究与应用研究的全面关注、对话学界之"学院"史学与面向社会之"公共史学"的兼容并包。

其次,"书系"出版采取"1+N"模式,"1"为南京大学出版社,"N"为其他出版社,"1"为主,"N"为辅,但仍按出版时序进行统一编号。所以如此处理,自然不在追求"差异美",而是随顺作者、译者、编者的意愿以及其他各别复杂情形。

再次,"书系"虽以"南京大学六朝研究所书系"冠名,但只是冠名而已,我们会热忱邀约、真诚接受所内外、校内外、国内外的书稿,并尽遴选、评审、建议及至修改之责。

要之,五个系列的齐头并进、出版单位的灵活安排、书稿来源的不拘内外,这样有异寻常的总体设计,又都服务于我们的相关中期乃至远期目标:通过若干年的努力,使学界同仁共襄盛举的"南京大学六朝研究所书系"渐具规模、形成特色、产生影响,而"南京大学六朝研究所"也因之成为学界同仁信任、首肯乃至赞誉的研究机构。如此,庶不辜负我们回望的如梦的六朝时代、我们生活的坚韧而光荣的华夏正统古都南京、我们工作的诚朴雄伟励学敦行的南京大学、我们钟情的昌明国粹融化新知的南京大学历史学院。

二

南京大学历史学院有着厚实的六朝研究传统。蒋赞初、孟昭庚等老一辈学者宏基初奠,如蒋赞初教授开创的六朝考古领域,在学界独树一帜,若孟昭庚教授从事的六朝文献整理,在学界备受赞誉;近20多年来,张学锋、贺云翱、吴桂兵、杨晓春等中年学者开拓创新,又形成了六朝人文地理、东亚关系、都城考古、墓葬考古、佛教考古等特色方向。推而广之,南京大学文学院程章灿之石刻文献研究、赵益之知识信仰研究、童岭之思想文化研究,南京大学地海学院陈刚之建康空间研究,皆已卓然成家;又卞孝萱师创办的"江苏省六朝史研究会",已历半个多甲子,一批"后浪"张罗的"六朝历史与考古青年学者交流会",近期将举办第七回,本人任馆长的六朝博物馆,成为六朝古都南京的璀璨"地标",南京师范大学、南京市考古研究院、南京晓庄学院等,也都汇聚起不弱的六朝研究力量。凡此种种,既有意或无意中彰显了学者个人之"文章合为时而著,歌诗合为事而作"的"义理"追求,也主动或被动地因应了现实社会对历史记忆、文化遗产等的"经济"(经世济用)需求。

即以现实社会之"经济"需求而言,就南方论,就江苏论,就南京论,六朝时代既是整体变迁过程中客观存在的一环,又是特别关键、相当荣耀的一环。以秦岭-淮河为大致分界的中国南方,经过六朝时代,经济开发出来了,文化发展起来了;跨江越淮带海的江苏,唤醒历史记忆,弘扬文化遗产,同样无法绕过六朝时代;而南京所以能够成为中国第四大古都、中国南方第一的古都,也主要是因为六朝在此建都。

六朝的意义当然绝不仅此。举其"义理"之荦荦大者,以言孙吴,经过孙吴一朝的民族融合、交通开辟、政区设置,南中国进入了中国历史的主舞台,并引领了此后北方有乱、避难南方的历史趋势,比如东晋、南朝、南宋皆如此;以言东晋南朝,当中国北方陷入十六国大乱,正是晋朝在南方的重建以及其后宋、齐、梁、陈较为平稳的递嬗,才使传统华夏文明在南方得以保存与延续、发展并丰富，这样薪火相传、"凤凰涅槃"的南方华夏文明，又给北方的十六国北朝之"汉化"或"本土化"的演进，提供了鲜活的"样本"、完整的"模范"，其结果，便是南与北交融、胡与汉熔铸而成的辉煌灿烂的隋唐文明，特别是其中的精英文化；再言虽然分隔为孙吴、东晋南朝两段而诸多方面仍一以贯之的六朝，就颇有学者把包括六朝在内的汉晋文化与罗马文化并列为世界古代文明的两大中心，这又无疑显示了六朝文化在世界史上的超凡地位。

然则围绕着这样的"义理"与"经济"，笔者起 2004 年、至 2018 年，为《南京晓庄学院学报》"六朝研究"专栏写下了 50 篇回旋往复甚至有些啰唆的"主持人语"，这些"主持人语"，现已结集在"南京大学六朝研究所书系"最先问世的《"胡"说六朝》中；至于"南京大学六朝研究所书系"过去近四年的"万事开头难"、今后若干年的"不忘初心，而必果本愿"，我们也就自我定位为伟哉斯业，准备着无怨无悔地奉献心力了……

南京大学六朝研究所　所长胡阿祥
2020 年 11 月 16 日

序
——"十八般武艺"齐上阵

海平老友这本书的主题,属于历史军事地理范畴,这是我比较熟悉的领域。比如早在25年前,那时我才30岁出头,就与彭安玉学兄、郭黎安先生合作,主编主撰了一本《兵家必争之地——中国历史军事地理要览》(以下简称《兵家必争之地》)。记得写这本书时,正值盛夏炎暑,南大南园筒子楼里装不了空调,电风扇里扇出来的都是热风,为了避免汗水浸湿稿纸,我拿两块毛巾垫着手臂,又拿一块毛巾随时擦汗,房间里则挂满了全国与分省的地形图、政区图和一些重要战役的形势图,沉迷其中,我甚至常常不由自主地想象,我如果是孙武子、诸葛亮、戚继光、粟裕,应该如何运筹帷幄、谋篇布局、冲锋陷阵、围城打援?那是一段难以忘怀的经历!所以难以忘怀,一则老在追忆着那精力充沛、思维活跃的青春岁月;二则此书竟然"上得厅堂,下得厨房",得到了社会与学界两方面的肯定,社会的肯定,让此书成了"地摊书",我收到了几十封读者来信,几位东北抗联老战士还多番约我到白山黑水间访古;学界的肯定,此书竟被推为中国历史军事地理的两部代表作之一,另一部是著名历史地理学家史念海先生的《河山集》第四集;三则1996年河海大学出版社首版此书后,2007年海南出版社主动与我联系,出版了修订本,2019年上海文艺出版社又与我签约,计划出版图文本(只是我至今未及忙到此事),换言之,大概每隔十来年,此书就要修订重版一次,看来此书的学术价值与社会意义,还是显而易见的。

《兵家必争之地》所涉的时空范围,可谓"上下五千年,纵横一万里",就如我读清初顾祖禹《读史方舆纪要》的感觉,哪儿的山川险隘都关键,哪儿的攻守形势都重要,哪儿的得失成败之故都值得琢磨,以此,

《兵家必争之地》尽管篇幅不小、已近50万字,分配到个别的山川险隘、攻守形势、得失成败,仍然仅仅"要览"而已。即言海平不懈探寻的臧质城、尽力考实的刘宋盱眙保卫战史地,《兵家必争之地》的叙述是这样的:

> 盱眙今属江苏省徐淮地区,除了西面临淮河外,全境皆为低山丘陵……唐代以前,县城在山上,背靠绵延起伏的山冈,面临滔滔不绝的淮河以及一望无际的淮北平原,战守形势之利显而易见……在南北分裂以淮河为界时,盱眙对于屏蔽淮南和固守江南具有特殊意义……六朝时发生在这里最激烈的一次战争是451年的盱眙保卫战。其时,北魏拓跋焘进犯刘宋,步骑至六合瓜步,但因无力渡江,只得北返。在撤退途中,为了夺取盱眙城中丰足的军实,"以为北归之资",遂由拓跋焘亲自挂帅,力攻盱眙。盱眙太守深知该地的冲要,所以当战争还在黄河以北进行时就已备足了粮秣,这时便与驰援彭城而被魏军堵截的臧质一起齐心协力,共同守城。双方相持长达一个月,拓跋焘见盱眙城坚固难克,担心宋军自海入淮断其归路,于是就狼狈北逃。

这段并非出自我手的文字,不知海平看到,是否会有浮光掠影、蜻蜓点水之诮?而我在几番拜读海平的大著后,也颇汗颜于我当初改定书稿时,为何没有补上沈璞——时任盱眙太守——这条信息,因为这条信息所系非轻,不应遗漏,海平的探寻考实,更是具有画龙点睛的意义,理由则很简单直白,记载这场盱眙保卫战的第一手文献,正是沈璞之子沈约撰写的《宋书》,诚如海平指出的:

> 《宋书》是沈约所著,元嘉二十七年,臧质率部与拓跋焘遭遇时,沈约年十岁,随父在盱眙城,对元嘉二十七年底的遭遇战、二十八年初的盱眙城保卫战,可以说都是亲身经历过来的,也许臧质灌

装"溲便"时,小沈约就在身边,因而《臧质传》写得活灵活现,神采飞扬,非身临其境不能为。沈璞缮城浚隍时,沈约或曾跟着父亲或登城远眺或出城观览景色,对盱眙城周围的环境是了解的,至少盱眙城哪边有高山、哪边是淮河是清楚的,因而在写《宋书》时,不可能将经常去玩耍的非常熟悉的东山、前浦等地名写错。

这段同样"写得活灵活现"的文字,既显示了海平文字的一贯风格,也反映了海平考证的惯用手段。就以"沈约年十岁,随父在盱眙城"一句为例,《宋书·自序》有言:沈璞"俄迁宣威将军、盱眙太守……老幼在焉",曹道衡、刘跃进著《南北朝文学编年史》亦云:450年,"沈约十岁,随父至盱眙",451年,"沈约十一岁,仍随其父在盱眙";而以此为前提,海平作出了沈约"在写《宋书》时,不可能将经常去玩耍的非常熟悉的东山、前浦等地名写错"的合理判断。

其实通读海平的这本小书大著,诸多立论定性、考史释地,围绕纷繁复杂之史料的辨析,针对众说纷纭之观点的取舍,始终具有清醒的史源意识,抱持着"身临其境"、换位思考的人文关怀。不妨再举海平书中所论"唐杜佑《通典》记载的盱眙"为例,在历数了杜佑的官职与工作后,海平的判断是:

> 自大历三年(768年)为淮南节度使幕府从事,到贞元十九年(803年)入朝为相,前后约三十五年间,几乎都与盱眙有着疏密不一的关系。设想杜佑会将自己统属多年的县城记错,几乎是不可能的事情,由此可以确定对杜佑关于盱眙的记载不需置疑。

这个"不需置疑",也就意味着海平否认了"后人几乎一边倒地选择采信"的北宋乐史《太平寰宇记》中有关"废臧质城"的记载;有趣的是,海平还就此对话学界地给出了"理解之同情":"也许《通典》本不是以志书面目问世的,以至后人了解不多。"

然则海平如此的史源意识、人文关怀、"理解之同情"，施之于臧质城的探寻、刘宋盱眙保卫战史地的考实，又真可谓"不二人选"。此话怎讲？分享两段前辈大师的感悟，即可了然吧。史念海先生之《河山集》第四集"自序"：

> 为了使有关的文献记载都能够得到佐证，就必须亲自莅临各处旧战场作实地的考察……陕西的旧战场虽甚繁杂，时移世易，旧迹多已泯没，然荒烟蔓草间，仍可依稀辨认当年的残壁废垒，而积沙厚壤中亦间或可觅得其时的折戟沉钩。能够确定战场旧迹，参以周围的山川形势，就可以略知当年相斫的梗概……这些战地既为戎马金戈相斫相争的沙场，自有道路可以抵达。只是今古异趣，不仅陵谷多变，而且也难免人为的更改……只有逐段探索，始能略知其间的来龙去脉……有些人根据现在的地理形势，侈谈往昔的军事行动，那就不免差之毫厘，谬以千里了！

由此，专注历史军事地理的《河山集》第四集，"取得了足以显示新中国高水平的杰出成果"。又陈桥驿先生《前无古人的历史军事地理研究成果——评〈长平之战——中国古代最大战役之研究〉》：

> 由于历史文献对于古代战争实际过程的记载和描述，基本上都是纸上谈兵，为此，在当今历史地理的各分支学科中，历史军事地理的研究显得非常困难，因为文献记载中缺少当年战场实绩的第一手材料。
>
> 《长平之战》确实是历史军事地理研究中的一块值得称道的里程碑。此书成功的关键，无疑就是作者打破了纸上谈兵的研究传统，而对这个范围广大的古战场进行了野外实地考察，基本上掌握了这个古战场的地理形势。在这样的基础上，进一步从战争现场研究和分析交战双方的部队驻扎、后勤供应、攻守路线以及进军、

战斗等种种实绩,从而对这个古战场上的全部战争过程进行了有科学依据的复原。

读完此书,感慨无穷……《长平之战》为我们作出了一个历史军事地理研究的典范,我们当然不会奢望对中国古代的战争都能进行这样的研究,但是对于一些著名战役,我们期待着看到不同于纸上谈兵的研究成果。

记得四五年前,当我听到海平有志于研究刘宋盱眙保卫战时,即刻向他推荐了这部收获盛誉的靳生禾、谢鸿喜所著《长平之战》,并且极力"怂恿"他也为历史军事地理研究贡献一部"不同于纸上谈兵"的《盱眙之战》,因为我总觉得,盱眙保卫战既值得探寻细节、考实过程,而海平也是堪担此任的"不二人选"。

盱眙保卫战之值得探寻考实,一言以蔽之,这是东晋南朝时与淝水之战齐名、改变了南北双方攻守态势的一场大战;至于海平之为研究的"不二人选",我的认知,基于以下三点:

其一,海平的乡土经历。从1958年来到盱眙,及至2017年完成本书初稿,海平之于盱眙,已有60年的乡村、工厂、机关、退休经历,盱眙的山水城林、文献掌故、碑碣砖瓦,不仅在他的耳中、眼里,也在他的脚下、心中……

其二,海平的"精算"能力。我和内人曾与海平及其家乡朋友如书法家张永刚、摄影家朱少成等"掼蛋",往往一局下来,我和内人这方"稳如泰山"、岿然不动,海平那方则"星奔电迈"、迅速冲顶,我和内人最多记到老K,海平及其朋友则不知记到何等小牌,于是我既拜服在淮安(盱眙隶属淮安)"掼蛋"的超高水平之下,也对海平统筹全局的"精算"能力大为钦佩,进之,我认定这样的海平应该是做考证文章的一把好手……

其三,海平的考证功底。我之初识海平的考证功底,缘于2016年年初。其时,任职盱眙县地方税务局的海平以《鲁肃籍贯献疑》一文见示,几经格式规范后,该文发表于由我主持的《南京晓庄学院学报》2017年第1期"六朝研究"栏目,也因该文,这期我的"主持人语"题为"乡曲未必陋儒",既评论"钟海平之文……颇具前瞻后顾的思维、史书地志的兼及……尽显左勾右连的能力、地理比较与计量史学的细密",又不怕得罪"学院派"而特别提出:

> 虽然学院派或对地方文史爱好者不以为意,其实就某些具体问题特别是历史地理问题言,地方文史爱好者熟悉地情,掌握乡邦文献,一旦钻研既深,往往能够取得胜过某些空疏的学院派之扎实成果。钟海平之文即为一例,又本专栏前此连载的朱向东《新亭故址新考》亦为例证。如此,乡曲未必陋儒,陋儒或也见于学院也。

我这里的"乡曲"取其本意"乡野地方",而对常言所谓的"乡曲陋儒"则不尽认同,即如钟海平兄这样经历丰富、能力出众、功底扎实而未经专业训练的地方文史爱好者,一旦专业上了路子、钻研锲而不舍,其文乃至其书,也就往往不可小觑。其文比如《鲁肃籍贯献疑》,综合运用了书法(人物籍贯的判定应以当时政区为准)、地理("往来南山中射猎")、经济("家有两囷米,各三千斛")诸端,并以历史地图与卫星地图相互印证,从而得出"陈寿《三国志·鲁肃传》之'临淮东城人也'的记载,是有违《三国志》人物籍贯书法常例的表述,而鲁肃的籍贯地,应为东汉下邳国盱台县,即今江苏省盱眙县"的结论;其书则如现在成型的《探寻臧质城——刘宋盱眙保卫战史地考实》,既证明了我识人的眼光不错,也凸显了海平考证功底非同一般。

为何我月旦海平的考证功底非同一般呢?既往的历史军事地理之战场研究,分歧较多的情形,常是战场的位置,如春秋城濮之战、战国马陵之战、楚汉垓下之战、汉末赤壁之战,争论所在,多是这些相关地名的隶属政区和在隶属政区中的相对方位;海平之臧质城(盱眙郡城)探寻的结论,则力图细化到今盱眙县范围内的某个具体地点:

揆诸《宋书》《通典》《寰宇记》《资治通鉴》暨胡注等典籍的记载，并在此基础上进行合理论证和逻辑推理，再与卫星地图及实际地形地貌比对，最终得出结论，盱眙郡城自盱眙郡设立时于都梁山兴建，具体位置为：西濒淮水，南邻陡山（斗山）；北近二山（长围山）；东南距东山（戚家山）三里。唐时新置的临淮县及后来移治临淮的泗州与其隔淮相望。现新扬高速盱眙淮河大桥东岸，高架桥下南侧濒淮处。考虑到洪泽湖形成后，淮河入湖口水位受湖水顶托抬高因素，或许有部分甚至大部遗址没于水下。

又以上引结论为基础，海平以为，古往今来围绕盱眙保卫战的诸多矛盾、依违、讹误、疑点皆可"迎刃而解"，比如"从东北方向攻城是唯一的选择"，"水军出击通道在城内"，"长围应是围城工事"，"臧质不可能扎营于城北"，云云。如此，我想，起码从盱眙太守沈璞之子沈约撰成《宋书》纪传的公元488年至今，对于公元451年初的那场盱眙保卫战，1530余年来的学者，再也没有像我们今天这样清楚的了，而所以能够达至这样的理想境界，实在离不开钟海平先生之热爱乡邦、潜心学术、丈量大地、矢志求索的可贵精神，更离不开钟海平先生具备"十八般武艺"齐上阵的难得禀赋——史书、地志、舆图、考古等资料的往复辨析，比较、计量、踏勘、推理等手段的交替运用，纪事本末、文言白话、解疑释惑、追古证今等形式的纵横捭阖……

缘此，我乐于与海平交流、愿意为海平看稿，亦荣幸于为海平老友这本形式独特、"文责自负"的《探寻臧质城——刘宋盱眙保卫战史地考实》献序。

胡阿祥

宝华仙林翠谷

二〇二一年三月十七日

目　录

总　序 …………………………………………………… 胡阿祥

序——"十八般武艺"齐上阵 ………………………… 胡阿祥

引　言 …………………………………………………… 1

第一章　盱眙保卫战纪事本末 ……………………… 5

　一　初战失利臧质军败投沈璞 ……………………… 6
　二　陂水阻路，魏军转攻盱眙城 …………………… 10
　三　围城三旬，拓跋焘无功北返 …………………… 15

第二章　盱眙保卫战发生地及疑问 ………………… 23

　一　秦汉盱眙城位置 ………………………………… 24
　二　考古结论 ………………………………………… 32
　三　对保卫战发生在秦汉盱眙城的疑问 …………… 35
　四　今盱眙城不可能是臧质城 ……………………… 42

第三章　臧质城的存与废 …………………………… 47

　一　臧质城被废缘由 ………………………………… 47
　二　盱眙郡与县 ……………………………………… 51
　三　都梁城的出现 …………………………………… 57
　四　都梁与泗州 ……………………………………… 62
　五　都梁成为盱眙别称 ……………………………… 66

第四章　史书记载出现矛盾 ····················· 70

一　《太平寰宇记》的记载自相矛盾 ··············· 70
二　《太平寰宇记》与《通典》的分歧 ··············· 74
三　《太平寰宇记》与《资治通鉴》的不一致 ········· 77
四　《太平寰宇记》及后世史书误记台子山 ········· 78
五　《太平寰宇记》认定秦汉盱眙城为臧质城 ······· 85
六　地方志书记载出现混乱 ····················· 88

第五章　盱眙郡与城 ····························· 96

一　盱眙郡县不同治 ··························· 96
二　排除盱眙郡与所辖县同治的可能 ············· 99
三　《水经注》记盱眙故城 ······················ 111
四　解读胡三省注 ···························· 114

第六章　锁定盱眙郡城 ·························· 137

一　得到考古印证 ···························· 137
二　工具书的印证 ···························· 141
三　淮河水位升高对地形的影响 ················ 144
四　众多疑问迎刃而解 ························ 147

结　语 ··· 153

附录一：有关文献记载的盱眙保卫战 ············· 155

一　《宋书》 ································· 155
二　《南齐书》 ······························· 159
三　《魏书》 ································· 159
四　《南史》 ································· 159

五 《北史》·················160

　　六 《资治通鉴》·················161

　　七 《中国历代战争史》·················163

附录二：晋之前盱眙沿革 ·················165

　　一 春秋时的善道·················165

　　二 吴邑秦县·················168

　　三 从善道到盱台·················171

　　四 从盱台到盱眙·················174

附录三：盱眙保卫战前南方态势 ·················176

　　一 近臣怂恿，元嘉草草非为封狼居胥·················176

　　二 错判形势，轻举妄动埋下失败祸根·················180

　　三 一触即溃，仓皇北顾只见扬州烽火·················182

附录四：盱眙保卫战前北方态势 ·················186

　　一 拓跋焘率得胜之师首开边衅·················186

　　二 以退为进避锋芒，远程奔袭饮马长江·················189

　　三 凯旋北返盱眙城下遭遇滑铁卢·················192

附录五：关于臧质城的研究回顾 ·················196

　　一 《中国历史地图集》考证三则之"历代盱眙和泗州的治所"·················196

　　二 1961年《盱眙县志》附卷二：盱眙城考·················203

　　三 《洪泽湖志》汇考篇·盱眙故城考·················208

附录六：图版 ·················215

　　图版一　春秋末期善道（盱眙）位置·················215

图版二　南朝齐时盱眙郡的位置……………………………… 216
图版三　十九世纪二十年代盱眙县区域…………………… 217
图版四　今盱眙县政区图…………………………………… 218
图版五　长围城与南宋初年盱眙城城墙示意图…………… 219
图版六　南宋后期盱眙城墙示意图………………………… 220
图版七　第一山至龟山地标图……………………………… 221
图版八　陡山(斗山)、盱眙郡城遗址、霸王城、疑似都梁宫考古
　　　　点位置图…………………………………………… 222
图版九　陡山(斗山)鸟瞰图………………………………… 223
图版十　元嘉二十七年底至元嘉二十八年初刘宋、北魏交战
　　　　示意图………………………………………………… 224

主要参考文献……………………………………………… 225

后　　记…………………………………………………… 231

引　言

南宋礼部侍郎、敷文阁学士兼侍读、著名历史学家李焘在其著作《六朝通鉴博议》中说：

> 若夫东晋、宋、齐、梁、陈之君，虽居江南，中国也，五胡、元魏，虽处神州，夷狄也……故五胡之盛，无如苻坚，其臣之贤，则有王猛；元魏之强，无如佛狸①，其臣之贤，则有崔浩。王猛丁宁垂死之言，以江南正朔相承，劝苻坚不宜图晋；崔浩指南方为衣冠所在，历事两朝，常不愿南伐。苻坚违王猛之戒，故有淝水之奔；佛狸忽崔浩之谋，故有盱眙之辱。②

李焘说的"淝水之奔"就是淝水之战，指前秦苻坚建元十九年（383年）兵败淝水仓皇逃奔一事。"盱眙之辱"，则是指发生在南朝刘宋元嘉二十七年（450年）十二月到元嘉二十八年（451年）二月间，刘宋与北魏之间的一场大战；大战发生在盱眙郡城，北魏军兵力超过十万，盱眙守军约有三千，双方攻防三旬，结果以北魏损兵折将撤围退兵而告终，因而有"佛狸遭盱眙之辱"一说。这两场战争时隔六十七年，都是发生在淮河岸边的南北大战，都是南方军队以少胜多、以弱胜强，都以貌似强大、兵力占优的北方军队战败而告终。李焘将这两场战争并提，是因为这

---

① 沈约：《宋书》卷九十五《索虏传》，北京：中华书局1974年版，第2330页。载："嗣死，谥曰明元皇帝，子焘字佛狸代立。"

② 李焘：《六朝通鉴博议》，南京：南京出版社2007年版，第155页。胡阿祥、童岭点校。

两场战争在魏晋南北朝分裂割据时期的战争史册上,具有同等的重要性,即无论是战争规模还是结局影响,都有太多的相似之处。

盱眙之战,又称盱眙保卫战。当时盱眙太守是沈璞①,与沈璞共守盱眙郡城者是辅国将军臧质②。因臧质的职务与地位均高于沈璞,且是皇亲国戚,因而在盱眙保卫战中,臧质成为事实上的盱眙守城军士最高指挥官;这从北魏大军围攻盱眙城时,拓跋焘向臧质索要美酒及互通信函等得到佐证。保卫战结束后,盱眙百姓为了纪念臧质的守城功绩,遂称盱眙郡城为"臧质城",这虽无明确记载,但借用"废臧质城"的说法,可以反向证明臧质城一说的真实存在。《太平寰宇记》卷十六载:

> 废臧质城,西近淮水。按《宋书》云:元嘉二十七年,遣将臧质屯兵于盱眙,筑城以拒魏师。③

北宋初年成书的《太平寰宇记》,称臧质城为"废臧质城",实在令人遗憾。但据此可知臧质城的真实存在,臧质城只是在北宋之前已遭毁弃,甚至遗迹无存,以致乐史在《太平寰宇记》中不能明确标示地点,只能用"西近淮水"来模糊表述。再有令人遗憾的是,《宋书》后记载盱眙保卫战的相关史料,对臧质城的记载或语焉不详,轻描淡写,一笔带过;或相互间所述大相径庭,莫衷一是,让后人无所适从,依违难定。而记载较为真实详细的《通典》《资治通鉴》等典籍,也许因为流传不广而不为后人所知,也许不受后人重视,致使赵宋以来存世的泗州、盱眙等地方志

---

① 沈璞(416—453年),字道真,南朝宋武康(今浙江德清)人,时任盱眙太守。详见《宋书》卷六十《沈约自序》,第2443—2466页。
② 臧质(400—454年),字含文,东莞莒(今山东莒县)人,宁朔将军臧熹之子,武敬皇后之侄。详见《宋书》卷七十四《臧质传》,第1909—1921页。《资治通鉴》卷一百二十五《宋纪七》、卷一百二十六《宋纪八》、卷一百二十八《宋纪十》,北京:中华书局1956年版,第4022—4024页、第4028—4031页、第4078—4086页。
③ 乐史:《太平寰宇记》,亦习称《寰宇记》,北京:中华书局2007年版,第319页。王文楚点校。

书,对"臧质城"的记述漫漶不清,舛讹百出。

平心而论,发生在盱眙郡城的这场保卫战,对交战的南北双方的影响都是很大的。保卫战硝烟散去,南方的刘宋朝廷得以继续守住淮河防线,南北对峙的局面得以继续保持,来自北方的威胁得以暂时消除;与此同时,盱眙的战略地位得以提升,成为南朝北境重镇,由重臣镇守。而围攻盱眙经月不胜、最终退走的拓跋焘,第二年即被杀害(一说病死),北魏朝廷政权更迭,政局动荡,在一段时期内无力对外用兵。盱眙保卫战的结果,使得南北征战的双方出现了短暂的缓和期,就此而言意义重大深远。

然而史书对这场影响深远的盱眙保卫战显然重视不够。查阅史料,《宋书》限于体例要求,大致叙述了这场战争的概貌①;《资治通鉴》也基本记述了这场战争的场面②,但与《宋书》比较,因为各有侧重而又显得详略不同。令人费解的是有些今人的著作,对此战的叙述颇显吝啬笔墨。如范文澜的《中国通史简编》③,相关记载仅有片言只语;即使在与蔡美彪共同主编的《中国通史》中,叙述的文字虽有所增加,却不是直接叙述这场战争的;再如白寿彝的《中国通史》④,仅简略记叙遭遇战,对盱眙郡城攻守大战则不提一字;至于吕思勉的《两晋南北朝史》⑤,记载虽稍多一些,但仍局限于《宋书》框架。或许这一众史学著作普遍忽略盱眙保卫战,就是臧质城的失载所致。如何弥补这方面的遗憾,作为地方史志工作者深感责任重大,这也是写作本书的最初动因。

纵览魏晋南北朝时期,盱眙是南北双方竭力争夺的主要战场。在

---

① 沈约《宋书》纪传,记述南朝宋武帝永初元年(420年)至顺帝升明三年(479年)共60年历史。
② 司马光:《资治通鉴》,北京:中华书局1956年版。
③ 范文澜:《中国通史简编》,北京:人民出版社1964年版。
④ 白寿彝:《中国通史》,上海:上海人民出版社1999年版。
⑤ 吕思勉:《吕著中国通史》,上海:华东师范大学出版社1991年版。

此发生多场著名的战役,如三国时刘备与袁术之间爆发的盱眙大战①;再如东晋时谢玄以少胜多击败前秦军的君川战役②,然最为经典的当属盱眙保卫战。在刘宋与北魏双方的交战史上,盱眙保卫战具有重要地位。如若这场战争的实际发生地不确定,也就是臧质城的具体位置不弄清楚,则难以完整准确地叙述这场战争的发生经过,自然也就不可能完整地表述刘宋与北魏之间的战争史事,当然还将影响整个魏晋南北朝战争史叙述的全面性和完整性。进而言之,唯有弄清楚保卫战的具体发生地,才能厘清盱眙城的历史变迁,才能如实地还原盱眙保卫战的本来面貌。缘于此,笔者从分析相关史书记载出发,辅以实地比对考证,并引证考古成果,力图在符合逻辑规律的前提下,澄清讹误,努力接近臧质城的真相。

---

① 陈寿:《三国志·蜀书》卷三十二,北京:中华书局1959年版,第873页。
② 司马光:《资治通鉴》卷第一百四《晋记二十六》,第3336—3341页。

第一章　盱眙保卫战纪事本末

历史传承到今天早已成为现实。对于历史事件，不管是记还是不记，是详记还是略记，都不影响历史的真实存在，就像盱眙保卫战曾真实地发生过一样。但面对缺少具体记载的盱眙保卫战，要还原其真实的历史过程，则需要紧紧抓住时空往事中的雪泥鸿爪，不放过文献记载中任何蛛丝马迹，努力搜寻追踪疑点，循序渐进，锲而不舍，方能收获成效。

综合《宋书》和《资治通鉴》有关记载，盱眙保卫战在时间和形式上都分为两个阶段。第一阶段是元嘉二十七年（450 年）十二月初；战争形式是遭遇战，北魏军具有人数上的绝对优势，因而一战即消灭臧质所率的刘宋军近万人，臧质收容的残兵仅余七百人，无奈之中只得奔盱眙城投沈璞太守。获胜的北魏军视盱眙城为囊中之物，在随后一击不果的情况下，也不恋战，只留下数千人监视，防止盱眙守军携粮逃跑，大部队则快速南下瓜步山。① 从遭遇战开始至北魏大军脱离战场，前后不超过三天。第二阶段发生在元嘉二十八年（451 年）初，时间长逾一月，战争围绕盱眙城展开攻防。拓跋焘虽饮马长江，但只能望江兴叹，不得不无功而返。北返时，本想途中拿下盱眙，夺取粮草以资军用，便率大军再一次来到盱眙城下，想着"搂草顺便打一只兔子"的好事。不料小小盱眙城竟成了一块硬骨头，三千守军硬是与十万（《舆地纪胜》②说三

---

① 乐史：《太平寰宇记》卷一百二十三《淮南道一》，第 2448 页。载："六合瓜步山，在县东南二十里，东临大江，宋元嘉二十七年，元魏太武帝尝率师百万至六合，登瓜步山，隔江望秣陵，才数十里。"

② 王象之：《舆地纪胜》，北京：中华书局 1992 年版，第 1785 页。

十万)魏军相持一个月,拓跋焘没讨得半点便宜,丢下数万具士兵尸体撤兵退走。

一 初战失利臧质军败投沈璞

元嘉二十七年(450年)闰十月初,面对攻到黄河边的刘义隆二次北伐的宋军,魏军展开强势反击,铁蹄踩踏之处,宋军闻风而逃,没触即溃。

十二月一日,拓跋焘在进攻彭城(今江苏省徐州市)未果后,并不纠缠,随即下令数路大军齐头南进(参见附录六图件十):东路由尚书郎鲁秀率领,朝广陵(今江苏省扬州市)方向进击;由高凉王拓跋那率军进攻淮河下游重镇山阳(今江苏省淮安市);自率中军攻击淮河南岸另一重镇盱眙(今江苏省盱眙县);命令西路拓跋仁率领大军自寿阳(今安徽省寿县)南击横江(今安徽省和县东南长江北岸)。拓跋焘兵锋所向,直取刘宋长江以北、淮河中下游防线上五个战略重镇,可谓攻其要害,一举突破淮河防线。魏军未带粮草,沿途烧杀抢掠,所到之处村庄全部被摧毁,百姓纷纷逃命,来不及逃的大多被杀死,侥幸没被杀死的,皆被强迫带回北魏为奴。①

十二月三日,刘宋得知北魏军队大举南下,京师建康(今江苏省南京市)宣布戒严。

四日,拓跋焘大军抵达盱眙对面的淮河北岸。② 此前拓跋焘围攻彭城时,宋文帝以臧质为辅国将军、假节、设置辅佐官,派遣他率领一万

---

① 司马光:《资治通鉴》卷一百二十五《宋纪七》,第4024页。沈璞语:"虏之残害,古今未有,屠剥之苦,众所共见,其中幸者,不过驱还北国作奴婢耳。"

② 司马光:《资治通鉴》卷一百二十五《宋纪七》,第4022页。载:"戊午,建康纂严。己未,魏兵至淮上。"又载:"上使辅国将军臧质将万人救彭城,至盱眙,魏主已过淮。"在盱眙城周围,臧质率领的宋军与刚渡淮的北魏军发生遭遇战。据此可知"淮上"应在淮河北岸,与盱眙城隔淮相对。

余人北上救援。冗从仆射胡崇之兼任辅国将军府司马,以太子积弩将军臧澄之为胡崇之副将,与建威将军毛熙祚一并接受臧质的指挥。对于这个豪华阵容,《宋书》记道:臧质是刘裕原配臧夫人的弟弟臧熹的儿子①,臧澄之是臧夫人哥哥臧焘的孙子,是臧质的堂侄;胡崇之是原北秦州刺史,被魏军俘获后逃归;毛熙祚是毛修之的侄儿。

臧质的这支宋军刚至盱眙,拓跋焘大军已经渡过了淮河,两军猝然相遇于盱眙郡城南附近。盱眙城东有高山(简称东山),臧质担心被魏军占据,即命冗从仆射胡崇之、太子积弩将军臧澄之两军抢占东山并扎营防守,建威将军毛熙祚屯军前浦(盱眙郡城西南淮河边),臧质则驻扎在盱眙城南。十二月十日,北魏燕王、拓跋焘第四子拓跋谭对胡崇之、臧澄之两部发起了攻击,胡崇之、臧澄之力战不敌,几近全军覆没。接着,魏军继续扩大战果,转攻毛熙祚部,毛熙祚率领的士兵均为北府精兵,幢主李灌激励将士,与敌人血战,予魏军以重创。队主周胤之、外监杨方生又率领射手齐射魏军,魏军眼看无法取胜,行将撤退,而恰在此时,主将毛熙祚战死,宋军一下子就乱了阵脚,一哄而散。当时,臧质看到魏军攻势甚猛,不敢救援,致使三座营垒均被魏军攻陷,宋军损失惨重。当晚,臧质军在遭到魏军攻击后也随即溃散,丢弃了大量辎重、器械、重甲,第二天黎明前,臧质仅收拢约700名残部投入盱眙城内。

仔细分析这段源自《资治通鉴》的描述,可确定这是一场遭遇战。依据有三个方面:第一,臧质的部队刚至盱眙,拓跋焘已经渡过了淮河,双方是突然相遇,也可能是同时发现对方。第二,臧质部担负救援徐州重任,只能进,不能退,也无路可退,也许一发现就被对方黏上了,想退已不可能;魏军人多,因而就近抢占有利地形准备防守。第三,臧质没联系盱眙城守军,可知其部不是前一天晚上宿营在盱眙城或附近,而是

---

① 沈约:《宋书》卷一《武帝本纪上》,第1页。载:"高祖武皇帝讳裕,字德舆,小名寄奴,彭城人。"南朝刘宋开国皇帝(420—422年在位),庙号高祖,谥号武皇帝。沈约:《宋书》卷七十四《臧质传》,第1909页。臧夫人即武敬臧皇后,其弟臧熹是臧质的父亲。

在遭遇战发生当天的某个时间行军到盱眙,刚好与魏军相遇。盱眙守军没出城营救,应是不明情况,加之守军人少,不会也不敢贸然行动。

另《南齐书》卷一《高帝上》记载:

> 卒相遇于茢山下。①

当时,这位后来的南齐皇帝萧道成也在臧质的部队中。萧道成本是"左军中兵参军",之前臧质救援汝南,宋文帝派他到臧质军中传旨,随之留在了臧质军中。臧质率军北上增援彭城时,萧道成随胡崇之等率领步骑五千为前锋,到盱眙后随胡崇之守东山,军营被攻破败逃至臧质营中。后又跟随臧质入盱眙城,亲历了盱眙保卫战。在他的《本纪》中记"卒相遇"一语,亦说明两军是仓促间遇到的。

此时担任盱眙太守者是宣威将军沈璞,他是晋末宋初名将沈林子最小的儿子,也是《宋书》作者沈约的父亲。沈璞到任的时候,王玄谟尚在滑台,刘宋的淮河防线并无敌情,但沈璞却认为,盱眙地处淮河交通要道,必须未雨绸缪,做好战备,于是,他下令修缮城池,屯聚钱粮、食盐,积攒弓箭礌石,下属们都感觉做得有些过分,朝廷也不赞成。然而,不久魏军就大举南下了,刘宋淮河南北多座城池的守将弃城而逃,有人劝说沈璞也逃归京师,沈璞却说:

> 敌人如果是数十万大军的话,决不会顿兵一座小城之下,所以,没有什么可怕的。如果他们肉搏攻城,只能让他们死无葬身之地。你们大家何尝看到过数十万人聚集在一起而不失败的情况?

---

① 萧子显:《南齐书》卷一《高帝本纪上》,北京:中华书局1972年版,第6页。该书记载南朝萧齐王朝自齐高帝建元元年(479年)至齐和帝中兴二年(502年),共24年史事。作者萧子显(约公元489—537年),字景阳,兰陵(今江苏常州西北)人,齐高帝萧道成的孙子。

昆阳之战①、淝水之战②均是如此，如今正是我报国之日，也是大家封侯之时！③

大家看到沈璞神情自若，全家老少都在城内，于是也都放下心来。沈璞在城内招募了两千精兵，对大家说：足够了，只恐敌人不从我们这里经过啊。

臧质将要进城的时候，城内诸将有反对意见，他们对沈璞说：如果敌人不发起进攻，要这么多人也没什么用处；如果敌人攻城，城内也只能容纳现有的兵力，地方狭小而人数众多，没有不出意外的。况且，敌众我寡，这是人所共知的事，虽说攻守态势不同，但也该粗略考虑一下强弱，知难而退吧，这也是用兵的关键。如果以臧质之兵能够退敌的话，则退敌的功劳就不全在我们，假若需要弃城躲避敌人，就需要有足够的船只，他们入城后只会自相践踏，反而会添乱。闭城不让他们进来，不是很好的吗！沈璞叹息一声说道：说的不对啊，我给大家保证，敌人是无法破城的。筹备船只逃跑一事，早已不能再提了。今天我们面对的敌人非常残忍暴虐，古今以来从未有过，屠杀残害之甚，是我们大家亲眼看见的，被俘之人最好的下场不过是被人家掳掠作为奴婢罢了。臧质之军虽然是乌合之众，他们能不害怕这种下场吗？正所谓同舟共济，胡越之人也会同心。如今，我们人多一点，敌人就会撤退得快些，我们人少，敌人就会撤退得慢，我难道会为了贪功而纵容敌人吗？于是，他下令开门让臧质入城。臧质进入城内后，看到城池坚固，军民团结，鱼米丰盛，武器堆积如山，不禁大喜过望，随从齐声高呼万岁，坚定了固

---

① 范晔：《后汉书》卷一《光武帝纪第一上》，北京：中华书局1965年版，第5—9页。昆阳之战发生在公元23年，因主战场在昆阳一线（今河南省叶县），故称昆阳之战。

② 司马光：《资治通鉴》卷第一百五《晋记二十七》，第3357—3362页。东晋谢石、谢玄在寿阳城东淝水以少胜多，败前秦苻坚，史称"淝水之战"。

③ 沈约：《宋书》卷一百《自序》，第2462—2463页。

守盱眙的决心。

魏军行军打仗历来不带粮草,南下以来,一直是因粮于敌,以抢掠补充军需,但是在渡过淮河以后,淮南各地军民早已坚壁清野,将粮草藏匿起来,魏军抢掠不到粮食,人困马乏。他们听说盱眙城内囤积了大量粮食,打算攻下盱眙,作为后撤时的据点。攻破胡崇之等军以后,魏军尝试着对盱眙城发起了一次进攻,却无法攻破城池,拓跋焘只好命令部将韩元兴率领数千魏军守在盱眙城附近监视,以防止城内宋军携粮逃走。而魏军主力大军则继续南下,这也让盱眙城有充分时间继续修筑工事,加强防守。

二 陂水阻路,魏军转攻盱眙城

拓跋焘站在瓜步山上,山脚下是滚滚的长江水,远眺建康城,可望不可即;回顾身后数十万大军,只能仰天长叹!这里不同于冬季结冰的黄河,魏军骑兵可以踏冰而过;这里也不是毫不设防的淮河,仅凭"伐苇为筏"就可以渡越。① 这里是号称"天堑"的长江,宋军水师战舰在于湖(今安徽省当涂)至蔡州(石头城西长江中)之间进行巡逻,在采石矶(今安徽省马鞍山市西南)到暨阳(今江苏省江阴市境)之间布置防线,长达六百里的长江江面上,战舰密布,守卫森严。拓跋焘做梦都想跨过长江,但横亘在眼前的这条长江,绝对是难以飞渡的。魏军虽能横扫江北六州,但一直未能强攻下一座像样的城池;虽然在野战中击败了王玄谟,一路之上如入无人之境,但在尉武与刘康祖的血战②,也充分感受到宋军的战斗力。现在大军到达江北,如果不能趁着魏军军锋正锐,迅速渡过长江,一举拿下建康,则淮南之地对于魏军而言,绝非久留之所。

---

① 魏收:《魏书》卷四下《世祖太武帝拓跋焘纪第四下》,北京:中华书局1974年版,第104页。载:"十有二月丁卯,车驾至淮。诏刘蘁苇,泛筏数万而济。"

② 沈约:《宋书》卷五十《刘康祖传》,第1446—1448页。

摆在面前的难题，首选是如何渡江，且不论渡过江能否攻下建康，也不论北人如何能习惯水战，更不论雨季即将到来的影响。难道真靠砍伐芦苇编结小筏划过江去？

是进还是退，必须做出抉择。

元嘉二十八年（451年）正月初一，拓跋焘在瓜步山上大宴群臣，按照功劳大小，分别对二百多名文武官员加官、晋爵。北魏军沿江高举烽火，刘宋太子右卫率尹弘据此对宋文帝说："敌人如此，看来一定是要撤退了。"①果然，第二天，魏军焚烧房舍，劫掠淮南民众，从瓜步山北去。

其实撤退也是选择，从某种意义上说，还是聪明的选择。

拓跋焘本准备从海陵（今江苏泰州市）北返的，但沿海地势低洼，水网沼泽密布，不利于北魏骑兵通行，也许因为无资可掠，只好选择循古直道自广陵（今扬州）、大仪镇（今属仪征）、铜城（今属安徽省天长市）、衡阳浦（今属江苏省金湖县）、山阳、淮阴一线北返。当初南下时由尚书郎鲁秀任先锋，走东线攻击广陵，沿途水网纵横，沼泽密布，不利于马军通行已是被证明了的，选择回避无可非议。经山阳北返，路途近，路况好，不料刘宋的山阳太守萧僧珍早有准备，在白水塘蓄满水②，待魏军到来时决堤放水，魏军被淹受阻，便调转马头向西朝盱眙扑来。南进时由高凉王拓跋那率军进攻山阳的，北返时山阳还在刘宋的太守萧僧珍控制中，说明当时拓跋那也没能攻下山阳城，结果山阳成为北返途中的拦路虎。

拓跋焘大军受阻白水陂的经过，沈约记载在《宋书》卷九十五《索虏传》中：

> 虏以海陵多陂泽，不敢往。山阳太守萧僧珍亦敛居民及流奔

---

① 司马光：《资治通鉴》卷第一百二十六《宋纪八》，第4027页。载：卫率尹弘言于上"六夷如此，必走"。

② 乐史：《太平寰宇记》卷一百二十四《淮南道二》，第2463页。载：淮阴县"白水塘，在县南九十五里"。又载：宝应县"白水陂，在县西八十五里"。

百姓，悉入城。台送粮仗给盱眙，贼逼，分留山阳。又有数万人攻具，当往滑台，亦留付郡。城内垂万家，战士五千余人。有白米陂①，去郡数里，僧珍逆下诸处水，注令满，须贼至，决以灌之。虏既至，不敢停，引去。自广陵还，因攻盱眙。

其意很清楚，因为海陵方向沿途有很多草陂沼泽，不敢前去。山阳太守萧僧珍也招集百姓和流亡人民都到城里去。运送给盱眙的粮食和武器，因为敌人威逼，没送出，部分留在山阳。又有几万人的攻城工具，应送到滑台，也留在山阳郡。郡城内有近一万家人，能战斗的士兵五千多人。有个地方叫白米陂，离郡城几里，萧僧珍截住多处的流水，让它们灌满，等待敌人到时，决堤淹没敌人。魏军受淹之后，不敢停留，转道向西顺便进攻盱眙城。

需要指出的是，"有白米陂，去郡数里"这句话，有两点需要解释：一是"白米陂"，应为"白水陂"。二是"去郡数里"，考南北朝时山阳附近数里内，没有可蓄水且能居高决堤放水淹敌的水塘。《洪泽湖志》汇考篇记载②，白水塘即今洪泽湖南洼前身；其北堤在马浪岗（今洪泽老子山附近）至周桥一线，东堤在今盱眙观音寺至洪泽塘埂、南甸一线。北东两堤交点即白水塘东北角在今洪泽周桥附近；可即使从这东北角至山阳，最近距离也有数十里之多，因此推测"去郡数里"应为"去郡数十里"。也许那个年代的古人在表述"去郡数里"时，已经包含有"去郡数十里"的意思；但在今人的语境里，如不加区分的话，恐会产生误会，甚至会产生在"去郡数里"的地方决堤放水，恐连山阳城自身也一起被淹的疑问。

相较于《宋书》的记载，《资治通鉴》的表述更加言简意赅：

---

① 白米陂，应指白水陂，疑"米"字为"水"字误。参见白水塘注。
② 荀德麟主编：《洪泽湖志》，北京：方志出版社2003年版，第691页。

> 山阳太守萧僧珍悉敛其民入城,台送粮仗诣盱眙及滑台者,以路不通,皆留山阳;蓄陂水令满,须魏人至,决以灌之。魏人过山阳,不敢留,因攻盱眙。①

关于白水陂的位置,《天下郡国利病书》淮南水利考载:

> 白水塘在今山阳宝应盱眙之界,魏邓艾筑此灌田储粟。晋亦于此屯田以为中原之图。②

相关地图标示:宝应在东,盱眙在西,山阳在北(参见图十一)。说白水塘在三县交界处,再依据白水塘东堤在今盱眙观音寺至洪泽县塘埂、南甸一线,可知白水陂(塘)呈东西走向横亘在盱眙境内,且在盱眙城东部方向。《读史方舆纪要》说白水陂"阔三十里"。③ 这也表明北魏大军没有向西绕过白水陂并避开盱眙城的可能。

拓跋焘从瓜步奔山阳,是从南向北,必须先经过白水陂东,然后才能"过山阳"。在白水陂东堤上居高决堤放水,不说水淹,仅水浸道路,人和马就无法通行。现在拓跋焘刚到白水陂东就遭水淹,北返道路被阻断,自是不能再北过山阳了。那么能否再折向东沿着海边北返呢?答案也是否定的,因为东面是连绵的湖泊,据《水经注》记载:

> 中渎水自广陵北出武广湖东、陆阳湖西,二湖东西相直五里(按此二湖在今高邮州南),水出其间下注樊梁湖(按湖在高邮州西北五十里),旧道东北出至博芝、射阳二湖,西北出夹邪乃至山

---

① 司马光:《资治通鉴》卷一百二十五《宋纪七》,第4028页。
② 顾炎武:《天下郡国利病书》,上海:上海古籍出版社2002年版,第135页。
③ 顾祖禹:《读史方舆纪要》,原名《二十一史方舆纪要》,简称《方舆纪要》,北京:中华书局2005年版,贺次君等点校。第1140页。

阳矣。①

引文括号内按语是《摘藻堂四库全书》本所加,文中提及的武广、陆阳、樊梁等湖泊,即今高邮湖、宝应湖(北宋以来黄河夺淮为主要成因)的前身。南北朝时虽还没形成今天这样的大湖面,但在南自广陵(扬州)、北至山阳(淮安)之间,众多连绵的小湖泊间杂着沼泽浅滩,形成天然屏障,阻绝拓跋焘骑兵从白水陂寻路折向东的可能。向北是陂水淹阻,向东是湖水隔绝,只得转向西边的盱眙,似乎有点被迫无奈的味道。当然,再攻盱眙也是拓跋焘早就计划好的。对此《宋书》卷七十四《臧质传》中有较为详细的记载:

> 虏初南出,后无资粮,唯以百姓为命。及过淮,食平越、石鳖二屯谷,至是抄掠无所,人马饥困,闻盱眙有积粟,欲以为归路之资。既破崇之等,一攻城不拔,便引众南向。②

《资治通鉴》也有类似记载:

> 魏人之南寇也,不赍粮用,唯以抄掠为资。及过淮,民多窜匿,抄掠无所得,人马饥乏;闻盱眙有积粟,欲以为北归之资。既破崇之等,一攻城不拔,即留其将韩元兴以数千人围盱眙,自帅大众南向。③

拓跋焘的部队以游骑兵为主,作战机动性强,不重视后勤保障,所需军用粮草全靠沿途抢劫老百姓补充。南进时过了淮河就抢劫了平越、石

---

① 郦道元:《水经注》卷三十《淮水》,《摘藻堂四库全书荟要》本,第23页。
② 沈约:《宋书》卷七十四《臧质传》,第1912页。
③ 司马光:《资治通鉴》卷一百二十五《宋纪七》,第4024页。

鳖两个屯区的稻谷。但刘宋军队在北伐失败南逃时,知道北魏大军在后面追击,即下令焚烧了长江以北广陵的船只,并让广陵、南沛二郡太守刘怀之率领军民全部渡过长江。《资治通鉴》卷一百二十六有相关记载:

> 初,上闻魏将入寇,命广陵太守刘怀之逆烧城府、船乘,尽帅其民渡江。①

此举疏散了江北的流民及船只,致使拓跋焘的军队抢劫掳掠失去了目标。数十万魏军在江淮之间已达一月,自带的给养早已用光,抢劫掳掠又失去目标,即将陷入难以为继的绝境,听说盱眙城有积谷,就像一群饿狼嗅到了血腥味,急于抢来以作大军北返途中用粮。当初留部将韩元兴率数千魏军守在盱眙城附近监视,就是为了防止盱眙守军将粮食转移。

三 围城三旬,拓跋焘无功北返

相对山阳而言,盱眙不过是小城。《宋书》沈约自序中记载,在臧质投奔盱眙城时,沈璞部下说:"城中止可容见力尔,地狭人多。"当时沈璞只筹得二千兵士,城中已显得"地狭人多",足见盱眙城的小。加上臧质的残部,城内守军约有三千人。② 魏军到达盱眙城下后,并没有特别重视盱眙。在拓跋焘看来,在彭城和瓜步,尚且有人送来礼物致意,现在

---

① 司马光:《资治通鉴》卷一百二十六《宋纪八》,第4028页。
② 沈约:《宋书》卷一百《沈约自序》,第2463页。记沈璞"收集得二千精手……唯辅国将军臧质挺身走,收散卒千余人来向城"。沈约:《宋书》卷七十四《臧质传》,第1912页。记臧质"单士百人投盱眙";"城内有实力三千"。司马光:《资治通鉴》卷一百二十五《宋纪七》,第4023页。记沈璞"收集得二千精兵";臧质"单将七百人赴城"。综合上述记载,盱眙城内守军加上臧质投城残部,总计约三千人。

到了小小的盱眙城前,自然是要继续摆谱一番。加之自己军队的给养已消耗殆尽,在马背上颠簸得疲惫不堪,也想喝点美酒享受一番。于是他派人让臧质给自己送点美酒,自从进入刘宋境内,先是有彭城城下敌对双方含沙射影的口水仗和脉脉含情的交换礼物,①再就是瓜步山上恩威并使的谈判和再次彬彬有礼地互致礼品,②这些都让拓跋焘有一种居高临下的感觉,他心理上获得了极大的满足,仿佛真的一下子把自己和自己率领的军队从野蛮带入了文明,他成就感爆棚,自信心满满。然而,当他接到臧质送来的一坛"美酒",打开塞子准备大口享用时,发现里面竟然是满满一坛"溲便"!这着实让拓跋焘大吃一惊,他似乎对这种不文明举动难以接受。这里难道不是刘宋的城池?城内不是文明的刘宋帝国将领?你们的皇帝,你们的武陵王不是都很文明的吗?你一个小小盱眙守城官,竟然如此无理,竟敢如此鄙视和侮辱我拓跋大帝,须知我在瓜步时有投鞭断流之势,今日定要击破小小盱眙城,以雪奇耻大辱。

这是臧质第二次与拓跋焘正面交锋。第一次是在二十天前,双方交手仅一个回合,臧质大败,几近全军覆灭,如不投奔盱眙城,这时不是战死也是魏军俘虏。心中正窝着一肚子火无处发泄,想不到拓跋焘再次兵临城下,可谓仇人相见,分外眼红;岂能按照要求乖乖地献上美酒,让你称心如意、得遂所愿?综合《宋书》等资料可知,臧质容貌丑陋、秃顶、颧骨突出、牙齿外露,且身材短小,身高仅六尺七寸,折合一米六二多一点。小时候不学无术,喜欢赌博、四处闲逛,一副富家公子吊儿郎

---

① 沈约:《宋书》卷四十六《张畅传》,第1397—1398页。司马光:《资治通鉴》卷一百二十五《宋纪七》,第4021—4022页。刘宋张畅与北魏李孝伯在彭城南门,一在城楼上,一在城门前,多次问答,唇枪舌剑,又斗而不破、相互交流、互赠博具骆驼药品等。

② 沈约:《宋书》卷九十五《索虏传》,第2352页。司马光:《资治通鉴》卷一百二十五《宋纪七》,第4025页。指魏主拓跋焘在瓜步山上派人送给宋文帝骆驼、名马等礼物,要求和解,并请求与刘宋皇室联姻,宋文帝也派遣使者带着奇珍异果送给北魏国主品尝一事。

当相。直到三十岁了才读书,不过脑袋瓜很聪明,许多知识一学就通,写起公文来非常老道,还喜欢谈兵。特别喜欢奢侈浪费,口无遮拦,不知检点。因为是宋武帝刘裕原配臧夫人的侄儿,虽品行不端,但年少时即身居高位。由于他与刘湛、范晔、徐湛之等人关系密切,在这些人犯事时总受牵连,虽被人弹劾但后台过硬皆有惊无险。最多是临时丢掉官职,风头过去会很快恢复。正是这种目中无人、狂妄自大、特立独行的性格,决定了臧质再次遇到不可一世的拓跋焘时,就像火星撞上地球,必定会碰出耀眼的火花。

被一坛"溲便"激怒的拓跋焘立即命令魏军,自盱眙城东北方向开辟攻击通道,从东山上运来土石填埋壕沟,并在盱眙城北构筑长长的围墙①,将盱眙城包围了起来。在拓跋焘的严令之下,魏军一夜之间即将长围建成。与此同时,他还下令魏军开来大船,在君山附近的淮河上架设浮桥,切断城内与外界的水路通道,以防止宋军从水路逃走。臧质不甘束手就擒,派城内水军出击袭扰,魏军船大不灵活,加之不习惯水战,结果大败。第二天早晨,魏军将大船连接起来,上面布置士兵防守,并调大批弓箭手以拒臧质水军小船靠近。就这样,城内水军再三出战,均不能打败魏军,于是浮桥架设成功,盱眙城宋军的水陆两路皆被切断。

在各方面均准备就绪后,拓跋焘又使出惯用手法,给臧质写信以给对手施加压力,信中说:

我如今征发的军队都不是我们鲜卑人,城东北方向是丁零和

---

① 沈约:《宋书》卷七十四《臧质传》,第1912页。载:"筑长围,一夜便合。"乐史:《太平寰宇记》卷之十六《河南道十六》,第318页记:"长围山,在县北七里。按《宋书》云:'元嘉二十七年,宋文帝遣臧质拒魏,武帝遂于梁山筑长围城,造浮桥,绝水路。'即此山。又改为长围山,当在楚州西南一百八十里。"司马光:《资治通鉴》卷一百二十六《宋纪八》,第4028页。胡注:"今盱眙县北七里有长围山。"

匈奴人①，城南方向是氐族和羌族人②，假设丁零人战死了，正好可以减少常山郡和赵郡的蠹贼；匈奴人死了，减少并州的蠹贼；氐族和羌族人死了，减少关中的蠹贼。你就是杀了他们，对我没有什么害处。③

臧质看破拓跋焘的心思，针锋相对回应道：

我看了你的信，完全了解你的奸诈之心。你小子依靠你有四条腿，屡屡侵犯我国边境。王玄谟在东面败退，申坦在西边败退，你小子知道是为什么吗？唯独你小子没有听说那句童谣？只是卯年未到，所以，我们才让这两支军队给你打开饮马长江的道路罢了。这是冥冥之中早已注定的事，无法逃脱。寡人受上天委派要灭了你小子，本来定好了在白登山搞定④，部队出发不久，你小子竟然亲自来送死，我岂能容你活着回到桑干河？⑤ 你小子幸运的话，会被乱兵所杀，不幸的话，会被老子活捉，用一头毛驴拉着，用铁索捆绑到街市上斩首！老子本来就不打算落得个全尸，如果上

---

① 林幹：《中国古代北方民族通论》，呼和浩特，内蒙古人民出版社 2007 年版。丁零人在汉初时被匈奴征服，汉末时南移居常山郡（今石家庄东）和赵郡（今石家庄南）一带。范晔：《后汉书》卷八十九《南匈奴列传》，第 2942—2943 页。记：匈奴兴起于公元前三世纪，即战国时期；衰落于公元一世纪。东汉初，匈奴分裂为南北两部分，其中南匈奴归附于汉，入居塞内。

② 林幹：《中国古代北方民族通论》。汉朝至三国期间，氐族曾两度大迁徙，至关中一带居住。羌族主要散居四川阿坝藏族羌族自治州的茂县和汶川县，公元 384 年羌人首领姚苌乘前秦苻坚淝水之战兵败后，在关中称王。

③ 沈约：《宋书》卷七十四《臧质传》，第 1912 页。

④ 班固：《汉书》卷三十三《韩王信传》，北京：中华书局 1962 年版，第 1855 页。白登，服虔曰："台名，去平城七里。"如淳曰："平城旁之高地，若丘陵也。"师古曰："在平城东山上，去平城十余里，今其处犹存。服说非也。"

⑤ 萧子显：《南齐书》卷五十七《魏虏传》，第 984 页。载：佛狸截平城西为宫城。平城即今山西省大同市。元嘉二十七年，拓跋焘在给宋文帝刘义隆的信中，曾邀请宋文帝到桑干川走走；臧质在回信中用桑干河（川）代指拓跋氏老巢。

天无灵,被你小子打败,随便你把老子切成碎块,碾成粉末,屠杀、车裂,都无所谓,也不足以报答我国。你小子的智慧和兵力能超过苻坚么?如今,春雨已经到来,我军部队正在集结,你小子只管专心致志地进攻我这盱眙城,千万别急着逃走!军粮不足,你尽管告诉我,我自会打开粮仓接济。①

拓跋焘还随信给臧质带来了一把剑,其意是让臧质自杀了断,以保留尊严;否则城破之时,或被乱刃杀死,或被俘虏处死。

哪知臧质根本不吃这一套,反将此事当成嘲弄拓跋焘的笑柄:你奉送给老子的宝剑,我收到了,难道你是想让老子拿着这把宝剑腰斩你么?臧质的信中还引用了北魏方面的童谣:

　　轺车北来如穿雉,不意虏马饮江水。虏主北归石济死,虏欲渡江天不徙。②

借此诅咒拓跋焘。他还给魏军将士们写了一封公开信,他写道:"告知你们大家:佛狸刚刚给我的信上,如此这般对待你们,你们都是中国之民,为何自取灭亡,还为他卖命,难道不知道转危为安、转祸为福的道理吗?"他还将朝廷颁布的赏赐规格也都写到了信上,还增加了标准:"斩佛狸人头,封万户侯(朝廷说的是八千户),赏赐布帛、丝绸各一万匹。"看了臧质的书信,拓跋焘比接到"溲便"时更加暴跳如雷,当即下令打造一座铁床,上面布满铁钉,咆哮着说道:"城破之后,活捉住臧质,我将让他坐在这上面好好玩玩!"拓跋焘再次被臧质激怒了。理智被愤怒代替,从而忘记了崔浩的提醒:

---

① 沈约:《宋书》卷七十四《臧质传》,第 1912—1913 页。
② 沈约:《宋书》卷七十四《臧质传》,第 1913 页。

> 今以大国之力攻其小城,如不时克,挫损军势,敌得徐严整而来。我怠彼锐,危道也。①

应该说在对用重兵围攻小城的理解上,沈璞和崔浩英雄所见略同。崔浩还在南攻的战略方面提醒拓跋焘说:攻城"不如分军略地,至淮为限,列置守宰,收敛租谷"。② 可惜的是崔浩已于半年前被拓跋焘诛杀,拓跋焘不仅没有以淮为限,已逾淮达江了;现在又集大军围攻盱眙小城,置崔浩的告诫于脑后,最终导致失败也就不足为奇了。

面对气势汹汹数十倍于己的北魏大军,臧质并不惧怕。之前臧质受命率军增援悬瓠,北魏殿中尚书任城公乞地真率兵阻拒,结果被臧质击杀。③ 元嘉二十七年宋文帝北伐时,先锋王玄谟久攻滑台不下,臧质"请乘驿代将,太祖不许"④。可见臧质战意强烈,渴望战斗。

魏军开始对盱眙城发起猛攻。他们用钩车钩住城楼,想将城楼钩塌,城内守军则用铁环制成巨型锁链拴住钩车,数百人呐喊着向后牵引,钩车无法后退。等到夜里,守军从城内悬下木桶,桶内藏着壮士,将钩车的钩子砍掉,并将钩车缴获。第二天,魏军又用冲城车猛撞城墙,但盱眙城墙土质细密坚硬,冲车每次撞击,仅仅撞落数升城墙上的泥土。眼看无法得手,拓跋焘下令魏军强行攀登城墙,部队轮番上阵,掉下梯子再重新攀爬,无人敢退缩。守军拼死苦战,杀死魏军一万多人,魏军尸体堆积得与城墙那么高。战斗异常惨烈,《南齐书》卷一《高帝上》也记载:

> 太祖还就质固守,为虏所攻围,甚危急。⑤

---

① 魏收:《魏书》卷三十五《崔浩列传》,第814页。
② 魏收:《魏书》卷三十五《崔浩列传》,第814页。
③ 沈约:《宋书》卷七十四《臧质传》,第1911页。
④ 司马光:《资治通鉴》卷一百二十五《宋纪七》,第4003页。
⑤ 萧子显:《南齐书》卷一《高帝本纪上》,第4页。

能跟随臧质固守盱眙郡城,说明萧道成在东山败退后,投奔了城南的臧质部,最终成为残剩的七百军士之一,随臧质投入盱眙郡城。"甚危急"三字后面,不难想象应是一场惊心动魄、以生命为代价的攻防大战。尸体堆积得越来越高,表明着时间的流淌,有越来越多的生命在消失。人们常说战争是生命的收割机,也只有在身临其境时才有刻骨铭心的体会。

就这样,魏军一直在盱眙城下强攻了整整三十天,却一直无法攻破城池。在这场惨烈的战斗中,魏军大将、散骑常侍、殿中将军长孙真被宋军杀死①;魏军军中又发生了传染病,有细作报告说建康方面已经派出战舰从东海进入淮河,并命令彭城守军将切断魏军归路。拓跋焘仔细听着回报,认真分析形势,冷静和理智替代了愤怒后,大脑清醒了许多,想起了崔浩的告诫,意识到与损失数万兵马相比,遭受"溲便"羞辱根本就不算什么,大英雄能伸能屈,当断则断,再拖延下去,后果不堪设想。二月二日,就像在一个月前果断从瓜步山撤走一样,拓跋焘再次果断下令焚烧攻城器具,北过淮河退去。原来为阻绝盱眙守军水路而搭建的浮桥,正好成为数万大军撤退北返的通道,避免了再次"伐苇为筏"。盱眙军民跃跃欲试,打算追击敌人,沈璞说:如今城内士兵不多,又都是新近招募的,虽能固守,但不可出战,只有整顿船只,做出将渡河穷追的样子,让他们赶快逃命,不用真的去追赶。大家都表示赞同。盱眙大捷后,臧质认为沈璞是一城之主,应该由其向朝廷上呈捷报,但沈璞坚决推辞,将功劳记在臧质的头上,宋文帝听到后,对沈璞愈加器重,

---

① 《宋书》卷七十四《臧质传》,第 1945 页。校勘记一六记:又射杀高梁王,孙彪《宋书考论》云:"《魏书》,高梁王那是年有罪赐死,不云死战阵。"《魏书》卷十四《拓跋那传》,第 350 页。记:拓跋那于正平初年(451 年)"坐事伏法"。《魏书》卷二十六《长孙真列传》,第 654—655 页。载:长孙真年轻时因父亲的功劳而担任中散大夫。随从征讨平凉,因功劳赐爵位为临城王,被任命为员外散骑侍郎、广武将军。随从皇帝征讨刘义隆,到达长江。升爵位为南康公,加授冠军将军,在军中去世。综合上述史料分析,《宋书》疑似将长孙真误记为拓跋那。

不久调沈约任淮南太守。后来盱眙城被称为"臧质城"而不是"沈璞城",除了臧质是皇亲国戚深受表弟皇帝的推崇外,沈璞的谦让低调也是重要因素。

第二章　盱眙保卫战发生地及疑问

盱眙保卫战打得轰轰烈烈，精彩纷呈，特别是辅国将军臧质，在守城兵力处于绝对劣势的情况下，毫不畏惧，敢于与拓跋焘针锋相对，文斗书信不落下风，武争攻防寸土不让，总体表现得机智果敢，可圈可点。沈约的如椽大笔，为我们留下了精彩的战争场面。盱眙人民对臧质表现出来的大智大勇是充分肯定的，对臧质力保盱眙不失是感恩的，战争硝烟散去后亲切地称盱眙城为"臧质城"。

由于相关史书对盱眙郡城所处的地理位置记载得不够明确，或者有些详细的记载因各种原因早就佚失，故臧质城在屡遭战火终被毁弃后，后人已不能准确说明其地望。至宋初成书的《太平寰宇记》，所记已是"废臧质城"，虽明确说是废于唐初，但也留下诸多疑点，关键不能说明唐时出现的都梁城的来龙去脉。

归纳史书记载：发生在南朝刘宋元嘉二十八年（451年）初的盱眙保卫战，经一百七十年后，也就是到了唐初武德（618—625年）年间，臧质城就空废了；又过了约三百年，到了唐末或五代十国期间，连城的废址也不知所踪了。以至于到了今天，众多史料典籍和地方史志均不能明确说明盱眙保卫战的具体发生地。

历史上的盱眙，春秋末年属吴国称善道邑（参见附录六图件一）；入楚后称盱台（与胎同音），秦时置盱台县；秦汉之际为项梁所立的楚怀王（义帝）熊心都城；汉武帝时置盱眙县为临淮郡都尉治；东晋义熙年间（405—418年）盱眙置郡，盱眙郡城经保卫战后，称为臧质城（详见附录二）。那么这个盱眙郡城或臧质城与秦汉时楚都盱眙县城是同一个城吗？或者说盱眙保卫战就发生在秦汉时楚怀王都城盱眙吗？

一 秦汉盱眙城位置

检阅典籍史料,直接记载秦汉时楚都盱眙地理位置的较少。因盱眙保卫战发生在盱眙郡城,无论秦汉时楚都盱台城是否盱眙郡城,都需首先明确其方位地点,以利于后文的进一步叙述。

1.《史记》《汉书》记载的盱眙

《史记》卷七《项羽本纪第七》记载:

> 居巢人范增,年七十,素居家,好奇计,往说项梁曰:"陈胜败固当。夫秦灭六国,楚最无罪。自怀王入秦不反,楚人怜之至今,故楚南公曰:'楚虽三户,亡秦必楚'也。今陈胜首事,不立楚后而自立,其势不长。今君起江东,楚蜂午之将皆争附君者,以君世世楚将,为能复立楚之后也。"于是项梁然其言,乃求楚怀王孙心民间,为人牧羊,立以为楚怀王,从民所望也。陈婴为楚上柱国,封五县,与怀王都盱台。项梁自号为武信君。①

唐人张守节在《史记正义》中记:"盱眙,临淮水,怀王都之。"②司马贞在《史记索隐》中载:韦昭云:"临淮县,音吁夷。"③

上述记载是史书第一次明确记载盱眙这个地方,表明盱眙(台)在秦汉之际为楚怀王熊心的都城,靠近淮水。《汉书》卷二十八(上)记载:汉武帝元狩六年(前117年)置临淮郡时,盱眙是所属二十九县之一,并

---

① 司马迁:《史记》卷七《项羽本纪第七》,北京:中华书局1959年版,第300页。
② 司马迁:《史记》卷七《项羽本纪第七》,第301页。
③ 司马迁:《史记》卷八《高祖本纪第八》,第354页。

为郡都尉治。①

2. 楚怀王都城与都梁山

《史记》的记载,只说明作为楚怀王都城的盱眙"临近淮水",没有其他参照物,不能标明具体的方位地望。宋以后的舆地书籍注意到这种不足,都努力引述参照物,试图说明楚都盱眙的具体方位。隋时因都梁宫出名的都梁山,便成为被广泛引述的重要地标。

成书于北宋初的《太平寰宇记》,在卷十六《河南道十六》中记:

> 都梁山,在县南十六里。②

这是记载都梁山的倒装句,正说就是"县南十六里处是都梁山";或者说盱眙县在都梁山北十六里的地方。同书又记盱眙:

> 斗山,在县西南。与都梁山相连,枕当淮水,险峻,名曰斗山。③

同样成书于北宋初的《太平御览》,在卷四十三《地部八》中载:

> 《盱眙图经》曰:都梁山周回三十里,在县南。又载:斗山周回二十里,在县西南,与都梁山相连,枕淮水险峻,名曰斗山。④

令人遗憾的是,自唐永泰年间(765—766年)历宋、元至明天顺

---

① 班固:《汉书》卷二十八《地理志第八上》,北京:中华书局1962年版,第1589页。
② 乐史:《太平寰宇记》卷十六《河南道十六》,第317页。
③ 乐史:《太平寰宇记》卷十六《河南道十六》,第318页。
④ 李昉:《太平御览》卷四十三《地部八》,石家庄:河北教育出版社1994年版,第383页。

(1457—1464年)约七百年间,盱眙(包括泗州)共有十一部地方志书,都已全部佚失;希望直接引用这个阶段地方志书的记载来说明楚都盱眙的位置已根本不可能。①

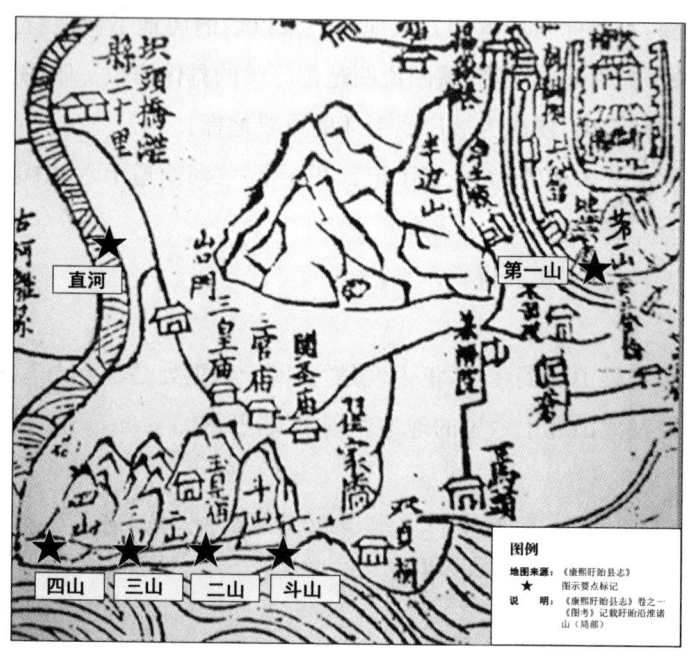

图一 《康熙盱眙县志》卷之一《图考》记载盱眙沿淮诸山(局部)

目前我们能见到存世最早的地方志书,是明正德十三年(1518年)李天畀编修的《盱眙县志》。该志卷之上《山川》记:

斗山在盱眙县西南,与都梁相连枕,当淮水之险峻。②

成书于清康熙年间的《读史方舆纪要》卷二十一《南直三》记陡山:

---

① 徐复、季文通:《江苏旧方志提要》,南京:江苏古籍出版社1993年版,第561—568页。
② 李天畀:《正德盱眙县志》,明正德十三年(1518年)刻本影印本。

在县东北五里。下瞰淮流,其势陡峻,亦曰斗山。①

清《康熙盱眙县志》用插图形式来标注今盱城沿淮诸山。以第一山为起点,向北依次排列出第二山、第三山、第四山。可知它们是并列关系。第一山又称都梁山,山脉范围包括周围的东山(戚家山)、慈氏山(高家山)、清风山、天台山、陡山(斗山)等。陡山(斗山)是第一山北麓,两山相距约五里;陡山之北为第二山;第四山北隔四山湖与甘泉山相望(参见图一)。②

清光绪《盱眙县志稿》卷十一《古迹》记:

盱眙故城在治东北,一名滨城。③

综合上述所列,以盱眙县为参照坐标的,都一致认为都梁山在"县西南",可知宋以前的盱眙在都梁山东北方向。《读史方舆纪要》等说陡山在"县东北五里",是以今县城为坐标点的,因而不矛盾;其"五里"之说是指位于第一山的县治到陡山(斗山)的距离。前面我们说陡山是第一山北麓,《寰宇记》说都梁山在"县南十六里",可以理解为就是到陡山的距离。那么从楚怀王都城盱眙到第一山距离,等于十六里加上五里,为二十一里。

《舆地纪胜》卷四十四《淮南东路》盱眙军条目下记废臧质城:

又名古盱眙城,在郡北二十里。《寰宇记》云西近淮水,宋元嘉中臧质拒魏太武之师于此。隋大业中孟让贼据都梁宫,其年王世充修理此城,屯军破贼。武德中辅公祏叛,徐世绩在此屯军破辅公

---

① 顾祖禹:《读史方舆纪要》卷二十一《南直三》,第1043页。
② 郭起元:《乾隆盱眙县志》卷四《山川》,清乾隆十二年(1747年)刻本影印本。
③ 王锡元:《光绪盱眙县志稿》,光绪二十九年(1903年)增刻本。

祜。其后空废。①

《舆地纪胜》的说法明确了两点,其一,废臧质城就是古盱眙城;其二,废臧质城在郡北二十里,这里的郡应是"军",南宋时设置盱眙军,治所在第一山麓。说"郡北二十里",其实就是今盱眙(第一山)北二十里。据此可以认为,从第一山向东北约二十或二十一里的地方,即是秦汉时作为楚怀王都城的盱眙。

3. 有关志书记载古盱眙

自汉至隋,相关史书对古盱眙都有记载,但在具体地理位置方面则少有提及,仅有"临近淮河"等笼统模糊用语;稍详细些的记载,至唐及以后才出现。

《新唐书》卷三十八《地理二》记泗州盱眙县:

>有直河,太极元年,敕使魏景清引淮水至黄土岗,以通扬州。②

《太平寰宇记》卷十六《河南道十六》记盱眙:

>新开直河,在县北六十步县郭内,其淮河决开,至黄土岗。太极元年敕使魏景清奏开淮水,向扬州。③

按《新唐书》说,盱眙"有直河";由"引淮水以通扬州"可知直河一定在淮河南岸。按《寰宇记》说,直河在县城北六十步。或者说县城在直河南岸六十步远的地方。据武同举《淮系年表弁图》历史分图二,可知直河

---

① 王象之:《舆地纪胜》卷四十四《淮南东路》,第1799页。
② 欧阳修:《新唐书》卷三十八《地理二》,北京:中华书局2000年版,第651页。
③ 乐史:《太平寰宇记》卷十六《河南道十六》,第318页。

北面是圣人山,直河南面的山今名甘泉山(参见图二)。对上述记载综以观之,得出直河南六十步濒淮处就是古盱眙的结论。

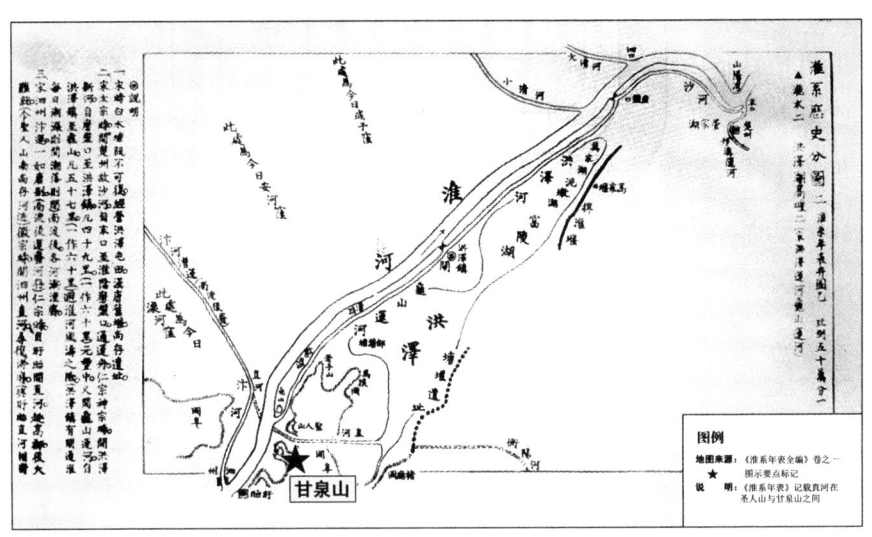

图二 《淮系年表》图中记载了直河

《资治通鉴》卷八《秦纪三》记载,项梁听从范增的建议,

> 乃求得楚怀王孙心于民间,为人牧羊;夏,六月,立以为楚怀王,从民望也。陈婴为上柱国,封五县,与怀王都盱眙。①

结合《通鉴》《寰宇记》《舆地纪胜》和《新唐书》的记载,得出直河南六十步濒淮处的古盱眙就是秦汉时楚怀王都城的结论。

不过以上所引典籍的记载,因为直河的消失,并不能说明古盱眙的准确位置。而明确记载古盱眙位置的是《舆地纪胜》,该书在卷四十四《淮南东路》中记道:

---

① 司马光:《资治通鉴》卷八《秦纪三》,第275页。

> 皇城在盱眙郡东北二十五里长围山之侧。《寰宇记》云古老相传,谓之皇城,盖义帝旧都也。①

说得是明确,但是否准确则没有佐证。因资料的缺失,不得不借助明清时地方志书;尽管这些志书与秦汉时楚都盱眙相去甚远,几乎不能用以证明任何问题,但在颇感无奈的情况下,实是不得已而为之。

首先看《嘉庆重修一统志》,该志卷一百三十四记载盱眙故城:

> 在今县东北。春秋时吴善道邑。左传襄公五年,会吴于善道。秦置盱眙县,二世二年,项梁立楚怀王孙心为义帝,都盱眙。许慎曰:"张目为盱,举目为眙。"城居山上,可以眺远,故名。晋义熙中,置盱眙郡,刘宋以后因之。《寰宇记》县在淮河南。……盱眙故城在县东北,盱眙山之麓,淮水之滨。又有汉王城在县东北三十里,相近又有霸王城、小儿城。相传皆项氏立义帝时屯兵处。或有以为汉县治此。②

此说明确"秦置盱眙"在"今县东北","盱眙山之麓,淮水之滨"。因盱眙境内淮河北岸无山,可以确定"盱眙故城"在淮河南岸。

据现代卫星地图(图三),在圣人山之南与直河相隔的山现名"甘泉山",按《淮系年表》所记,该山西北麓就是直河与淮河交汇的地方,上述一众典籍所指的秦汉时楚怀王都城盱眙所在地就是这里。这里现在是一个名为中港草站的地方。

明以后的史书不仅记中港这个地方是盱眙故城所在地,还记这儿是"皇城""霸王城""小儿城"等所在地。

---

① 王象之:《舆地纪胜》卷四十四《淮南东路》,第1791页。
② 穆彰阿:《嘉庆重修一统志》卷一百三十四《泗州直隶州》,北京:中华书局1986年首都师范大学藏本影印本,第610—611页。

如明正德《盱眙县志》卷之《祠庙》篇记：

> 怀王庙，在县东北霸王城西，又名义帝祠。即项梁立楚怀王孙心为楚怀王，项羽尊为义帝始都盱眙，故立庙于此。

在《古迹》篇记：

> 小儿城，在县东北二十里彭城乡内；世传刘、项立楚怀王孙心于此。汉王城，在县东北二十里彭城乡内；世传汉高祖于此屯兵立寨。霸王城，在县东北二十里。以上三城相连。世传项羽于此屯兵立寨。①

再如《康熙盱眙县志》卷十九《古迹》记载：

> 汉王城，县东北三十里，汉高祖屯兵处。霸王城，世传楚项羽屯兵处。小儿城，项羽立楚怀王于此屯兵。②

顾祖禹在《读史方舆纪要》一书中也记述古盱眙有三个城，卷二十一《南直三》泗州盱眙：

> 县东北三十里有汉王城，与项王城、小儿城三城相连，相传项氏立楚后时屯兵处。③

上列志书共同指向今盱眙县治第一山东北方向约二（三）十里处，有一

---

① 李天畀：《正德盱眙县志》，明正德十三年（1518 年）刻本影印本。
② 朱弘祚：《康熙盱眙县志》卷十九，盱眙历研会 2016 年点校本，第 113 页。后文涉及将不再出注。
③ 顾祖禹：《读史方舆纪要》卷二十一《南直三》，第 1042 页。

条直河位于甘泉山与圣人山（君山）之间，直河南岸濒临淮河的地方即甘泉山西北麓，为秦汉时项梁所立楚怀王的都城，也就是秦、汉时盱眙县治所在地。

《江苏建置志》记秦代盱台县："治今盱眙县官滩镇。盱台县即盱眙县，'眙'字古书作'台'故。"记西汉至西晋时盱台县"治今盱眙县官滩镇"。①

二 考古结论

经典史书记载的缺失及地方志书失载的遗憾，或可用考古结论来弥补，这符合王国维提出的"二重证据法"②。

文物出版社出版的《尹焕章文集》记载，南京博物院尹焕章先生于二十世纪六十年代初，到淮阴地区进行考古调查，并发表《淮阴地区考古调查》报告③。其中涉及盱眙的有两处：一处叫"皇城"，位于盱眙县渔沟西北淮河边，主要是汉代遗存，遗址面积约二千五百平方米；另一处叫"项王城"，位于盱眙县渔沟西甘泉山下，主要是新石器时代至汉代遗存，遗址面积六万平方米。（参见图三）

文中提及的盱眙"渔沟"，一九九三年出版的《盱眙县志》第一章《建置》记载：新中国成立后属圩老区，一九五七年撤区并乡，成立渔沟乡，一九五八年改为渔沟人民公社，一九八一年更名官滩人民公社，一九八三年改称官滩乡，一九八六年撤乡建镇，称官滩镇至今。当年的"渔沟"

---

① 胡阿祥、姚乐主编：《江苏建置志》第一章，南京：江苏人民出版社2013年版，第8—22页。

② 王国维：《古史新证》，北京：清华大学出版社1994年版，前言第3页；第一章总论第2页。

③ 尹焕章：《淮阴地区考古调查》，原载《考古》1963年第1期，尹焕章与赵青芳联合署名。收入《尹焕章文集》考古卷，南京博物院编，北京：文物出版社2009年版，第167—175页。

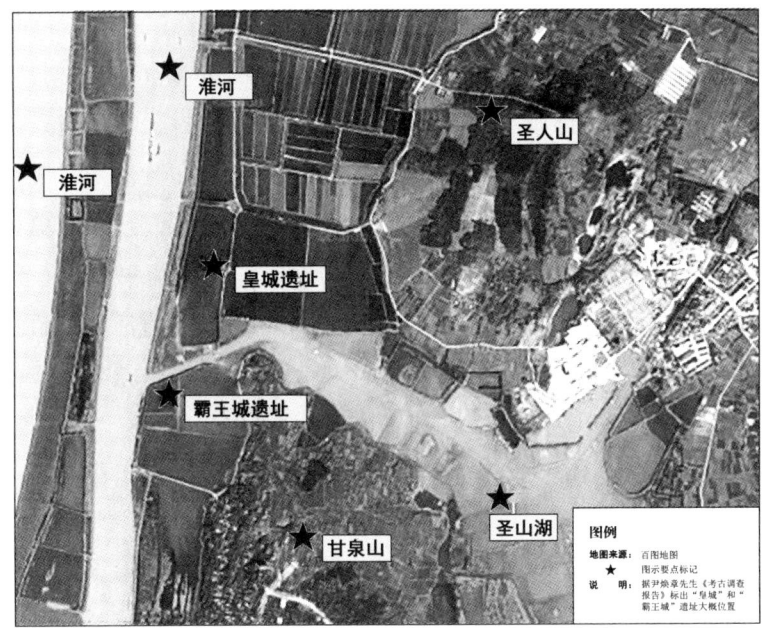

图三　据尹焕章先生《考古调查报告》标出"皇城"和"霸王城"遗址大概位置

即今天的官滩,即《江苏建置志》提及的"今盱眙县官滩镇"。

尹焕章先生在报告中分析汉代遗址时,认为淮河南岸的皇城和项王城,是分布在近山岗、滨湖沿河平地上遗址的代表。

> 其中以项王城遗址较典型,该址位于盱眙甘泉山的西麓淮河的东岸,遗址中心略突出于四周平地一至二米,灰土内有汉代的砖瓦和陶片,文化层厚八十厘米。①

尹焕章先生在报告中提及的"皇城"是采用了《舆地纪胜》的说法,与《康熙盱眙县志》"汉王城"的说法一致;所称的"项王城"即《康熙盱眙县志》所称的霸王城。考古结果表明,皇城的规模远小于霸王城且无汉之前

---

① 南京博物院编:《尹焕章文集·考古卷》,北京:文物出版社 2009 年版,第 174 页。

遗存,说明霸王城才是当年的盱眙县城,也就是楚怀王的都城,而"皇城"应该是一卫星城或屯兵处。立楚怀王时,项羽的地位高于刘邦,有资格与楚怀王共居都城。而刘邦仅是楚军将领,被封汉王和当皇帝都是后来事,率部在偏城驻扎应属情理之中。

科学的考古结论,揭开了古盱眙的神秘面纱。首先验证了《史记正义》中关于古盱眙濒"临淮水"的记载;其次验证了《新唐书》《淮系年表弁图》关于直河位置的记载;再次验证了《寰宇记》关于直河在盱眙县北六十步的记载;也验证了《舆地纪胜》及明清时一众地方志书关于古盱眙在今盱眙(第一山)东北二十至三十里的记载。

一九九三年出版的《盱眙县志》附录《盱眙秦汉故城考》载:

> 据县文博人员在圣人山、甘泉山及其周围考察,两座山上均未发现故城遗址,只发现有小面积的古庙遗址,而山下则有数座故城遗址,其中有甘泉山下的霸王城。圣人山下的汉王城等,但那一带故城遗址,能称得上盱眙故城的只有霸王城。霸王城遗址一部分被淮水淹没,目前能见到的遗址面积约十万平方米。遗址中心突出四周平地一米多许,文化层厚度八十——一百五十厘米,断砖碎瓦很多,有花砖、半筒瓦、大板瓦、瓦当,均有绳纹;花砖多有几何图案,有的有钱纹,瓦里表有布纹,瓦当有云纹、莲瓣纹。这些砖瓦都有汉代砖瓦特征,而且是大量的。此外,还有绳纹圆底壶,素面细柄斗等器皿。附近古墓葬群出土文物有汉代陶壶、陶罐等。因此,该城不像临时驻军所营造,而是一座古县城的遗址。事实上,楚怀王驻盱只有三个月,项羽停留的时间更短,纯属临时驻军,不可能建筑如此规模的城池,说它是"霸王城",只能是楚霸王项羽曾在这个县城屯过兵而已。①

---

① 张恩钤总编:《盱眙县志》,南京:江苏科学技术出版社1993年版,第887页。

当然,这个结论同样适用于"皇城"或"汉王城"。

三 对保卫战发生在秦汉盱眙城的疑问

据前两节的叙述,我们明确盱眙有故城。这个故城就是秦始皇设立的盱台县,汉称盱眙县,在秦汉之际为楚怀王都城,宋以后史书中称霸(项)王城。依据考古发现,我们基本确定这个古盱眙城的大致方位在甘泉山西北麓濒淮处。

西汉时,这个盱眙属临淮郡;《汉书》卷二十八上《地理志第八上》记载:

> 汉武帝元狩六年设置临淮郡时,以盱眙为"都尉治"。①

东汉时,这个盱眙属下邳郡;《续汉书》志第二十一《郡国三》记临淮郡:

> 于东汉明帝永平十五年改为下邳国,盱眙属之。②

晋朝建立后,恢复临淮郡的设置,以盱眙为郡治,晋末义熙年间(405—418年),又在盱眙县地面上置盱眙郡。《晋书》卷十五《地理下》记临淮郡:太康元年(280年)复立,治盱眙。永嘉之乱后,临淮郡侨立武进。至

> 义熙七年……以盱眙立盱眙郡,统考城、直渎、阳城三县。③

---

① 班固:《汉书》卷二十八上《地理志第八上》,第1589页。
② 范晔:《后汉书》志第二十一《郡国三》,第3461—3462页。
③ 房玄龄:《晋书》卷十五《地理志下》,北京:中华书局1974年版,第453页。

综上所述，盱眙自汉至东晋末年，脉络都是清楚的。据此认定盱眙保卫战就是发生在秦汉时楚都盱眙城，似乎也十分合理，无可挑剔。这也许就是一千五百多年来，少有质疑的原因所在，或许即使质疑了，也缺少足以支撑质疑的资料。

本文之所以提出质疑，首先是因相关史书记载出现矛盾或舛讹众多，使后人依违难定，产生困惑；其次是在寻求答案时，将史料记载与实际地形地貌考察比对后综合考量，发现吻合度极小，误差则显现巨大。

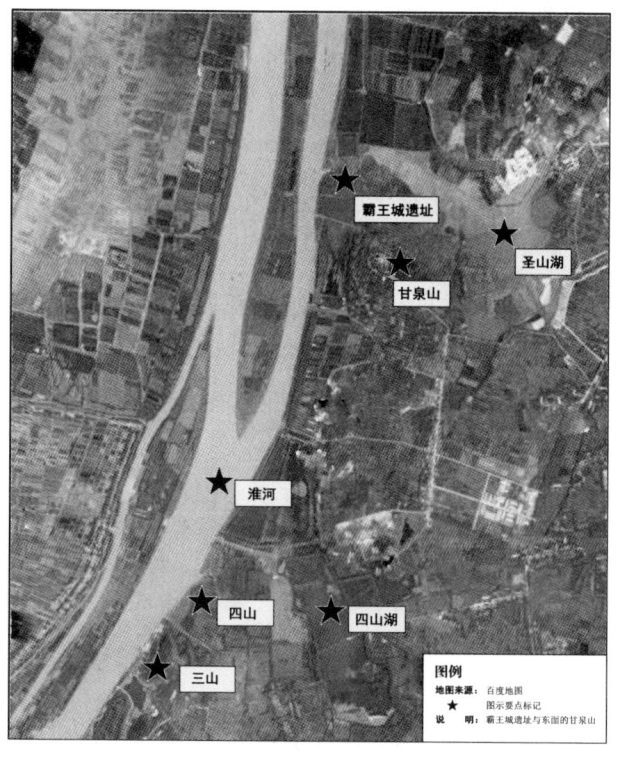

图四 霸王城遗址与东面的甘泉山

在人类历史的长河中，无论时空如何演化，地面上的山峰是亘古不动的，大的河流变化是较小的，总的地形地貌会受到风化侵蚀，但主体是永恒存在的，这些其实就是依然活着的历史见证者。用这些不变的山峰等地貌去比对验证史料记载，符合逻辑的，即符合史实或接近史实,继续深入下去可复活或再现历史;违背逻辑的,或许就是讹误。在具体考察比对过程中,对差别较大的地方提出疑问,随着疑问的不断叠加,进而形成对盱眙保卫战发生地的疑问。疑问的理论依据是《宋书》《资治通鉴》等典籍关于盱眙保卫战的记载,即本文前一章的叙述。疑问的实践依据是今盱眙第一山沿淮至龟山间的实际地貌(参见附录六图件七)。同时按照《寰宇记》和《舆地纪胜》的记载,设定位于甘泉山西北麓的秦汉时楚怀王都城的古盱眙,就是元嘉二十八年(451年)盱眙保卫战的发生地。

1. 疑问东山

对于东山,《宋书》《通鉴》都有明确记载。

《宋书》认为"东山"即盱眙城东之山:

> 盱眙城东有高山,(臧)质虑(索)虏据之,使(胡)崇之、(臧)澄之二军营于山上,质营城南。①

《资治通鉴》没作解释,而是直接称"东山",记臧质:

> 至盱眙,魏主已过淮。质使冗从仆射胡崇之、积弩将军臧澄之营东山,建威将军毛熙祚据前浦。②

图三是卫星截图,从图中可以清晰地看到,霸王城遗址考古点就位于甘泉山西北麓。其西临淮水;东依甘泉山,但山势孤立;北面是开阔地,或许有山涧相隔(考虑到洪泽湖形成前,水位没提升);南面亦是开阔地。据此地形分析,城东北稍远处是圣人山(时称君山),比较甘泉山和圣人山这两座山峰,都符合"东山"这一关键词的要求。那么其中哪一座是

---

① 沈约:《宋书》卷七十四《臧质传》,第1911页。
② 司马光:《资治通鉴》卷一百二十五《宋纪七》,第4023页。

东山？首先设定甘泉山是东山，按常规说，甘泉山靠城更近一点，可能性更大一点。那么发生在元嘉二十七年底的遭遇战就发生在这里了，胡崇之与臧澄之两个营寨数千人就是在这里被魏军消灭的，对照史书记载，疑问有三。

一是这个东山似乎太小了点，胡崇之、臧澄之数千人马驻扎尚嫌狭窄，如何展开兵力与数万魏军战斗？濒临淮边的前浦似乎无险可守，面对铺天盖地而来的数万魏军，毛熙祚部数千人未战即陷入险绝之地。臧质通晓兵法，久经战阵，在几近无险可守之地，何以作出分散兵力这一触犯兵家大忌的排兵布阵？

二是臧质军守城南（见图四），不仅无险可守，身后还是深涧（现称四山湖），连退路都没有；魏军消灭胡崇之部、毛熙祚部后，向南攻击臧质部，面临数万魏军的排山倒海之势，臧质部人少势孤，要迎面突破围堵，北向投入盱眙城的可能性有几分？

三是攻城时，魏军避开西面淮水是可以理解的，但为何仅选择东北方向攻城？为何不利用东山（甘泉山）到盱眙郡城之间的缓坡地形，居高临下展开攻击？

我们再将圣人山看作东山，疑问一似乎能够消除；但疑问二、三依然存在，另外出现新的疑问，就是从东山上运来土石填埋壕沟，圣人山明显远于甘泉山，时盱眙城已处魏军包围之中，从甘泉山取土近于东山（圣人山），魏军为何舍近求远？其时圣人山名君山，亦称军山，《宋书》在记叙盱眙保卫战时，曾说魏军在君山造浮桥以绝淮道，为何在君山取土时不称其名而要用方位词来指代？据此是否说明东山与君山本就不是同一座山？如此说成立，东山只能是指甘泉山，那么消除疑问一的理由失效，疑问则继续存在。

2. 疑问开东北攻道

开东北攻道的记载在《宋书》卷七十四《臧质传》中。北魏皇帝拓跋焘被臧质一瓶"溲便"激怒后，下令

> 筑长围,一夜便合,开攻道,趋城东北,运东山土石填之。①

在盱眙城东北方向开辟攻击通道,从东山上运来土石填埋壕沟;然后展开攻城。不论甘泉山是东山,还是圣人山是东山,仅从城东北方向开辟攻城通道都不合常理。前面我们质疑魏军为何不利用东山地形,居高临下展开攻城,这里还要质疑魏军为何不从南、北方向展开攻城?如果说城北有山涧,只从东山取土填东北方向的堑壕还勉强说得过去,那么不从南面展开攻城则令人难以理解;城南明显是开阔地,既无障碍又易于展开兵力,包围城南的魏军为什么不投入攻城?难道是战地"观摩团"仅作壁上观?置东、南两面有利地形于不顾,集中数万军队在城东北一个方向猛攻一个月,最终损失数万人马撤军退走,这种做法不仅令人匪夷所思,也难以令人信服。拓跋焘南征北战数十载,有一代名将之誉,真要是这样表述其在盱眙保卫战的表现,恐怕是对拓跋大帝智商的侮辱!事违常理必有妖,此问是个不容回避的必答题。

3. 疑问城内水军

盱眙城内不仅有水军,还出城袭扰魏军架设浮桥,可知城内有水道通淮。《宋书》记载:

> 虏又恐城内水路遁走,乃引大船,欲于君山作浮桥,以绝淮道。城内乘舰逆战,大破之。明旦,贼更方舫为栰,栰上各严兵自卫。城内更击不能禁,遂于君山立栰,水陆路并断。②

魏军在君山造浮桥以绝水路通道时,臧质派城内水军出击,击败北魏架设浮桥的水军。只是后来北魏水军用大船连接起来,派重兵严密防守,致使宋军一再攻击无效,才保证浮桥建成。在建浮桥与反建浮桥的争

---

① 沈约:《宋书》,第1912页。
② 沈约:《宋书》,第1912页。

图五　自霸王城遗址向北到龟山十余里间只有一座圣人山

夺中,宋军的水军都表现抢眼。说"城内乘舰逆战",表明水军在城内,且进出水路畅通。或许有人会认为唐时开凿的直河的前身,就是当年的臧质水军通道;姑且认为此说是正确的,那么必须回答的问题是:此河必须在霸王城内才行,但在霸王城的考古中,没有发现河道遗迹。或许还有人认为霸王城与皇城(汉王城)是连在一起的,唐直河前身就是刘宋时盱眙城内河了;我们再姑且认为此说是正确的,那么必须直面魏军为何不从北面进攻盱眙城的疑问?假如魏军先期攻下了皇城,为什么不继续从北面攻击盱眙城?如果是假设存在的那条城内河也就是直河阻路,岂不说明这条河已北面受敌?臧质水军又如何自由进出并有效攻击造浮桥的魏军?

再就是令人百思不得其解的浮桥建造地点,图五所示,君山就是圣人山,在君山造浮桥就是在圣人山造浮桥,造浮桥的目的是绝宋军水路,现在宋军的水路出口也在君山,魏军何不直接堵塞宋军的水军出城口,非要在宋军水军出城口附近的淮河上造浮桥?淮河明显要宽于宋军水军通道,造浮桥的难度也大许多,相比而言,利用沉船堵塞宋军水军入淮口简单易行,魏军为何要舍易趋难,花费更多的人力、更大的物力,坚持在淮河上建造浮桥?

4. 疑问长围

这里有一个对"长围"如何理解的问题。《宋书》说拓跋焘

就质求酒,质封溲便与之。焘怒甚,筑长围,一夜便合。①

按常规理解,一夜筑成的长围,更大的可能是用来围城的野战工事,因而《宋书》只说长围,没说"长围城"或"长围山"。是《太平寰宇记》将这里的长围记载成"长围城"或"长围山";该书卷十六《河南道十六》盱眙县长围山条下记:

在县北七里。按《宋书》云:"元嘉二十七年。宋文帝遣臧质拒魏,武帝遂于梁山筑长围城,造浮桥,绝水路。"即此山。又改为长围山。②

说"于梁山筑长围城"表明,长围是筑在梁山上的,因此梁山后来又改名为"长围山"。筑长围的目的是围困盱眙城,那么有长围的"长围山"就必定在盱眙城附近。

从图四可知,霸王城东是甘泉山,此山延绵向南,最南端是四山湖。别无它山,可知长围山不在霸王城南。据图五可知,自霸王城向北到龟

---

① 沈约:《宋书》,第 1912 页。
② 乐史:《太平寰宇记》卷十六《河南道十六》,第 318 页。

山之间只有一座山，就是君山或军山，现叫圣人山；可知霸王城以北方向没有长围山。《寰宇记》明确说长围山在县北七里，既然霸王城南、北均没有长围山，是否意味着霸王城就是臧质城的说法遭到否定？

上述四点疑问俱是依照实际存在的地形地貌提出的。既然实地情况与史书记载相去太大，结论不外乎两点，一是史书记载失误，记载盱眙保卫战的主要史书是沈约的《宋书》和司马光的《资治通鉴》，二者互有详略，相互印证，设想这两部典籍都记载错误几无可能；那么另一结论就是出现实地误差，即霸王城本就不是盱眙保卫战发生地，也就是说否定了霸王城是臧质城或"废臧质城"的可能。

四　今盱眙城不可能是臧质城

用典籍记载比对实地存在的结果，否定了秦汉之际楚都盱眙（霸王城）就是盱眙保卫战发生地的说法。这倒逼着为史者不得不将眼光投向今盱眙城。

今盱眙城即第一山盱眙城，建造于南宋初年，相关史书记载清楚。之所以提出并强调与秦汉时楚都盱眙城加以区别，是因为有地方志书记载出现混淆，如明朝《帝乡纪略》就曾"疑今县治即古县治"①。因此有必要缕析清楚。

《嘉庆重修一统志》记盱眙：

> 元学士曹元用②《重修县治碑》记："盱眙县旧寓慈氏山麓，延祐庚申迁筑东岳行祠之右。"泰定四年，县尹李克中以"县治卑隘"，

---

① 曾惟诚：《帝乡纪略》卷三《建置》，第 319 页。
② 宋濂：《元史》卷一百七十二《曹元用传》，北京：中华书局 2000 年版，第 2690—2692 页。曹元用，字子贞，祖籍阿城。天历二年（1329 年）在礼部尚书任上，受李克中之邀，撰写了《重修县治碑》。碑文引自《光绪盱眙县志稿》卷三《建置》。

又迁临淮府旧基,即今治也。《县志》:盱眙故城在县东北,盱眙山之麓,淮水之滨,又有汉王城,在县东北三十里,相近又有霸王城,小儿城,相传皆项氏立义帝时屯兵处。或有以为汉县治此。①

《光绪重修安徽通志》记:

> 元学士曹元用《重修县志碑》记:盱眙县旧寓慈氏山麓,延祐庚申(1320年)迁筑东岳行祠之右。泰定四年(1327年),县尹李克中以"县治卑隘",又迁临淮府旧基,即今治也。《县志》又有汉王城在县东北三十里,相近又有霸王城,小儿城,相传皆项氏立义帝屯兵处。或以为汉县治此。②

上引二志所记表明,元朝延祐庚申(1320年)前,盱眙治所在慈氏山麓;"延祐庚申(1320年)迁筑东岳行祠之右";泰定四年(1327年),始治今所,即第一山县城。

对盱眙县治自慈氏山麓迁第一山,明万历《盱眙县志》记得最为清楚③,该志卷九《艺文》载:元泰定四年(1327年)秋,李克中由中书掾进阶承直郎,出守盱眙。因盱眙县治"旧寓慈氏山麓,居民错处。延祐庚申(1320年),迁筑于东岳行祠之右",且治所"倾漏,卑隘蹙于前而窘于后。左界林壑,右迩间阎,无丽谯以节昕夕,无后堂以礼上官"。经过

> 历询耆宿,佥谓临淮府旧基,乃故张魏公浚之废宅也。北瞰泗

---

① 穆彰阿:《嘉庆重修一统志》卷一百三十四,1986年首都师范大学藏本影印,第610—611页。
② 沈葆桢、吴坤修:《光绪重修安徽通志》卷五十三《泗州》,清光绪四年(1878)刻本,第498页。
③ 李上元:《万历盱眙县志》,万历二十三年刻本复印本。后文涉及将不再出注。

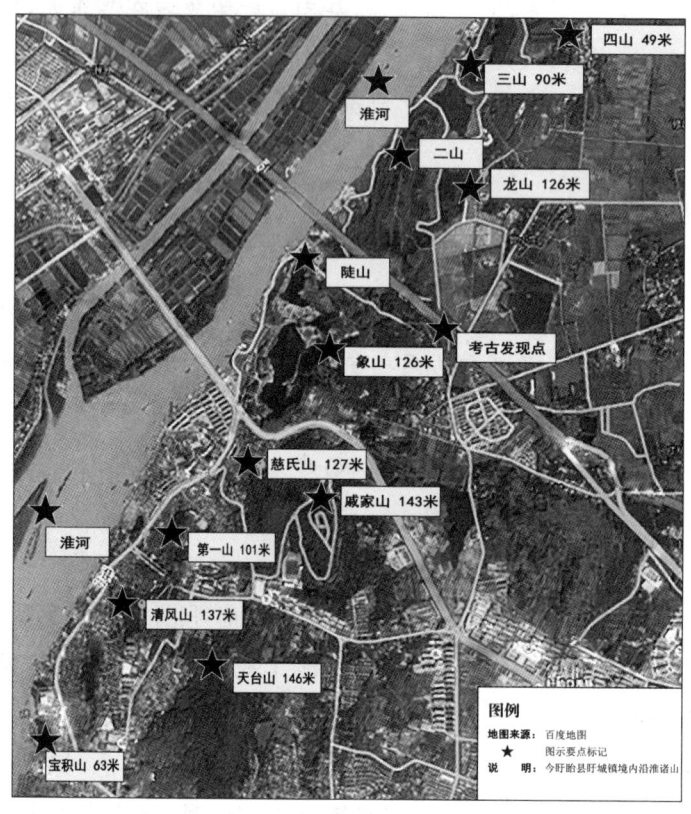

图六　今盱眙县盱城镇境内沿淮诸山

淮,西邻黉舍,慈氏山峙其东,清风山拱其南,且在城域之内,形胜之区也。天历元年(1328年)冬十月鸠工度材,躬临督匠,寒暑弗缀……越明年(1329年)六月,落成仪门……①

为记此事,李克中请来同僚好友翰林院直学士曹元用,为其撰写了《重修县治碑》一文,记叙了重修县治的前因后果。后这篇记文被勒石成

---

① 脱脱:《宋史》卷三百六十一《张浚传》,北京:中华书局2000年版,第8973—8984页。张浚,字德远,世称紫岩先生。汉州绵竹(今属四川)人。孝宗隆兴元年(1163年),封魏国公,故后人称之张魏公。

碑，又被收入万历《盱眙县志》卷九《艺文》中。近八百年后，这篇为李克中树碑立传的记文，为我们考证盱眙县治迁第一山的时间提供了证据，应该出乎李、曹二人的意料。

依据曹元用撰写的《重修县治碑》文，可以认定盱眙县治是元天历二年（1329年）六月移到第一山上的，之前在慈氏山，属都梁山麓。李克中重修的县治所在地前身是临淮府旧基，也是张浚的废宅。所谓临淮府旧基，就是仅剩墙基早已废弃的临淮府治。那么张浚在盱眙的废宅建于何时？《建炎以来系年要录》卷一百一《绍兴六年五月》记道：南宋绍兴六年五月

> 壬辰，江南东路宣抚司张俊加崇信奉宁军节度使。进屯盱眙，右仆射张浚命依山筑城。……是役兴于盛夏，自下运土而上者，皆有日课，望青采斫，数十里间，竹木皆尽，斸掘新旧冢莫知其数，人甚苦之。城成，无水可守，亦无樵采。筑城之际，伪齐遣三百骑于泗州境上，临淮伫观，久之而去。①

绍兴六年是1136年，距高宗赵构建立南宋仅十年时间，时盱眙是南宋北部边界，隔淮先后与辽、齐、金对峙。张浚在盱眙修建城池，正是因盱眙为淮河防线上的战略重镇，隔淮与泗州相峙，虽劳民伤财也要力主修建的原因。张浚官居右仆射，在盱眙期间或建有府邸。另据《建炎以来系年要录》卷一百十四《绍兴七年九月》记载，绍兴七年（1137年）九月乙丑（初六），御史中丞周秘入对，言：

> 近上殿论宰相张浚失谋误国，乞正其罪。周秘列举张浚二十

---

① 李心传：《建炎以来系年要录》卷一百一《绍兴六年五月》，北京：中华书局1956年，第1661页。是书述高宗朝三十六年事，二百卷；与李焘《长编》相续。李心传，字微之，生平见《宋史·儒林传》。

条罪状,其中第二条为:"置戍守之域当据要害,今盱眙之城围二十七里,虚费公私之力,无补捍御之事,罪二也。"①

后来历史证明,周秘列出的张浚二十条多为不实之词,指责的盱眙城周廻二十七里是否有夸大不实则不得而知。但此说从侧面证明绍兴六年所筑的第一山盱眙城城墙较长,几乎囊括整个都梁群山。盱眙文保部门近年对今盱眙古城墙遗址进行了勘查,结果表明,城墙自陡山经象山、东山、天台山折向西至淮河边,遗址均在半山腰(参见附录六图件五)。

临淮府是元朝初年改招信路所置,而招信路则由盱眙县升格设置。《读史方舆纪要》卷二十一《南直三》记盱眙县:

> 至元十四年(1277年)升为招信路,十五年(1278年)改为临淮府。二十七年(1290年)府废,复曰盱眙县,属泗州。②

南宋亡于1279年,元朝于1277年就在盱眙设置招信路,说明盱眙在南宋灭亡前即归入元朝版图。1278年至1290年间在盱眙设立临淮府,府衙就是张浚于南宋绍兴六年在盱眙时的住所。临淮府仅存在十二年即裁废;而府衙也随府治遭裁撤而废弃。直到三十九年后的天历二年(1329年),才重新作为盱眙县治所。

行文至此,结论已明确。今盱眙城筑于南宋绍兴六年(1136年),距元嘉二十八年(451年),相差六百八十五年。可以断定,今盱眙城不可能是臧质城。

---

① 李心传:《建炎以来系年要录》卷一百十四《绍兴七年九月》,第1838页。
② 顾祖禹:《读史方舆纪要》卷二十一《南直三》,第1041页。

第三章 臧质城的存与废

时空的不可逆性，决定了流逝的历史不具有重复性；也决定了任何穿越历史的设想只能是戏说。正如我们要寻找臧质城一样，正确的路径只能是依据典籍史料的记载，结合实地勘查，最终作出合乎逻辑的判断及推理，以期获得合理的结论。

依据前章的叙述，有关臧质城的记载可归纳为三个方面，一是盱眙保卫战发生在盱眙郡城；又因与太守沈璞共守盱眙郡城的是辅国将军臧质，故这个盱眙郡城又被称为臧质城。二是排除了发生在今盱眙城也就是第一山城的可能性。三是依据地望条件的限制，对保卫战发生在秦汉之际楚怀王都城的古盱眙提出质疑。至此，考证工作似乎步入绝境。但解铃还须系铃人，既然史书记载了臧质城，还需从深入解读相关记载入手。

一 臧质城被废缘由

前文曾经论述过，有关臧质城的提法，源于对《太平寰宇记》关于"废臧质城"记载的逆推理。《寰宇记》的记载详细说明了臧质城变成"废臧质城"的原因和时间。该书在卷十六河南道泗州盱眙县条下记载：

> 废臧质城，西近淮水。按《宋书》云："元嘉二十七年，遣将臧质

屯兵于盱眙,筑城以拒魏师。"隋大业十年,孟让贼据都梁宫①,其年江都通守王世充修理此城②,屯兵破贼。至唐武德六年,辅公祏江南作逆③,徐州道副元帅任瓌与李勣等在此屯军,聚造器械;至七年,破辅公祏,以定江南。军去之后,空废。④

这是自盱眙保卫战后,盱眙首次以"废臧质城"的名字出现在史书上。留下的信息主要包括两个方面,一是地理方面的,明确说"废臧质城,西近淮水",可知盱眙郡城在淮河东岸,城西靠近淮河。二是历史方面的,明确说武德七年(624年)"军去之后,空废"。不幸的臧质城甫一出现就以废弃的面目示人,让人嗟叹不已。但"废臧质城"的记载,充分证明臧质城是真实存在的,否则就不会有"废臧质城"一说。时至北宋初年,"废臧质城"的称谓仍存于世并被乐史记入《寰宇记》,可见臧质城的名声响亮,流传广泛。应该是盱眙保卫战之后,臧质威名远扬,以至于民间尊崇地将其曾经坚守的盱眙城以其名冠之。虽然后来臧质造反,兵败被杀,但并不影响"臧质城"的名声继续流传,到了唐初城废,至宋初仍称其"废臧质城";说明盱眙人民长期以来是铭记臧质守城功绩的。本节以《寰宇记》给出的臧质城被废之缘由为据,深入剖析,以期得窥门径。

1. 孟让据都梁宫

按《寰宇记》所载,这是导致臧质城毁弃的两个因素之一。据《资治

---

① 司马光:《资治通鉴》卷一百八十二《隋纪六》,第5776—5801页。孟让,齐郡(今山东省济南市)人。

② 刘昫:《旧唐书》卷五十四《王世充传》,北京:中华书局2000年简体字版,第1503—1508页。王世充(?—621年),字行满,本姓支,西域胡人。

③ 刘昫:《旧唐书》卷五十六《辅公祏传》,第1531页。辅公祏,齐郡临济(今山东省济南市章丘区)人。武德六年(623年)在丹阳(今江苏省南京市)称帝,国号宋,年号天明,武德七年(624年),遭官军围剿,连战连败后逃到武康(今浙江省德清县西)遭俘被杀。

④ 乐史:《太平寰宇记》卷十六《河南道十六》,第319页。

通鉴》卷一百八十二《隋纪六》载:隋炀帝大业九年(613年)三月,齐郡人孟让造反。隋炀帝大业十年(614年)十一月,孟让从长白山抢掠各郡,到盱眙后,孟让拥有部众十余万人,占据了都梁宫,以淮水为坚守的屏障。江都郡丞王世充奉命率兵进击孟让,他用五道栅栏阻塞险要之处,装出羸弱的样子,其实是骄兵之计。孟让自以为是,嘲笑王世充是个文法小吏,怎么能带兵打仗呢?不日要生擒王世充,大张旗鼓地进入江都城!当时百姓都筑堡垒以自卫,野外没有什么可供抢掠的东西,孟让的部众缺少给养,渐渐挨饿,于是孟让不得不分出兵力到更远的地方进行抢掠;仅留下部分兵力围住五道栅栏。王世充趁对方松懈,挥军出击,大破孟让,孟让仅带着几十骑逃走,王世充斩获首级万余,俘获数万人。

都梁宫是隋炀帝行宫,《太平御览》载:

  隋大业元年,炀帝立宫在都梁,东邻郁,西枕长淮,南望岩峰,北瞰城郭。其中宫殿三重,长廊周回,院之西又有七眼泉,涌合为一流,于东泉上作流杯,又于宫西南淮侧造钓鱼台,临淮高峰,别造四望殿。其侧又有曲河以安龙舟大舸,枕倚淮湄,萦带宫殿。至十年,为孟让贼于此置营,遂废。①

《北史》卷十二《隋本纪下第十二》载:

  十二月,贼帅孟让众十余万,据都梁宫。遣江都丞王世充击破之,尽虏其众。②

---

① 李昉:《太平御览》,第383页。
② 李延寿:《北史》,北京:中华书局2000年版,第304页。

《隋书》卷四《炀帝本纪第四下》也有类似记载①。说"炀帝立宫在都梁",这里的都梁只能是指都梁山,都梁宫得名源于此。都梁宫既是皇帝行宫,从接待便利、安全保卫等因素考虑,其地点距盱眙城不应太远。按《寰宇记》的说法,王世充与孟让对峙时,孟让占都梁宫,王世充占盱眙城;其时盱眙城已有毁坏,王世充在修理后才屯兵。从双方对峙的描述中,也可知盱眙城与都梁宫相距不远。

孟让兵败于王世充,固然有轻敌的原因,但与盱眙附近已被掳掠一空、不得不分兵到远处去掳掠不无关系;此举也说明都梁宫和盱眙城附近均被掳掠得寸草不存;孟让兵败后都梁宫被废,盱眙城还能维持多久呢?《寰宇记》说,至武德七年(624年)破辅公祏,平定江南,大军退去之后,盱眙城空废。从大业十年(614年)孟让兵败至武德七年(624年)破辅公祏,十年间,都梁宫与盱眙城先后遭废弃。

2. 杜伏威、辅公祏造反

《寰宇记》记载这是臧质城空废的直接原因。结合《资治通鉴》的记载,隋炀帝大业九年(613年)底,章丘人杜伏威与临济人辅公祏造反②,拥兵数万人到淮南,一直盘踞在江淮之间。隋恭帝义宁元年(617年)春,杜伏威击败围剿的官军,破高邮,占历阳,自称总管,任命辅公祏为长史,分派各位将领攻取江都郡所属各县,大军所到之处,城池都被攻破。时盱眙属扬州且地处淮南,自是被占领无疑。武德元年(618年),隋皇泰主拜杜伏威为东道大总管,封楚王。武德二年(619年)八月,杜伏威投降李世民,被任命为淮南安抚大使,和州总管。武德三年(620年)十二月,杜伏威派辅公祏攻占丹阳(江宁)。武德四年(621年)年底,杜伏威占领整个江东,尽有淮南、江东之地,南至岭,东至海。武德五年(622年)七月,杜伏威怕朝廷怀疑,主动要求离开丹阳入朝,实

---

① 魏征:《隋书》,北京:中华书局2000年版,第61页。
② 刘昫:《旧唐书》卷五十六《杜伏威传》,第1529—1530页。杜伏威(598—624年),齐州章丘(今山东省济南市)人。

际是以身为质。拜为太子太保,兼行台尚书令,留长安,位在齐王元吉上。① 武德六年(623年)八月,淮南道行台仆射辅公祏反。朝廷派李靖、黄君汉、李勣等数路大军讨伐,李勣大军出淮、泗。以盱眙为后方基地,"徐州道副元帅任瓌与李勣等在此屯军,聚造器械;至七年,破辅公祏,以定江南。军去之后,空废"。按此说,臧质城废于唐初武德七年(624年),或者说,至唐武德七年,臧质城,也就是曾经的盱眙郡城成了名副其实的废城。

二 盱眙郡与县

关于盱眙的记载,自秦、汉至晋,脉络都很清楚。变化起自东晋义熙七年(411年)设置盱眙郡,至唐初武德七年(624年)臧质城被废,共二百一十三年间,盱眙郡经历了由设置到裁撤及郡城废弃的过程,盱眙县则经历了先废置再恢复设置的过程,其间前二十年,盱眙郡与县并存,但互不统属。

《晋志》徐州条目下,记临淮郡为汉武帝置,后汉改临淮郡为下邳国,晋太康元年(280年)复分下邳属县在淮南者置临淮郡,治盱眙,统属十县:

  盱眙 东阳 高山 赘其 潘旌 高邮 淮陵 司吾 下相 徐②

到了晋元康七年(297年)时,临淮郡被一分为二,分出的那个称淮陵

---

① 刘昫:《旧唐书》卷六十四《李元吉传》,第1633—11635页。李元吉(603—626年),名李劼,唐高祖李渊第四子,封为齐王。在武德九年(626年)发生的"玄武门之变"中,与太子李建成同时被杀,终年二十四岁。

② 房玄龄:《晋书》卷十五《地理志下》,第452页。

郡,领属司吾、徐县、下相(阳乐)三县。① 盱眙仍为临淮郡治;但很快就因"永嘉之乱"成为失地,既而侨立江左。《晋志》记载:

> 永嘉之乱,临淮、淮陵并沦没于石氏。② 元帝渡江之后……分武进立临淮、淮陵、南彭城等郡。③

"元帝渡江"是"永嘉之乱"的官方表述,临淮郡等在"永嘉之乱"后,侨立到江左武进。《宋志》的记载印证了实际成书时间更晚的《晋志》记载:

> 晋武帝太康元年(280年),复分下邳之淮南为临淮郡。治盱眙。江左侨立。永初郡国又有盱眙县,何、徐无。④

诚如《宋志》所载,到晋末,临淮等郡县继续保持侨立状态;说"永初郡国又有盱眙县",表明至少到刘裕的永初年间(420—422年),盱眙县仍存在并侨立在江左。那么盱眙县被裁撤的时间只能在永初年间之后。

按《晋志》所记,临淮郡因郡土失陷侨立到武进(今江苏省常州市)分出的晋陵,照此思路,可知临淮郡所领属的县,也皆因土地失陷而随临淮郡侨立到江左。盱眙作为临淮郡治所,自是要随着郡府一起侨立过去,毕竟郡府依治所而立,治所不立,郡府则无立足之处。再说盱眙县辖地也与临淮郡一起"沦没于石氏",与郡府共同侨立江左也属名正

---

① 沈约:《宋书》卷三十五《州郡志一》,第1042页。
② 房玄龄:《晋书》卷五《怀帝本纪》,第115—125页。永嘉五年(311年),刘曜、王弥、石勒等率军攻入京师洛阳,俘获怀帝,纵兵烧掠,杀王公士民三万余人;晋朝遭致命打击,史称"永嘉之乱"。
③ 房玄龄:《晋书》卷十五《地理志下》,第452—453页。
④ 沈约:《宋书》卷三十五《州郡志一》,第1042页。

言顺。不过在沦陷的盱眙领地上,石氏似乎也没能建立起政权,至少没有这方面的历史记载。这样自西晋"永嘉之乱"发生后,盱眙县成为南北拉锯地带,境内实际上处于无政府状态。

据胡阿祥先生所著《东晋南朝侨州郡县与侨流人口研究》一书的考证①,临淮郡自东晋至南朝齐期间都侨立在江左;盱眙县也自东晋朝侨立在江左。《江苏建置志》记东晋临淮郡,元帝时侨置江左(今江苏丹阳市一带),其所辖盱眙、海西、射阳等七县也侨置在今丹阳市一带。②

"永嘉之乱"正好过去一百年时,东晋安帝司马德宗设置盱眙郡。相关记载在《晋书》卷十五《地理志下》:

> 义熙七年(411年),始分淮北为北徐州,淮南但为徐州。……以盱眙立盱眙郡,统考城、直渎、阳城三县。③

"以盱眙立盱眙郡",蕴含着两层意思。

其一是盱眙郡设立在侨立江东的盱眙县属地上,这表明盱眙县境已在东晋的掌控下。大背景是东晋大将刘裕率师北伐并取得胜利,义熙五年(409年):

> 四月,舟师发京都,溯淮入泗。五月,至下邳,留船舰辎重,步军进琅琊,所过皆筑城留守。鲜卑梁父、莒城二戍并奔走。④

随后刘裕又多次击败鲜卑军,至义熙六年二月,在广固(今山东省青州市)擒获南燕国皇帝慕容超。刘裕北伐的胜利,使得东晋收复徐州全

---

① 胡阿祥:《东晋南朝侨州郡县与侨流人口研究》第八章,南京:江苏教育出版社2008年版,第254页。
② 胡阿祥、姚乐主编:《江苏建置志》第一章,第27页。
③ 房玄龄:《晋书》卷十五《地理志下》,第453页。
④ 沈约:《宋书》卷一《武帝本纪上》,第15页。

境,其北部防线大幅度向北推移。东晋势力能够北上黄淮间一争短长,既保证了淮南的安定,也需从淮南得到后勤保障及支持;盱眙特殊的地理位置符合这一战略需求,决定了盱眙实地之上,急需建立起完整的行政管理系统。

其二是原盱眙县辖地上容纳了三个县。《宋书》卷三十五《州郡志一》记载说阳城、直渎是"晋安帝立",可以理解是置盱眙郡时新设立的县;考城则是侨立到盱眙郡的,旧属兖州陈留郡,在侨立盱眙郡之前侨立在今安徽省怀远县东南。对于侨立郡县是否有管辖土地,胡阿祥先生认为:

> 起初侨郡县并无实土,但有行政管理机构,换言之,无实土的侨郡县,乃是寄寓在他地固有行政区域之中的另外一套行政管理体系。①

那么盱眙郡是作为实土郡成立的,成立后既领属拥有实土的直渎和阳城二县,还领属没有实土的侨立境内的考城县。

其实这两条只是表面上的原因,深层次的根源是权臣刘裕推行"土断"的结果。《宋书》卷二《武帝本纪中》记载:义熙九年(413年),刘裕下令

> 依界土断,唯徐、兖、青三州居晋陵者,不在断例,诸流寓郡县,多被并省。②

所谓"土断",其实就是

---

① 胡阿祥:《东晋南朝侨州郡县与侨流人口研究》第二章,第64页。
② 沈约:《宋书》卷二《武帝本纪中》,第30页。

通过调整地方政区设置,寻求侨州郡县与当地州郡县之间的协调,缓和因侨置引致的政区制度与政区建置的混乱局面。①

盱眙郡得以设立,就是"土断"调整地方政区设置的产物,是"诸流寓郡县"被并省的结果。盱眙县原属地上设置盱眙郡,侨立的盱眙县仍能存在,实是"徐、兖、青"三州暂时没纳入"土断"享受"豁免"的原因。

就在盱眙郡设置的同时,临淮郡及盱眙县仍侨置在江左。相关记载在《宋书》卷三十五,前此已有引述。联系起来看,可知盱眙郡设立后与盱眙县是并存的,其区别为盱眙郡是具有实土且领属三个县的郡,盱眙县则仍是侨置江左的县。

《江苏建置志》对此说有不同的表述,该志第十章第七节记:

> 安帝义熙九年(413年),废临淮郡及盱眙等县,于今县境内设置考城(治今县王店乡西南)、阳城(治今县西南部,确址乏考)、直渎(治今县南部,确址乏考)三县,俱隶盱眙郡(治今县盱城镇东北),郡属徐州。②

按《江苏建置志》的记叙,在设置盱眙郡时,临淮郡及盱眙县均已被废,就是说盱眙郡是在废除侨立的盱眙县基础上设置的,照此说,盱眙县废于晋末。按《宋志》记载,永初年间(420—422年)盱眙县仍存在,临淮郡也存在。

有关盱眙郡,《宋志》在南兖州盱眙太守条下记载很清楚:

> 盱眙本县名,前汉属临淮,后汉属下邳,晋属临淮,晋安帝分

---

① 胡阿祥:《东晋南朝侨州郡县与侨流人口研究》第三章,第95页。
② 胡阿祥、姚乐主编:《江苏建置志》第十章,第469页。

立。领县五:考城、阳城、直渎、信都、睢陵。①

与《晋志》所记有所不同;在刘裕建立宋后,盱眙郡比东晋置郡初期领属的县多了两个,即信都县和睢陵县。但信都县条目下的注释是"地在河北,宋末立"。在睢陵县下注释"后汉属下邳,《晋太康地志》无,宋末立"。说明信都、睢陵两个县不是盱眙郡领属的实土县,而是盱眙郡领属的侨立县。不过这种统其他郡的县为侨县的情形,在东晋南朝时实属正常。

让我们关注的是盱眙县不在盱眙郡属县中,在临淮郡领属的县中,盱眙县也失去了踪影;说明盱眙被废除了,或者被裁撤了。但是否就是于晋安帝义熙九年(413年)被废的呢?仔细研读《宋志》记载,关键还是那句"永初郡国又有盱眙县,何、徐无"。按此记述,在刘裕的永初年间(420—422年),盱眙县还是存在的,到了宋文帝元嘉年间(424—453年)后期,何承天修撰的《宋书》中已没有盱眙县的记载;宋孝武帝大明年间(457—464年),徐爰续修的《宋书》,也没有关于盱眙县的记载。因沈约的《宋书》是在何、徐二人所修《宋书》的基础上编撰的,自然也没有盱眙县相关的记载。依据"永初郡国又有盱眙县"这句话,推定盱眙县被废的时间,应该发生在元嘉八年(431年)。《宋志》所以记永初时仍有盱眙县,全因刘裕推行义熙土断时,不涉及侨居晋陵的徐、兖、青三州,可知盱眙县没受到影响。元嘉八年(431年)宋文帝刘义隆推行土断,以

  江南为南徐州,治京口,割扬州之晋陵、兖州之九郡侨在江南者属焉。②

就是说侨立晋陵的徐、兖、青三州失去了"土断"的豁免权,临淮郡及盱

---

① 沈约:《宋书》卷三十五《州郡志一》,第1056页。
② 沈约:《宋书》卷三十五《州郡志一》,第1038页。

盱眙县自然难以幸免,遭遇"土断"并受到裁撤已是大势所趋。到了元嘉十六年(439年),何承天"除著作佐郎,撰国史"①。因盱眙县在此前已被撤废,故在修撰"国史"时,已无盱眙县记载。而徐爰续修《宋书》又迟于何承天修撰国史二十年,因而也不会有盱眙县记载。沈约是在何、徐所修《宋书》基础上修撰《宋书》的,在撰写《州郡志》时,将入宋后约存在十年的盱眙县特别提了一下,毕竟盱眙郡是其父沈璞建功立业的地方,时年十岁的沈约也曾亲身经历过那场惊心动魄的保卫战,盱眙二字已深深刻在年幼的沈约脑海,无法抹去,也难以忘却,因而在写《州郡志》时,虽盱眙县已被废多年,仍将其存在于"永初年间"的事实记了下来。看似不经意间的一笔,实是沈约骨子里对盱眙深厚情感的流淌,绝不是心血来潮的信口一说,后人没有理由忽视不顾。

至此,可知义熙七年(411年)置盱眙郡时,盱眙县仍作为临淮郡治侨置江左,同名郡县共同存在且不相统属,虽属罕见,但时间不长,维系约二十年。

三 都梁城的出现

用都梁代指盱眙的记载,最早出现在《资治通鉴》中,该书卷二百三十《唐纪十九》记武则天光宅元年(684年)九月,徐敬业在扬州起兵造反:

> 复称嗣圣元年。开三府:一曰匡复府,二曰英公府,三曰扬州大都督府。敬业自称匡复府上将,领扬州大都督。②

楚州司马李崇福帅山阳、盐城、安宜三县响应徐敬业,时属楚州的盱眙

---

① 沈约:《宋书》卷六十四《何承天传》,第1704页。
② 司马光:《资治通鉴》卷二百三十《唐纪十九》,第6537—6546页。徐敬业,祖籍曹州(今山东省菏泽市),李勣之孙。

独不从,一位叫刘行举的盱眙人占据县城,徐敬业派部将尉迟昭攻盱眙。朝廷诏令刘行举为游击将军,以其弟刘行实为楚州刺史。十月,尉迟昭在别将韦超支援下占领了盱眙,屯兵都梁山。朝廷派大将李孝逸率军讨伐①,朝廷大军到了临淮,双方在都梁山展开大战。韦超在都梁山凭险据守,李孝逸久攻不下,曾想留下部分兵力与韦超对峙,自率大军绕过盱眙直趋江都。一位名叫薛克扬的部将力主应先攻下盱眙,他分析认为韦超虽据险坚守,但人数并不多,如我们留兵多了则攻扬州会受影响,留兵少了恐有后患。因而

> 不如先击之,其势必举,举都梁,则淮阴、高邮望风瓦解矣。②

要之,薛克扬用都梁与淮阴、高邮并称,显然不是指都梁山,而是用以代指盱眙。薛克扬的本意仍是要坚持率先攻下盱眙城,一旦拿下盱眙城,淮阴、高邮就不攻自破了。可能薛克扬自己也没料到,用来说明盱眙在淮东拥有重要战略地位的随口一说,为盱眙留下一个美丽的别称。薛克扬用都梁代指盱眙县,表明此时的盱眙县是在都梁山中的,就像都梁宫在都梁山中,因而得名都梁一样。也许薛克扬触景生情,受到都梁宫得名的启发,将都梁山中的盱眙县城用都梁来代称。岂不知他这么一说开了先河,用都梁代指盱眙的说法自此开始,一千三百多年过去了,盱眙至今仍以都梁为别名。

有关都梁城记载的正式出现,是在薛克扬用都梁代指盱眙一百八十四年之后,这是盱眙以都梁之名首次正式出现在史书上。《资治通鉴》卷二百五十一《唐纪六十七》记载,唐懿宗咸通九年(868年),在都梁城发生一场战争,战况持续近一年。

---

① 刘昫:《旧唐书》卷六十《李孝逸传》,第1582页。李孝逸,生卒年不详,陇西成纪(今甘肃省秦安县)人,淮安王李神通之子。

② 司马光:《资治通鉴》卷二百三《唐纪十九》,第6545页。

第三章 臧质城的存与废 59

图七 泗州城遗址及都梁诸山分布示意

  唐懿宗在位的年代,已是唐朝末年,各种社会矛盾激化,唐朝已处于风雨飘摇之际。咸通九年(868年)七月,庞勋率戍守桂州的徐、泗地区的士卒起义①,十月占领徐州。庞勋认为泗州地处江、淮要冲,随即派李圆领军攻击泗州。泗州是漕运的重要节点,一旦被攻占,将切断漕运通道,就等于扼住朝廷的命脉。其天下无事,则为南北行商之所必历;天下有事,则为南北兵家之所必争②的战略地位重要性毕显无疑。朝廷感到问题严重,一面死守泗州城,一面急调数路大军增援。双方围

---

  ① 司马光:《资治通鉴》卷二百五十一《唐纪六十七》,第 8242—8274 页。庞勋,咸通九年(868年)率桂州戍卒起事;十年(869年),于濠州战败溺水而死。
  ② 曾惟诚:《帝乡纪略》卷之三《形胜》,明万历二十七年刊本,台湾成文出版社影印本,第 234 页。

绕泗州攻防展开激烈争夺。到了十一月,庞勋因李圆攻泗州城久不能克,派遣部将吴迥替代李圆指挥。庞勋部下刘行及也派将军王弘立自濠州率部前来助攻。扬州大都督府长史、淮南节度副大使、知节度使令狐绹派遣李湘率领军队数千人来救援泗州,与敕使郭厚本、都将袁公弁合兵屯驻于都梁城,与泗州隔着淮河相望。

闰十二月,皇帝下诏任命戴可师为徐州南面行营招讨使,命其率领三万官军救援泗州,戴可师认为要解泗州之围,必须先占领都梁,以便率部渡过淮河,进军围困都梁城。其时王弘立已占领都梁城,因城中兵力很少,便派人在城上向戴可师拜谢说:"我们正在与都头商议开城出降。"戴可师为此退兵五里,以接受投降。都梁城守军乘夜逃走,次日早晨,只留下一座空城。戴可师自恃打了胜仗,不设防备,摆酒庆功直到深夜,恰逢天降大雾,王弘立乘着大雾的掩护,率领数万军队通过捷径突然赶到,纵兵袭击官军,官军没能组织起有效抵抗,于是大败,官军将士有的被杀死,有的跳入淮河被水淹死,得免死者才几百人,丢弃军械武器、资财军粮、车马数以万计,戴可师及宦官监军、将校等多人首级被割下送彭城报庞勋请功。

那么这个都梁城在什么地方?《资治通鉴》卷二百五十一记载:

> 先是,令狐绹遣李湘将兵数千救泗州,与郭厚本、袁公弁合兵屯都梁城,与泗州隔淮相望。

胡三省注曰:

> "都梁城,在泗州盱眙县北都梁山。"接着又注:"淮南、宣、润三道发兵戍都梁山旧城,与泗州隔淮而已。"①

---

① 司马光:《资治通鉴》卷二百五十一《唐纪六十七》,第 8255 页。

将《资治通鉴》的记载与胡三省的注综合起来分析解读,感觉其中透露出有关都梁城的信息十分重要:

一是都梁城的位置在南宋所筑的盱眙军城之北,地处都梁山范围内,否则不应以都梁为名;按"都梁山在县南十六里"之说,可知都梁城不是秦汉古盱眙城,据图一推测,应在第二山之南,都梁山北麓。

二是都梁城与泗州隔淮相对,围绕这个"都梁城",朝廷大军与庞勋起义军展开数场大战,争夺异常激烈,反映都梁城的战略地位十分重要。

三是称"都梁山旧城"。从时间顺序上看,相对于南宋盱眙城来说,唐时的都梁城早于南宋时盱眙城,因而属于旧城;但从地位上看,能与南宋时盱眙城相提并论的,应该是唐时的盱眙县城。按这个思路,我们就可以理解为:相对于南宋新建的盱眙县城来说,"都梁山旧城"就是早于南宋时期的盱眙县城。而早于南宋而又位于都梁山中的盱眙县城,应该就是那个在唐初被薛克扬称之为都梁的盱眙城。①

对都梁城的分析理解,拓宽了思路,开阔了视野。从历史排序看,在秦汉之际楚都盱眙至南宋绍兴六年(1136年)兴建的第一山盱眙之间,还有一个在唐时被称为"都梁城"的盱眙。从具体地理位置看,其城"与泗州隔淮相望",即在唐时泗州城对面,介于楚都盱眙至第一山盱眙之间。综以观之,历史上盱眙出现了三个城,从甘泉山沿淮向南至第一山,依次为甘泉山西北麓的秦汉之际楚都盱眙城,唐时与泗州隔淮相对的都梁城,南宋绍兴六年兴建的第一山盱眙城。

说都梁城是唐时盱眙城,得到唐宰相杜佑的认可。他在著作《通典》中这样记载盱眙:

晋安帝立盱眙郡,有都梁山。宋文帝时,后魏太武帝南侵,臧

---

① 综合《中国行政区划通史》《江苏建置志》等资料,盱眙北宋时无城,治临淮,为泗州附郭。

>质守盱眙,魏师以数十万攻围三旬,不拔而退,即今县城。①

以肯定的口吻,认定唐时盱眙县城就在都梁山中。

杜佑所说与胡三省注互为印证,可知唐时盱眙县城在都梁山中,称为都梁城。确定了都梁城即唐时盱眙县城,早就存疑的唐时盱眙县治问题即迎刃而解,原以为盱眙郡城废于唐初,而第一山盱眙城始建于绍兴六年(1136年),那么有唐一朝的盱眙县治所在哪里?现在看来是在都梁山中的都梁城,这可谓是毋庸置疑的了。

四 都梁与泗州

胡三省注中提及的泗州,据《隋书》记载,本是下邳郡:

>后魏置南徐州,梁改为东徐州,东魏又改曰东楚州,陈改为安州,后(北)周改为泗州。②

就是说"泗州"作为地名始见于北周(557—581年)。相关记载见旧、新《唐书》。

《旧唐书》卷三十八《地理志一》记河南道泗州:

>隋下邳郡。武德四年,置泗州。长安四年(704年),割徐城南界两乡于沙熟(垫)淮口置临淮县。开元二十三年(735年),自宿豫移治所于临淮。天宝元年(742年),改为临淮郡。乾元元年

---

① 杜佑:《通典》卷一百八十一《州郡十一》,北京:中华书局1988年版,第4803页。刘昫:《旧唐书》卷一百四十七《杜佑传》,第2702—2706页。杜佑,撰《通典》二百卷,约一百九十万字。

② 魏征:《隋书》卷三十一《地理志下》,第593页。

(758年),复为泗州。①

《新唐书》卷三十八《地理志二》记载:

> 泗州临淮郡,本下邳郡,治宿豫,开元二十三年(735年)徙治临淮。天宝元年(742年)更郡名。②

说盱眙与泗州城隔淮相对,首先排除都梁城是秦汉时楚怀王都城盱眙的可能性。从图八可知,考古发现的泗州城遗址在陡山对面,相距五里,而陡山属于都梁山范围且位于都梁山北麓,距甘泉山西北麓的秦汉时楚都盱眙十六里,因而泗州城不可能与十六里外的秦汉时楚都盱眙相对。当然也不可能与今盱眙城相对,原因很简单,今盱眙城始建于南宋初,唐时还没有今盱眙城。

其次都梁城也濒临淮河。胡三省在注中引《旧纪》记载来说明都梁城的地理形势:

> 贼保都梁城,贼登城拜曰:"见与都头谋归降。"可师既知其窘,乃退军五里。其城西面有水,三面大军,贼乃夜中涉水而遁。明早,开城门,惟病妪数人而已。王师入垒未整,翌日,诘旦,重雾。贼军大至,可师方大醉,单马奔出,为虹县人郭真所杀,一军尽没。③

都梁城既与泗州相对,其西面的水必定是淮水,三面大军则说明都梁城东、南、北三面皆可接近,没有阻隔。北面没有阻隔,说明城北没有直河,与《新唐书》及《寰宇记》等记载不符,因此排除都梁城是秦汉时楚都

---

① 刘昫:《旧唐书》卷三十八《地理志一》,第998页。
② 欧阳修:《新唐书》卷三十八《地理二》,第651页。
③ 司马光:《资治通鉴》卷一百五十一《唐纪六十七》,第8258页。

盱眙城的可能。

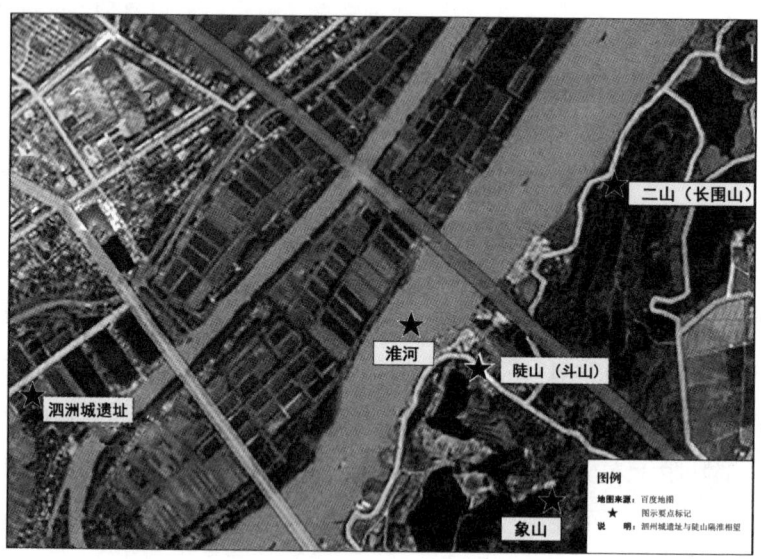

图八　泗州城遗址与陡山隔淮相望

那么这个都梁城在泗州对面的具体地点是哪里？《读史方舆纪要》记盱眙陡山：

> 在县东北五里。下瞰淮流，其势陡峻，亦曰斗山。《一统志》："山与都梁山相接，当淮流之险峻。"胡氏曰："陡山之东古盱眙也。"唐咸通十年辛谠为泗州，迎粮于淮南，舟载钱米，还至斗山，贼将王弘立帅众拒之于盱眙，布战舰，塞淮流，谠击败之，遂入泗州。①

《读史方舆纪要》记陡山"在县东北五里"，这个"县"指的是今盱眙城即第一山城，如图九所示，第一山到陡山北麓直线距离二点二公里。其次

---

① 顾祖禹：《读史方舆纪要》，第1043页。文中所言《一统志》当是《大明一统志》。康熙《大清一统志》成书于乾隆八年（1743年），顾祖禹生于明崇祯四年（1631年），卒于清康熙三十一年（1692年）。

《一统志》记"山与都梁山相接",与卫星地图相符合,图上显示陡山南接都梁山(第一山)。再次引胡三省注强调"陡山之东古盱眙也"①。最后

图九　第一山到陡山卫星图

---

① 司马光:《资治通鉴》卷一百五十一《唐纪六十七》,第 8264 页。胡注:"斗山,在今盱眙县,亦曰陡山,临淮流;斗山之东,则古盱眙。"淮河大方位是东西走向,故多用南北表示方位。但淮河自今盱眙城后拐弯向北,在第一山到龟山之间几成南北走向,因而在表示方位时出现混乱,如《水经注》记载"淮水又东历客山,迳盱眙县故城西",就是说淮水从盱眙城西经过。《资治通鉴》则记盱眙城西是淮水。胡三省注曰"陡山之东古盱眙也",结合具体的淮河流向及参照《水经注》的表述来看,"东"的实际方向是"北"。即"陡山之东古盱眙也",实为"陡山之北古盱眙也"。

说辛谠为救泗州,自淮南(扬州)运米经陡山东,与占领都梁城(盱眙)的王弘立大战,取胜后方得以进入泗州。结合图八来看,这个古盱眙在陡山之北侧,泗州对岸偏北,扼淮水泗州通道。

自武则天光宅年间(684年)李孝逸与徐敬业部大战都梁山争夺盱眙城起,到咸通年间(860—873年)庞勋攻打泗州,近二百年间,盱眙城演变成都梁城;按杜佑《通典》的记载,这个盱眙城或都梁城就是唐时盱眙县城。《寰宇记》说盱眙郡城废于唐初,到了唐末又出来一个都梁城,那么哪座城才是臧质城呢?按《寰宇记》记载,臧质城废于唐初武德年间(618—626年),都梁城则出现在唐末咸通年间(860—873年),其间相隔约二百五十年。顺着《寰宇记》思路,废臧质城的指向应该是甘泉山西麓的秦汉古盱眙城。

五　都梁成为盱眙别称

如前所述,盱眙城在唐时被称为都梁城。据史载,盱眙确实有"都梁"别称,且始于隋朝,源于隋炀帝在盱眙都梁山建"都梁宫"。《太平寰宇记》载:都梁宫

> 周廻二里……隋大业元年(605年),炀帝立名宫在都梁。[1]

周廻二里,说明都梁宫的规模较大,皇家的名号使得都梁的名声远播。明《万历帝里盱眙县志》云:

> 自隋炀帝巡游经此,筑都梁之宫,或本山名以连宫,是后遂以都梁名郡焉……郡称都梁始此。[2]

---

[1] 乐史:《太平寰宇记》卷十六《河南道十六》,第314页。
[2] 李上元:《万历帝里盱眙县志》,万历二十三年刻本复印本。

清乾隆《盱眙县志》也云：

> 历朝无都梁之号……隋炀帝巡游经此，筑都梁官……后遂以都梁名焉。①

自此以"都梁"为名的趋势日盛。

唐朝中期，在盱眙建官办的"都梁山仓"就能说明问题。清光绪《盱眙县志稿》记载：唐宪宗元和九年（814年），陇西李稼到泗州任盐铁官，掌淮口盐铁院。时江南来船吨位大、吃水深，进不了汴河，所运物资需卸载换小船入汴水。李稼经考察认为泗州"卑湿，无堪地，遂创庾于淮南都梁山"。元和十三年（818年）夏，进士沈亚之路过盱眙②，应李稼之邀作《淮南都梁山仓记》。淮口漕运转运仓命名为"都梁"，应该是得自地名，因仓在都梁山，距都梁城也不会太远，名以都梁也算是实至名归。自此始，以都梁为名逐渐增多。到了宋代，因米芾题写"都梁十景诗"而有都梁十景③；明代有"都梁乡"④；清代有《子虚记》作者汪藻（藕裳）自署为"都梁女史"；⑤现代以都梁为名的地方不胜枚举，就连热播

---

① 郭起元：《乾隆盱眙县志》，乾隆十二年刻本复印本。

② 李立朴：《唐才子传全译》卷六《沈亚之传》，贵阳：贵州人民出版社1994年版，第395—396页。沈亚之（781—832年），字下贤，吴兴（今浙江省湖州市）人。著有《新唐书·艺文志》传于世。

③ 米芾：《宝晋英光集》，北京：中华书局1985年版。补遗篇：第84页。

④ 曾惟诚《帝乡纪略·卷三》载："都梁乡，以古有都梁宫，故名。坐落县南三十里官庄堡。"

⑤ 王泽强：《清末才女汪藕裳及其家族名人研究》第六章《汪藕裳年谱》，上海：上海三联书店2017年版，第24—52页。汪藻（1832—1903年），字藕裳，安徽省盱眙县（今属江苏）人，自称"都梁女史"。著有80万字弹词巨著《群英传》，200万字的长篇弹词小说《子虚记》。2011年，《子虚记》全套原迹手稿64本，经其第五代外孙女肖镕璋女士，捐赠给了淮安市博物馆，被列为国家一级文物。

电视剧《亮剑》的作者杨湛①,也用家乡的别称"都梁"作为笔名。

需要说明的是盱眙虽别称都梁,与隋炀帝在盱眙建都梁宫有密切关系,但"都梁"的起源却不是都梁宫,而是境内的都梁山和都梁香草。宋朝李昉编的《太平御览》在都梁山条下记:

> 《盱眙图经》曰:都梁山周回三十里,在县南。按《广志》云,都梁山生淮兰草,一名梁香草,故以为名。又阮昇之记云:都梁山通锺离郡,广袤甚远,出桔梗、芫花等药。伏滔《北征记》云:有都梁香草,因以为名。②

《盱眙图经》应是唐后期或北宋初问世的有关盱眙地理类的志书,已佚。《广志》是晋郭义恭编撰,记载各地风土物产类书籍,原书已佚。伏滔是东晋大司马桓温参军,随桓温北伐寿州写下名篇《正淮》,有学者推测《北征记》也应是伏滔随桓温北伐寿州时写下的,原书已佚。《太平御览》引文说明:都梁山周回三十里,山中生长都梁香草,都梁山因都梁香草得名。阮昇之和伏滔都是南朝人,说明都梁山和都梁香草在南北朝时就名声远扬了。《太平寰宇记》载盱眙都梁山:

> 在县南十六里。《广志》云,都梁山生淮兰草,一名都梁香草,故以为名。③

不过《大明一统志》记都梁香云:"都梁山出,本泽兰草也,以山得名。"与《太平御览》所说相悖。笔者认为不管是山因草名,抑或草因山名,都已不重要了,因为山和草均以"都梁"为名了。

---

① 电视热播剧《亮剑》是根据同名小说改编,小说作者原名杨湛,出生于江苏盱眙,以都梁为笔名。
② 李昉:《太平御览》,第383页。
③ 乐史:《太平寰宇记》卷十六《河南道十六》,第317页。

一九九三年出版的《盱眙县志》载:"据考证,今盱城镇包括第一山在内的诸山,宋代称南山,隋唐时称都梁山。山上的都梁香草又名泽兰,属菊科,系多年生草本植物,茎叶含芳香油,可作调香原料。"这段话有两层意思,其一是都梁山在今盱眙县盱城镇境内,范围包括第一山等诸山;其二是都梁香草在盱眙历史上久负盛名。南朝梁时诗人吴均在《行路难》诗之四中写道:"博山炉中百和香,郁金苏合及都梁。"《后汉书》卷八十八《西域传》记大秦国:"合会诸香,煎其汁以为苏合。"①《三国志》卷三十魏志《乌丸鲜卑东夷传第三十》注引《魏略·西戎传》,记大秦有:"一微木、二苏合、狄提、迷迷、兜纳、白附子、薰陆、郁金、芸胶、薰草木十二种香。"②《魏书》卷一百二《西域传》载波斯国出:"熏陆、郁金、苏合、青木等香。"③上述史书记载的香料郁金、苏合均产于西域,应是从丝绸之路进口而来,产之盱眙都梁山上的都梁香与之并列,可见都梁香料早在南北朝或之前就已名声大作了。

---

① 范晔:《后汉书》卷八十八《西域传》,北京:中华书局1965年版,第2919页。
② 陈寿:《三国志》卷三十魏志《乌丸鲜卑东夷传》,北京:中华书局1959年版,第861页。
③ 魏收:《魏书》卷一百二《西域传》,北京:中华书局1974年版,第2270页。

第四章 史书记载出现矛盾

在深入解读有关臧质城记载的过程中,苦于缺少那个时代留下的史书记载和传承下来的史料;在万般无奈情况下,不得不依据后来人的记载,试图在深入分析解读中以窥端倪,并期盼寻得蛛丝马迹;结果却大出所望,不但没能找到相关的答案,反而发现更多矛盾之处,首先是影响深远的经典史书对臧质城的记载,或自身叙述不能自圆其说,或相互之间的叙述产生矛盾;其次是地方志书因误读致舛乱殊甚。本章力图将这些矛盾讹误一一列出,予以客观分析比较后,再定取舍扬弃。

一 《太平寰宇记》的记载自相矛盾

在解读了《寰宇记》关于"废臧质城"的记载后,再继续深入解读《寰宇记》关于盱眙的记载时,感觉到有关叙述之间存在着矛盾,难以自圆其说。下面我们对《寰宇记》有关盱眙的两段记载试作分析。第一段记载是:

> 盱眙县,淮河南,去州五里。依旧管十乡。本秦旧县地也。阮升之《南兖州记》云:"春秋时,本善道地。鲁襄公五年,会吴之处。秦胡亥二年,项羽立楚怀王孙心为王,都于此,三年徙都彭城。汉为县,封江都易王子蒙之为盱眙侯。"①又按《舆地志》云:"盱眙,六

---

① 班固:《汉书》卷十五上《王子侯表第三上》,第437页。刘蒙之,江都易王刘非第三子,汉武帝元朔元年(前128年)十二月封为盱眙侯,元鼎五年(前112年)坐酎金免。

国时楚邑。汉因为县,属临淮①,王莽改曰武匡②。后汉属下邳。晋初又属临淮郡,晋义熙中又置盱眙郡。宋文帝时,后魏南侵,臧质守盱眙,魏师以数十万众攻围三旬,不拔而退。"又《宋书》云:"宋元嘉二十八年广陵徙理盱眙,三十年还旧扬州。"梁属兖州。后魏为盱眙戍。乾明元年又为县,仍属淮州。后周又立盱眙郡,属扬州。隋开皇三年郡废为县。唐武德四年以其地当水陆冲要,遂立为西楚州,领盱眙一县;八年废州,县属楚州。建中二年来属。③

为了引述方便,后文称该段引文为"《寰宇记》盱眙县说"。

"《寰宇记》盱眙县说"是以唐时泗州为参照来记载盱眙的;"淮河南,去州五里"表明盱眙与泗州隔淮相望,距离仅五里。盱眙是春秋善道地,是楚邑秦县,至汉又为县,义熙中(411年)置郡,元嘉二十八年(451年)臧质守城,魏师以数十万众攻围三旬无果而退,南朝梁以降或郡或州,至唐武德八年(625年),西楚州被废,盱眙县属楚州,建中二年(781年)属泗州。

按这段记述的思路去理解,盱眙从楚邑秦县到楚怀王建都,从汉置县到义熙中置郡,从元嘉年间臧质守城到唐初废州存县,似乎都发生在一座盱眙城内,也就是唐时泗州对面相距五里的盱眙县城,也就是王弘立大战戴可师的都梁城。这就带来几个问题:一是与史实不符,根据本

---

① 姚思廉:《陈书》卷三十《顾野王传》,北京:中华书局1972年版,第399—400页。顾野王(519—581年),原名顾体伦,字希冯,吴郡吴县(今江苏省苏州市)人。所著《舆地志》三十卷均佚失。清代学者从《太平御览》等书中辑佚而成一卷。2011年,上海古籍出版社出版《舆地志辑注》,该书按语称,系《舆地志》问世1400多年来首次单独印行。

② 班固:《汉书》卷九十九《王莽传》,第4039—4196页。王莽(前45—23年),字巨君,出身于外戚。公元9年代汉而立,国号"新",建元"始建国";新莽地皇四年(23年),新朝被推翻,王莽被杀。

③ 乐史:《太平寰宇记》卷十六《河南道十六》,第317页。"建中二年来属",指来属泗州。

书第二、三章叙述,善道及楚怀王都城是位于甘泉山西北麓的秦汉古盱眙城,与唐时盱眙县城都梁城不是一个城,也不在一个地方。按《寰宇记》记载,楚怀王都城盱眙距都梁山十六里,都梁城在都梁山中,两城相距应不少于十六里;泗州在淮河北岸,与唐时都梁城隔淮相望,相距五里,与楚怀王都城盱眙相距至少也不会小于十六里。

据贺云翱教授为领队的南京大学考古队对唐泗州城遗址勘探结果,古泗州城的确切地理位置位于盱眙县淮河镇沿河村、城根村一带,与第一山相对。四至坐标为:东点纵坐标39639.17,横坐标3657.63;北点纵坐标39638.52,横坐标3658.05;西点纵坐标39637.84,横坐标3657.45;南点纵坐标39638.20,横坐标3657.06。① (详见图八)

二是臧质守过的盱眙郡城才叫臧质城,如都梁城是臧质城的话,那么废臧质城就绝不会是甘泉山西北麓的秦汉时楚都盱眙城。《寰宇记》的这段记载与"废臧质城"记载发生了矛盾,似乎将两座城混为一座城了。

另一段关于盱眙的记载,前面引用过,为了叙述方便,只好再次重复引用:

新开直河,在县北六十步县郭内。其淮河决开,至黄土岗。太极元年敕使魏景清奏开淮水,向扬州。②

后文称此引文为"《寰宇记》新开直河说"。

"《寰宇记》新开直河说",从表面看是记载新开直河的,实际与盱眙城也有关,因直河在甘泉山与圣人山之间,说"直河在县北六十步县郭内",事实上是认定甘泉山西北麓的古盱眙城是太极元年(712年)的盱

---

① 贺云翱、路侃、陈琳等:《江苏古泗州城考古取得重要成果》,《中国文物报》2007年11月14日。
② 乐史:《太平寰宇记》卷十六《河南道十六》,第318页。

第四章 史书记载出现矛盾

盱县城。

这两段源于《寰宇记》的记载本身存在矛盾,第一段记载说建中二年(781年)盱眙在都梁山,第二段记载说太极元年(712年)盱眙在甘泉山,难道在太极元年(712年)至建中二年(781年)之间,盱眙县自甘泉山迁治都梁山?不过新、旧《唐书》没有记载,盱眙及泗州的地方志没有记载,就是《寰宇记》本身也没有记载。同样在此时移址的都梁山仓却有记载,作为县治移址更是大事,何以没有记载?判断应该是在县字前少一"故"字。因为唐时盱眙县是在都梁山中的都梁城,甘泉山西北麓的秦汉盱眙城也就不是盱眙县城了,称其为"故盱眙县城"才合理。

这两段记载与"废臧质城"的记载也出现了内在的矛盾。在"废臧质城"的记载中,明确说在武德七年(624年)时,军去之后城空废,在记盱眙时却没提废城之说,抑或这个盱眙城与"废臧质城"没有关系,那么废臧质城在哪里?

结合"废臧质城"及"盱眙县"的记载并进行深入分析后,笔者感到面临一个无法回答的悖论:按"废臧质城"之说,盱眙分别有郡城和县城两座城,武德八年郡废,郡城亦同时被废;因而才有"废臧质城"一说。但作为盱眙县仍然存在,因而县城自然存在。按《寰宇记》盱眙县说,宋之前盱眙只有一个城,就是《寰宇记》记载的"淮河南,去(泗)州五里"的都梁城。那么都梁山北十六里的秦汉古盱眙如何处置呢?所谓的"废臧质城"又从何说起呢?

前文已经考证出南宋之前,盱眙曾经有过两座城。在这里再次强调一下,南宋之前盱眙有两座城,一座是甘泉山西北麓的秦汉古盱眙城,另一座是泗州对面相距五里的都梁城。需要弄清楚的是这座都梁城建于何时?如是臧质城被废时新建的,为何没有记载?按常理既然记废弃之城了,还会不记与此同时新建的城吗?如不是新建的那是否说明,在臧质城被废之前,盱眙一直有两座城且同时并列存在?

二 《太平寰宇记》与《通典》的分歧

《寰宇记》有关盱眙的记载出现了矛盾,迫使我们寻找其他典籍的记载,用来与《寰宇记》的记载进行比对;结果出现更多矛盾之处。

唐杜佑《通典》记载的盱眙,与宋乐史《太平寰宇记》记载的"废臧质城"出现分歧。

《通典》关于盱眙的记载,在前文曾引述部分用以说明都梁城就是唐时盱眙县城。现为了说明臧质城有必要进一步解读,因而完整引述于下:

> 盱眙,秦东阳县城在县东,陈婴为东阳令史,即此。项羽立楚怀王,都盱眙。至汉,以为县。晋安帝立盱眙郡,有都梁山。宋文帝时,后魏太武帝南侵,臧质守盱眙,魏师以数十万攻围三旬,不拔而退,即今县城。

这是《宋书》之后,今天我们能够看到的最早的关于臧质城(盱眙郡城)的记载。仔细研读,感到《通典》有关盱眙的叙述明显分为三个层次:

第一层是说盱眙为楚怀王都城,汉时为县。

第二层是转折或强调说明,"晋安帝立盱眙郡,有都梁山"。为什么要特别强调有都梁山?为什么说楚都盱眙时不提都梁山?为什么在晋安帝立盱眙郡后要提及都梁山?这些问题需要联系盱眙郡设置时,盱眙县仍侨立在江左,盱眙郡与盱眙县不相统领,盱眙郡另设郡治来考虑。《通典》表达的文意就是:晋安帝所立的盱眙郡有都梁山,与作为楚怀王都城的盱眙县不是一个地方!之所以强调都梁山是要说明,新设的盱眙郡在都梁山中或都梁山麓。

第三层是重点,明确以盱眙立郡为界,之前的盱眙是秦汉时楚怀王都城,之后的盱眙是臧质曾经守过的郡城,魏太武帝拓跋焘南侵时攻围盱眙三旬不拔而退,其时臧质守的盱眙郡城"即今县城",也就是唐时盱眙县城。此说意味着盱眙郡设置时郡治在都梁山!从魏太武帝拓跋焘攻围盱眙的元嘉二十八年(451年)年初算起,到杜佑《通典》问世的唐德宗贞元十七年(801年),共三百五十年。在这三百五十年间,盱眙或州郡或县,但治所没有变化,均在都梁山中的盱眙城。

深入解读《通典》记载,重点就是:盱眙在秦末是楚怀王都城,东阳城在其东,汉时设立为县。到了晋安帝时,在都梁山设置了盱眙郡,宋文帝时,臧质守这个盱眙郡城,北魏皇帝拓跋焘率大军围攻三旬无功退走,当年的盱眙郡城就是唐时的盱眙县城。按此说,就意味着臧质城在有唐一朝并没废弃,而是一直存在着!至少在《通典》成书之前一直存在着,且在唐贞元十七年(801年)前,盱眙有过两个城,一个是楚都盱眙城,另一个是盱眙郡城,即臧质城,也是唐时盱眙县城。再结合《资治通鉴》的记载,可知臧质所守的盱眙郡城,到唐末时就是与泗州相距五里的都梁城。

平心而论,《通典》关于盱眙的记载已非常全面了。一定要苛求的话,就是没用地望作参照物来标明盱眙城在都梁山的具体位置,也没有叙述楚都盱眙城何时废弃。同样是记载盱眙城,《太平寰宇记》则认为:臧质屯兵所守的盱眙,至武德七年,"破辅公祏",徐州道副元帅任瓌与李勣"军去之后,空废"。

两部在中国历史上同样具有深远影响的典籍,在盱眙城的表述上发生了根本对立。对此,后人本该冷静分析对待,用事实证据去验证孰是孰非,遗憾的是后人几乎一边倒的选择采信《太平寰宇记》,结果导致扰攘不息,造成此情状具体缘由已很难说清,也许《通典》本不是以志书面目问世的,以至后人了解不多。

据郭锋先生所著的《杜佑评传》,①可知《通典》一书成于唐德宗贞元十七年(801年),作者杜佑于唐大历三年(768年)被扬州大都督府长

---

① 郭锋:《杜佑评传》,南京:南京大学出版社2004年版。

史、淮南节度使韦元甫召至麾下①,辟为淮南节度使幕府从事。直到大历十一年(776年),时长八年。建中元年(780年),杜佑权江淮水陆转运使。负责江淮物资转运的管理,之前已入朝为金部郎中。建中二年(781年)传度支郎中,带御史中丞衔,仍兼江淮水陆转运使。年底拜为户部侍郎。贞元五年(789年)十二月奉命出镇扬州,任淮南节度使直到贞元十九年(803年)入朝为相。

建中二年对于盱眙来说是个节点,在此前盱眙属楚州,楚州属扬州府管辖,杜佑自768年起在扬州府做幕僚八年,这时盱眙还归属楚州管辖,作为扬州府幕僚的杜佑对属县盱眙应有所了解。建中二年盱眙改属泗州前后,杜佑任江淮水陆转运使,负责江淮间漕运的水陆转运,可以说盱眙自楚州改属泗州,主要原因就是漕运,作为江淮水陆转运使的杜佑,对盱眙这个重要的漕运转运节点不可能不熟悉。贞元四年(788年)杜佑任陕州长史、陕虢观察使一年半。陕虢都防御观察使的治所在陕州,地当江淮物资转运河、渭水陆交接点,所有江淮物资都从这里卸船换载,再传运京师。对于朝廷来说,岗位非常重要。如以通济渠来说②,盱眙在通济渠入淮口,是淮河入汴的漕运物资转运站,而陕州在通济渠另一端,是漕运物资入黄河转长安水陆转运站。杜佑对漕运物资转运同样重要的盱眙应该关注和了解。贞元五年十二月,杜佑奉命出镇扬州,任淮南节度使。从京师长安到扬州,水路必经盱眙,至此杜

---

① 刘昫:《旧唐书》卷一百一十五《韦元甫传》,第2291页。韦元甫,字、籍均不详。《文苑英华》记载《木兰诗》为韦元甫所作;后人考证认为是其收集而非是作者。

② 魏徵:《隋书》卷三《炀帝本纪》,第44页。大业元年三月,"发河南诸郡男女百余万,开通济渠。自西苑引谷、洛水达于河,自板渚引河通于淮。"胡阿祥、张文华:《淮河》,南京:江苏教育出版社2010年版,第173—174页。大业元年(605年)隋炀帝开凿通济渠,自洛阳西苑引谷水、洛水抵达黄河,自板渚引河水通于长淮,途经陈留(今陈留镇)、雍丘(今杞县)、襄邑(今睢县)、宋城(今商丘市)、永城(今永城市)、埇桥(在今宿州市)、虹县(今泗县),至泗州(在今盱眙县北,已没于洪泽湖)入淮。

佑对盱眙应该相当熟悉了。再说《通典》就是写当代的事,对盱眙而言也是写辖区内的事,《通典》于唐贞元十七年(801年)成书时,作者杜佑还在扬州长史、淮南道节度使任上,且在任内后两年还兼领徐、泗道,直接领属盱眙。自大历三年(768年)为淮南节度使幕府从事,到贞元十九年(803年)入朝为相,前后约三十五年间,几乎都与盱眙有着疏密不一的关系。设想杜佑会将自己统属多年的县城记错,几乎是不可能的事情,由此可以确定对杜佑关于盱眙的记载无须质疑。

新、旧《唐书》在记载盱眙时,都说武德四年在盱眙置西楚州,武德八年州废,值得注意的是都没说城废,就是说曾在盱眙设立的郡、州废置了,但县还存在,城也存在。

《太平寰宇记》成书于宋太宗太平兴国年间(976—983年),晚于《通典》约一百八十年;期间经历了唐末的动荡及战乱频仍的五代十国。也许乐史没见到《通典》,毕竟《通典》不是以志书面目示人的。《新唐书》成书于宋仁宗嘉祐五年(1060年),迟于《寰宇记》约八十年后问世,故乐史未曾见过。刘昫的《旧唐书》成书于后晋开运年间(944—945年),早于《寰宇记》约四十年,乐史也没见到旧《唐书》显然不应该。也许乐史有其他的史料证据。但不管怎么说,该书确定臧质城废于武德年间的依据是什么,后人已不得而知。顶级的史书观点出现了不一致,杜佑和乐史这两个大神级的人物观点相左、互掐,让后人无所适从,依违难定。

三 《太平寰宇记》与《资治通鉴》的不一致

再将《寰宇记》有关盱眙的记载与《资治通鉴》的记载进行比对,结果也出现了不一致。《资治通鉴》卷二百三《唐纪十九》记载,武则天光宅元年(684年)九月,徐敬业在扬州造反时,其部下占领都梁山中的盱眙城,并在都梁山与李孝逸率领的讨伐大军激战。可知这时盱眙县在都梁山中。①

《寰宇记》则认为太极元年(712年)敕使魏景清奏请新开的直河,在县北六十步县郭内。

假设两者所说都是正确的,那么我们就可以理解盱眙县在光宅元年(684年)时,位于都梁山中,太极元年(712年)或之前徙治到甘泉山西北麓、新开直河南岸的秦汉古盱眙城。问题是《寰宇记》又记,建中二年(781年)盱眙自楚州归属泗州时,县在"淮河南,去州五里"②。难道盱眙再次自甘泉山西北麓徙治到都梁山?自光宅元年至建中二年,一百年不到,盱眙县治迁徙两次?且史书都不留任何记载?这显然是不合理的,也令人难以置信。

还是《寰宇记》,在记废臧质城时,说此城在武德七年(624年)就空废。既然"空废",那是在重新修筑后迁徙县治的吗?没见史书有相关记载。

鉴于《寰宇记》关于唐时盱眙城的记载似乎矛盾很多,难以自圆其说,较之于《通鉴》,感到《通鉴》的说法更为符合逻辑,确切可信,毕竟司马光对唐朝的史料掌握全面,一部《通鉴》有近百分之四十的篇幅是写唐朝的,且有史学大家胡三省的注;且与杜佑的《通典》记载也趋一致,相互印证。

四 《太平寰宇记》及后世史书误记台子山

再将《寰宇记》有关盱眙的记载与实地比对,亦存在讹误之处。仅以台子山为例试作分析。《寰宇记》卷十六《河南道十六》记:

> 义帝祠,置在台子山上,去县东一里。③

---

① 司马光:《资治通鉴》卷二百三《唐纪十九》,第 6539—6545 页。
② 乐史:《太平寰宇记》卷十六《河南道十六》,第 317 页。
③ 乐史:《太平寰宇记》卷十六《河南道十六》,第 318 页。

又记台子山：

> 在县东一里。按《宋书》云："元嘉二十七年，宋将臧质屯兵盱眙城内，以拒魏师。魏引军士造弩台以射城中，因以为名。"①

这两段记载，说明北魏拓跋焘大军在围攻盱眙时，使用了一种叫作弩台的兵器，并在盱眙留下了以弩台命名的山，叫台子山。记台子山有"按《宋书》云"之语，后人理解就是源于《宋书》的记载。可是细查《宋书》，无论是《臧质传》，还是《索虏传》《沈约自序》，都没有关于魏军造弩台射城中的记载，也没有关于台子山的记载。再查《南史》《北史》《魏书》《资治通鉴》等史书，在有关拓跋焘围攻盱眙城的记载中，也都没有魏军造弩台射城中的记载，同样也没有关于台子山的记载。也许《寰宇记》另有依据亦未可知，只是《宋书》实在是没有关于台子山的记载。

再检其他史书，原来《太平御览》有相关记载，并注明是引自《盱眙图经》。引文曰：

> 台子山周回一十里，在县东一里。案《宋书》云："元嘉二十七年，宋将臧质引兵下造弩台，以射城中。"因以为名。②

此说与《寰宇记》记载大相径庭。《盱眙图经》记载的是："案《宋书》云：'元嘉二十七年，宋将臧质引兵下造弩台，以射城中。'因以为名。"这段表述首先说明弩台是臧质造的，其次是在山下，因弩台使山得名。至于臧质为何要到城外山下造弩台以射城中，则令人费解。或许正是感到不可思议，乐史在著《寰宇记》时没有采信《太平御览》或《盱眙图经》所说，而是作出完全相反的记载："元嘉二十七年，宋将臧质屯兵盱眙城

---

① 乐史：《太平寰宇记》卷十六《河南道十六》，第318页。
② 李昉：《太平御览》，第383页。

内,以拒魏师。魏引军士造弩台以射城中,因以为名。"或许《寰宇记》的记载更接近事实,只是在所述之前保留了"案《宋书》云"一语,实是无据可依。

《寰宇记》关于台子山的两段记载中,将义帝祠、臧质守城连在一起,可知提及的"县"是指"废臧质城",即秦汉时楚都盱眙,那么据第二章分析,楚都盱眙城东只有甘泉山和圣人山(君山),其中圣人山已名君(军)山,那么甘泉山就成了台子山,同时又被指为东山吗?

因为《寰宇记》的影响力太大了,后人已不问引文的原出处,只记得出自《寰宇记》了。自《寰宇记》后,《方舆胜览》记台子山:

> 在盱眙县东一里。《宋书》云:"宋将臧质守盱眙以拒魏师,魏造弩台以射城中,因以为名。"①

《舆地纪胜》记台子山:

> 《寰宇记》云在盱眙县东一里。按《宋书》云,元嘉二十七年宋将臧质守盱眙以拒魏师。魏造弩台以射城中,因以为名。②

《寰宇记》关于台子山的引文记载已被当成原文,并广为其后成书的其他志书作为依据引用,丝毫不顾忌南宋时的县不同于南朝刘宋时的县,更不同于秦汉时楚都盱眙县。

明清两朝的安徽、泗州及盱眙的志书,已经直接认定盱眙有台子山了,且在南宋兴建的第一山盱眙城中,细思实在是让人啼笑皆非。

曾惟诚在《帝乡纪略》卷三《舆地志》中记载:

---

① 祝穆:《方舆胜览》卷四十七《淮东路招信军》,北京:中华书局 2003 年版,第 841 页。据出版前言,祝穆字和父,建宁府崇安县人,著有综合性地理志《方舆胜览》70 卷。

② 王象之:《舆地纪胜》卷四十四《淮南东路》,第 1797 页。

第四章　史书记载出现矛盾　81

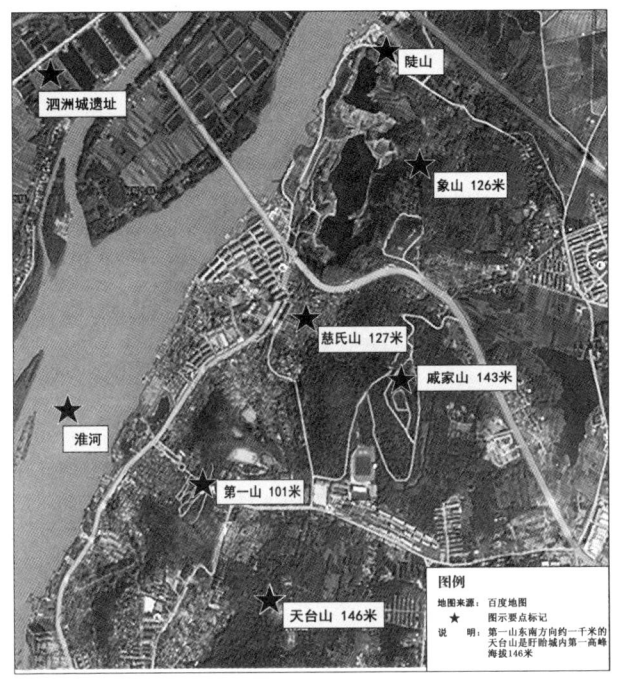

图十　第一山东南方向约一千米的天台山是盱眙城内第一高峰，
　　　海拔 146 米

治后第一山，治东东山，又东慈氏山，一里台子山，以元魏围城，曾造弩台射城中，故名。①

这里的治所明指是第一山麓，治东三座山依次排列，将天台山当成台子山，并认定是北魏军围城时造弩台射城中的地方。

这样记载的依据是什么呢？《帝乡纪略》卷三《建置志》中解释说：

盱眙县治汉唐宋以来皆在慈氏山麓，此据元曹学士重修县治记书之。其实未知所在，疑今县治即古县治。自晋改县为郡及南

---

① 曾惟诚:《帝乡纪略》卷三《舆地》，第 216 页。

北朝皆为州郡,宋南渡后为军,元为府,遂以县治为州、郡、府治,而别构县治于慈氏山麓未可知也。①

得出第一山盱眙城或许就是古盱眙城这样的结论,首先是解读曹学士重修县治记文不准确,在不准确解读记文的基础上,直接否定盱眙有秦汉古城,甚至得出"盱眙县治汉、唐、宋以来皆在慈氏山麓"的错误结论。其次是编者手头相关资料极为缺乏所致,否则不至于视《史记》卷七《项羽本纪》等书关于楚怀王都盱眙的记载于不见,更不至于视《通鉴》诸多章节关于盱眙的叙述于不见。

《大明一统志》在卷七载:"第一山,在盱眙县东,其下有石刻宋米芾第一山三大字",可知记载的是南宋盱眙城,也就是今盱眙城。接着该志记载:

> 台子山,在盱眙县治东。刘宋将臧质守盱眙以拒魏师,魏造弩台子山以射城中,因名。②

与《帝乡纪略》所记如出一辙,误将第一山东的天台山当作"台子山"。不同的是,《帝乡纪略》还给出因由,尽管谬误百出,《大明一统志》却连错误的理由也没有,直接认定了。

《光绪安徽通志》卷五十三载:盱眙故城在今县东北;卷三十六记盱眙县城:自六朝时尝称城小而坚,宋嘉定十一年(1218年)诏修盱眙军城。可知对盱眙秦汉故城和南宋筑军城还是分得清的;但在卷三十三载台子山:盱眙县东一里,刘宋臧质守盱眙以拒魏师,魏造弩台射城中,即此,旧有义帝庙今废。明知有故盱眙城在今县东北,但仍说台子山在盱眙县东,就是不加甄别,在时空上将南北朝时的南朝刘宋与南宋混

---

① 曾惟诚:《帝乡纪略》卷三《建置》,第319—320页。
② 李贤:《大明一统志》卷七《中都直隶州》,影印本第二册,第561页。

淆,错误的将南宋绍兴年间修筑的盱眙军城,和东晋义熙年间设置、历南朝刘宋、萧齐的盱眙郡城混为一谈。

《读史方舆纪要》记盱眙台子山:

> 在县治东一里。宋元嘉中臧质守盱眙以拒魏人,魏主造弩台于山上以射城中,因名。治东又有第一山,治南有清风山,皆名胜也。①

在今盱眙第一山南侧,有一山峰名清风山,在东南方向一公里左右,确实有一座山峰,名天台山(参见图十),是城内第一高峰。有资料说因唐时浙江天台僧人在此山麓建寺而得名天台。前文考证第一山盱眙城始建于南宋初年;盱眙保卫战发生地在臧质城,发生时间在南朝宋文帝元嘉年间;我们不能因为天台山与台子山名称相近,就不顾时空差别,想当然地认为是同一座山,进而再以此作为证据,论证出第一山盱眙城就是臧质城,岂不知两个城时空相距六百多年。

乾隆《盱眙县志》记台子山在

> 县治东一里,相传魏师南侵造弩于此,上有义帝庙,今废。②

《寰宇记》虽说"义帝祠,置在台子山上,去县东一里",但还说这个县是"古老相传谓之皇城",强调这个县城曾是怀王都城。既是皇城,指的必定是甘泉山西北麓的秦汉时楚都盱眙,乾隆《盱眙县志》却不管这些,直接套用到今第一山盱眙城。光绪《盱眙县志稿》直接套用《寰宇记》的记载:

---

① 顾祖禹:《读史方舆纪要》卷二十一《南直三》,第1042页。
② 郭起元:《乾隆盱眙县志》卷四《山川》,清乾隆十二年(1747年)刻本影印本。

> 义帝祠,治东一里台子山上。①

相较于明清地方志的讹误,洪亮吉先生所著的《东晋疆域志》关于盱眙的叙述更是让人惊讶,该志卷四记盱眙郡:

> 《太平寰宇记》:义熙中置郡,于今盱眙县东一里,台子山上。②

其实《寰宇记》只说台子山在"县治东一里",并没说在"今盱眙县东一里",就算是说"今",也只能是指北宋或之前的盱眙县,绝不是指南宋才建的今盱眙城。

纵览明清两朝的安徽、泗州及盱眙的志书,对《寰宇记》所记的"义帝祠,置在台子山上,去县东一里"和"台子山在县东一里"等说法的解读,出现了张冠李戴的错误。一是对"县"的误读,错误地认为《寰宇记》中所说的"县"就是南宋以后的第一山县城,岂不知乐史在写《寰宇记》时还没有第一山盱眙城。因而《寰宇记》中所说的县,要么是距泗州五里的淮河南岸都梁山中的那座叫作"都梁城"的盱眙,要么是甘泉山西北麓的秦汉时楚都盱眙。

再就是对"台子山"的误读,既然"县"已不是第一山的县城,那么第一山东南一公里处的"天台山"也就绝不是台子山。我们知道《寰宇记》成书于太平兴国年间(976—983年),约一百五十年后的1136年,才开始建筑第一山盱眙城。乐史不可能先知先觉到记叙一百五十年后才会发生的事。需要特别说明的是,有资料记载南宋第一山盱眙城城墙长二十七里,时至今天城墙遗址仍清晰可见,据考古勘查资料,天台山或"台子山"在城墙之内(参见附录六图件五);就是说如果魏军真在此设

---

① 王锡元:《盱眙县志稿》卷十一《古籍》,台湾盱眙同乡会1964年据台湾师范大学藏本翻印本。

② 洪亮吉:《东晋疆域志》卷四,上海:商务印书馆,民国二十八年版,第166页。

过弩台,那么表明魏军已攻入城内,也就不需再"射城中"了。事实是魏军围攻盱眙城三旬,无功退走。

五 《太平寰宇记》认定秦汉盱眙城为臧质城

前文引述《寰宇记》关于"废臧质城"的记载和"义帝祠"的记载,如将这两段记载联系起来分析,得出的结论又出人意料。为了便于叙述,关于"义帝祠"的完整记载摘录于下:

> 义帝祠,置在台子山上,去县东一里。按《汉书》:"秦二世初,天下大乱,项羽为盟长,立楚怀王孙心为义帝,都盱眙县。后羽迁义帝于彭城。"至晋义熙中,于此置盱眙郡,至东魏郡废。其城,古老相传谓之皇城,盖义帝旧居也。今祠见存。①

在这段叙述中,首先是记义帝祠置在台子山上,山在县东一里;到宋初,台子山上的义帝祠仍然存在。这个"县",自然是项羽立楚怀王时作为都城的盱眙县;此说直接否定台子山在第一山盱眙城之东的说法。其次是记义熙中设置的盱眙郡也在楚怀王都城盱眙,郡到东魏时被废。第三是重点强调,强调晋义熙中置郡的盱眙城和东魏时废郡的盱眙城,就是曾作为楚怀王都城的盱眙城,因曾是义帝旧居,因而自古又有皇城的称谓。

如此反复强调楚都盱眙就是盱眙郡城,目的是要说明臧质城与秦汉时期楚怀王都城是同一个城。可以说,一句"至晋义熙中,于此置盱眙郡",使得盱眙郡城与秦汉楚都盱眙高度同一起来,让后人几乎难有置疑的余地。

既然认定了臧质城与秦汉时期楚怀王都城是同一个城,可知《寰宇

---

① 乐史:《太平寰宇记》卷十六《河南道十六》,第 318—319 页。

记》认定的臧质城就是位于甘泉山西北麓、秦汉时曾作为楚都的盱眙城。由此可知,武德八年(625年)废弃的臧质城,也就是甘泉山西北麓的那座古盱眙城。那么太极元年(712年)"新开直河,在县北六十步县郭内"则无法说通。要么武德八年(625年)废弃的不是臧质城;要么新开直河不在县北,或者在县之前加上一个"古"字,成为"新开直河,在古县北六十步县郭内"。

再就是与"盱眙县,淮河南,去州五里"的记载矛盾,原因前文已有叙述,不需赘叙。

《寰宇记》的说法得到了《舆地纪胜》的支持,该书记盱眙县:

> 阮胜之《南兖州记》云本春秋善道之地。《舆地志》云六国时楚邑,秦二世时项羽立楚怀王孙心为楚王都此。《寰宇记》云汉以为县,晋义熙中于此置盱眙郡。《通鉴》元嘉二十七年魏太武南侵,攻盱眙不能克而去,《宋书》云元嘉二十八年徙广陵理盱眙,三十年复还广陵。①

迟于《太平寰宇记》约二百五十年的《舆地纪胜》,已经将《寰宇记》的观点作为依据引用。从而进一步认定并强化了臧质所守的盱眙郡城和春秋善道地、六国楚邑及楚汉间楚怀王的都城均是同一个城的说法。

《舆地广记》卷二十记载:

> 盱眙,汉为临淮都尉治。东汉属下邳国。晋为临淮郡治,明帝兖州刺史刘遐自彭城退屯泗口,即此。安帝时置角城镇,在淮、泗之会。后魏置盱眙郡。陈置北谯州,寻省。隋开皇初郡废,属扬州。唐武德四年置西楚州,八年州废属楚州。光宅初改曰建中,后复故名。建中二年属泗州,后复属楚州。皇朝乾德元年又属泗州,

---

① 王象之:《舆地纪胜》卷四十四《淮南东路》,第1787页。

州徙治此。有都梁山、龟山。禹治水，以铁锁鏁淮涡水神无支奇于龟山之足。①

不知是什么原因，迟于《寰宇记》约一百三十年的《舆地广记》回避了对盱眙城和盱眙郡城的表述。也许是对《寰宇记》所说存疑，也许是苦于缺少证据支持其他说法，也许两者兼而有之，故而回避不提。

《方舆胜览》记招信军：

> 春秋时为吴善道之地，后属楚。战国时，楚始为县。秦二世时，项羽立怀王，都于此。西汉为盱眙县，属临淮郡。东汉属下邳国。西晋为临淮郡，治盱眙。东晋立盱眙郡。南齐北兖州自淮阴移镇盱眙。魏置盱眙郡。陈置北齐州。唐改西楚州，改隶泗州。皇朝属楚州，复隶于泗，中兴以来升为盱眙军，绍定间金虏残党合纳买住乞降②，改招信军。今领县三，治盱眙。③

文中所记的招信军是盱眙军改名而来；对盱眙郡、县治所说得笼统，但透出的意思似乎在刻意模糊郡、县治所的问题。对招信军治所认定倒是十分肯定，只不过招信军设于绍定五年（1232年），比臧质城晚了七百八十年，对于说明臧质城的存在没有任何帮助。

就上述所列宋朝四大史书、或称四大总志而言，《太平寰宇记》关于

---

① 欧阳忞：《舆地广记》卷二十《淮南东路》，成都：四川大学出版社2003年版，第586页。《舆地广记》成书于政和年间（1111—1117年），共三十八卷；作者为欧阳忞，生卒年不详。

② 毕沅：《续资治通鉴》卷一百六十六《宋纪一百六十六》，北京：中华书局1957年版，第4527页。南宋理宗绍定五年（1232年）十月，总帅纳哈塔迈珠（旧作纳合买住，今改）以盱眙来归，诏改为招信军。《方舆胜览》作"合纳买住"；毕沅注解为"纳合买住"。赵尔巽：《清史稿》卷三百三十二《毕沅传》，北京：中华书局1977年版，第10976页。毕沅，江南镇洋（今江苏省太仓市）人。

③ 祝穆：《方舆胜览》，第839—840页。

盱眙郡城的记述,得到《舆地纪胜》的支持;而《舆地广记》和《方舆胜览》则没有明确支持,但也没有反对。

六　地方志书记载出现混乱

一些地方志书,依据县东一里有台子山的记载,推导出绍兴六年(1136年)始建成的今盱眙城就是南朝刘宋时的盱眙郡城,结果造成错讹比比皆是,难免贻笑大方。究其根源,就是不加甄别地转录其他史书。对名家名著给予足够的尊重是必须的,但盲目奉为经典圭臬,对存在的矛盾没有丝毫疑问则有教条之嫌。毕竟前人在写地志时面对的是全国的江河湖海,在交通条件受限的情况下,不可能亲赴实地,即使远眺实地,因测量、绘制等技术手段的缺失,也不可能做到精确,因而有些讹误是可以理解的。后来的治史者有责任对这些讹误进行修订补充完善,特别是对自己身边的有关记载。

以君(军)山为例(参见图五)。

李吉甫的《元和郡县志》盱眙条下记:

> 军山,在县北六里。魏太武筑长围困臧质处。邓艾所营堰涧为塘以溉稻田。①

该书成于唐宪宗元和八年(813年),因而得名。这是《宋书》之后又一关于军山(君山)的记载。此时盱眙没有第一山城,可以否定军山在第一山盱眙县北六里之说。按《寰宇记》所说,曾是楚怀王都城的古盱眙也已在武德八年(625年)空废。那么此时只有与泗州隔淮相望的都梁

---

① 李吉甫:《元和郡县图志》阙卷逸文卷二《淮南道》,北京:中华书局1983年版,第1075页。刘昫:《旧唐书》卷一百四十八《李吉甫传》,第2713—2716页。李吉甫(758—814年),字弘宪。赵郡(今河北省赞皇县)人;著有《元和郡县图志》四十二卷,其中目录二卷。现存三十四卷。

城是盱眙县城,军山所在的县北之"县"是指都梁城吗?如是,县北六里才到四山(参见图四)。事实是甘泉山西北麓的秦汉时楚都盱眙城北六里才是军山。

不知什么原因,《寰宇记》记载了盱眙很多的山,唯独没有记君(军)山。或许是缺少资料,或许是掌握的资料说服力不够,宁愿缺笔,不留缺憾!

宋以后,地方志书对君(军)山均有记载,内容大多如出一辙,罗列于后。

《大明一统志》载:

> 君山,在盱眙县北六里。魏邓艾尝堰涧为塘以溉田,①后魏太武筑长围以围臧质于此。②

明正德《盱眙县志》卷上《山川》记:

> 军山在县东北六里,邓艾尝于此□□□□□,故名。又记:军山堰,在县东彭城乡军山麓,魏邓艾屯军时筑堰溉田,今废。③

清光绪《重修安徽通志》载:

> 军山在盱眙县东北六里。三国志魏邓艾尝屯军于此,筑堰溉田,亦名君山。

---

① 陈寿:《三国志》卷二十七《邓艾传》,北京:中华书局1959年版,第775—782页。邓艾(约197—264年),字士载,义阳棘阳(今河南省新野县)人。三国时期魏国将领。
② 李贤:《大明一统志》卷七,第561页。
③ 李天畀:《正德盱眙县志》,北京图书馆影印本。

《嘉庆重修一统志》卷一百三十四《泗州直隶州》载：

> 君山，在盱眙县东北六里，亦名军山。宋元嘉中，魏主围盱眙，作浮桥于军山，绝水陆道。《县志》相传邓艾尝屯军于此筑堰溉田。①

另乾隆《盱眙县志》、光绪《盱眙县志稿》对君山均有记载，且与上述几近一致。

上列各志异口同声说君（军）山在盱眙县北六里，是魏邓艾堰涧为塘溉田处。说得本没错，只是没分清今盱眙县、唐时盱眙县和秦汉时楚都盱眙。前面章节介绍过，秦汉时作为楚都的古盱眙在今盱眙东北二十余里处的甘泉山麓；邓艾屯田是三国时期，那时盱眙县仍在甘泉山麓，君（军）山就在这个古盱眙县北六里。邓艾屯田在破釜涧，位于秦汉古盱眙北三十里。《元和郡县志》记载：洪泽浦在盱眙县北三十里，本名破釜涧（塘）。隋大业十二年（616年），隋炀帝幸江都，出汴口入淮河，至盱眙破釜塘

> 时亢旱，至是降雨，流汎，因改破釜为洪泽。②

今盱眙位于都梁山，后称第一山。城北六里至二山（长围山）附近，再北约二十里到秦汉古盱眙城，其间都是丘陵，不符合屯田条件；而秦汉古盱眙之北六里的君山，东北接近洪泽湖区，在洪泽大湖形成前是屯田的好地方。可见说君（军）山在县北六里是对的，但一定要说秦汉时楚都盱眙而不是唐时盱眙或今盱眙。

---

① 穆彰阿：《嘉庆重修一统志》卷一百三十四《泗州直隶州》，北京：中华书局1986年据首都师范大学藏本影印，第七册，第599页。

② 李吉甫：《元和郡县图志》阙卷逸文卷二《淮南道》，第1075—1076页。

再看都梁山及都梁宫的有关记载,讹误之大,足以让人瞠目结舌。《元和郡县志》记都梁山:

> 隋于此置都梁宫,出都梁香,因名。

《太平寰宇记》记:

> 都梁山在县南十六里。都梁宫:周回二里,在县西南十六里。都梁驿宫:在县东南十五里。隋开皇六年(586年),炀帝在都梁山避暑,回向扬州,因此路置。向东一百一里入扬州高邮界。①

《读史方舆纪要》记都梁宫:

> 在都梁山上。隋置。志云:县东南十五里旧为都梁驿,炀帝亦置宫殿于此。今地名莲塘。②

《元和郡县志》记载的都梁山,虽没有用参照物标明方位,但记述中规中矩。《寰宇记》的记载详细了许多。记述都梁山、都梁宫是以甘泉山西北麓秦汉古盱眙为参照,因而记述都比较准确;欠缺的是都梁驿宫,无论是以秦汉古盱眙为基点,还是以今盱眙为基点,东南十五里均没有都梁驿宫。明正德《盱眙县志》公署篇记盱眙县有公馆两所,其中一所

> 在莲塘镇中,凡从天长来官员使客,必馆榖于此。不知建自何时,正德十一年知县李天昇重修。

---

① 乐史:《太平寰宇记》卷十六《河南道十六》,第317、314、319页。
② 莲塘,现盱眙县穆店镇莲塘村。在盱眙东南方向,距县城约二十公里。一九八五年,在莲塘驿遗址稍南的小山坡上,出土一尊青铜器皿,被命名为"春秋吴季生匜",经鉴定为春秋时期贵族的盥洗器皿,属国家一级文物。

同书在乡里篇中记：

> 莲塘集，在县东南孝悌乡。①

其他明清两朝盱眙县志也有类似记载。莲塘地名保留至今，位于盱眙东南方向的黄花塘镇，距盱眙县约五十里，驿馆遗址仍存。也许是五十里误成十五里所致。

让人难以理解的是《大明一统志》，竟然记：

> 都梁山在盱眙县东南五十里，山广袤甚远。隋建都梁宫于此。

明正德《盱眙县志》也记：

> 都梁山，在县东南五十里都梁乡内，《方舆胜览》云隋于此置都梁宫。

康熙《盱眙县志》记都梁山在

> 县东南五十里，隋于此建都梁宫。山出都梁香，本泽兰草也；今出草亦不甚香，隋宫亦无迹可考。

乾隆《盱眙县志》记都梁山在

> 县东南五十里，都梁乡内。

《读史方舆纪要》也信誓旦旦地持此说，记载都梁山：

---

① 李天昺：《正德盱眙县志》，北京图书馆影印本。

在县东南五十里。广袤甚远，产都梁香。隋建都梁宫并置城于此。……隋大业二年，炀帝起行宫于山上，殿阁三重，长廊回绕。其下有磬泉，七源并导，合为一流。又于宫西南淮水侧凿钓鱼台，临淮高岸，又起四望殿，前有曲河以停龙舟大舸。其离宫别馆，萦带淮滨，俗呼都梁宫。大业十年，贼孟让自长白山寇掠诸郡，至盱眙，据都梁宫，阻淮为固，王世充破走之。唐光宅元年，徐敬业起兵扬州，武后使李孝逸讨之。敬业屯下阿，使其弟敬猷逼淮阴，其将韦超屯都梁山。……咸通九年，桂林叛卒庞勋据彭城，遣其党围泗州，淮南遣兵赴援，皆屯都梁城，与泗州隔淮相望。①

明清诸地方志说都梁山暨都梁宫在县东南五十里，后人可以看成是十五里所误。《读史方舆纪要》的说法则有内在的矛盾。其第一句就认定都梁山在县东南五十里，隋建都梁宫与城于此，并置城于山上，对这个城只能理解为都梁城；随后所云却都是围绕淮河展开的，其结尾处又说都梁城与泗州隔淮相望。我们知道淮河是从西南方向流经盱眙城的，都梁山暨都梁宫既然在县东南五十里，自然就远离淮河，那么宫西南淮水侧凿钓鱼台，临淮高岸的四望殿和前有曲河以停龙舟大舸等就无从谈起。都梁城与泗州相距五十里开外了，如何相对？

前文已考证过都梁山就是第一山，第一山的前身就是都梁山，都梁山在北宋之前又称南山，《三国志》记鲁肃"往来南山中射猎"②，顾炎武认为这个南山"即今盱眙诸山也"。③ 因盱眙附近诸山均在淮河南岸，

---

① 顾祖禹：《读史方舆纪要》卷二十一《南直三》，第 1043—1044 页。
② 陈寿：《三国志》卷五十四《吴书·鲁肃传》，北京：中华书局 1959 年版，第 1267 页。
③ 顾炎武：《天下郡国利病书》，上海：上海古籍出版社 2002 年版，中册第 101 页。

故北岸人称之为南山。北宋苏东坡在盱眙曾写过一首诗①,名为《泗州南山监仓萧渊东轩》②,其开篇第一句就是"偶随樵父采都梁";题目为南山,内容却说都梁,可能东坡先生也意识到会引起误会,因而在句后自注道:"南山名都梁山,山出都梁香故也。"可见都梁山之称在北宋时与南山称呼共存。米芾题第一山诗后,南山称呼逐渐减少,但都梁之名与第一山之名都保留至今。

我们暂且设定都梁山在"盱眙县东南五十里",那么试想一下,隋炀帝乘龙舟由汴水进入淮河,而淮河在泗州和盱眙之间从西南流向东北;如果都梁山及都梁宫在盱眙东南五十里,这对隋炀帝来说还要弃舟蹬车或坐轿,在崎岖山路上再奔波五十里。事实是都梁山就在今盱眙县城淮河边,在盱眙境内没有第二个都梁山。《寰宇记》说都梁驿宫是开皇三年(583年)置建的,那时隋炀帝只是十五岁的晋王,到开皇二十年(600年)才被立为太子,到仁寿四年(604年)登基皇位,到大业元年(605年)乘龙舟巡幸江都。上述记载误将位于莲塘的都梁驿宫当成都梁宫,以至于造成安排隋炀帝弃舟登陆的笑话。其实就笔者的意愿来说,宁愿相信上述记载是将十五里误成五十里,将古盱眙误成今盱眙造成的。

乐史是北宋初年人,记台子山"在县东一里",这里指的县,绝不可能是指南宋才建在第一山的盱眙县城。遗憾的是,上述明清等志不加区别,生搬《寰宇记》的记载,将《寰宇记》中所记的臧质城和南宋绍兴年间修建的第一山盱眙城混为一谈,结果给后人造成极大的困惑;岂不知按《寰宇记》记载,皇城至都梁山相距至少还有十六里。造成这种张冠李戴的原因,都是为史者直接照搬《寰宇记》,而不了解盱眙城几经兴废;几经搬迁的历史。

---

① 脱脱:《宋史》卷三百三十八《苏轼传》,第 8639 页。苏轼(1037—1101年),字子瞻,号东坡居士。

② 王新龙:《苏轼文集》二十四《诗集》,北京:中国戏剧出版社 2009 年版,第 160 页。

指出一些志书甚至部分典籍在记载盱眙地望方面存在讹误之处，仅是为了让历史上的盱眙地理回归本来面目而已，绝没有诋毁攻击之意，也不影响这些志书和典籍本来的伟大。历史上盱眙城有迁徙，但淮河没有改道，山峰没有移动；依据山水作为坐标，结合史料记载，探寻并最终定位臧质城是本文的终极目标。而在此之前，需要根据山峰河流的事实存在，将史料中的讹误予以指出。

综上所述，《寰宇记》认定盱眙郡城在甘泉山西北麓，与秦汉古盱眙是同一个城，城废后即为"废臧质城"。《通典》则认为盱眙立郡时，就在都梁山建城，到唐时为盱眙县治所。笔者通过实地比对，觉得《通典》的说法更接近史实。但对《寰宇记》的说法，有必要在进一步求证后再作出结论。

第五章 盱眙郡与城

通过前面几章的叙述，我们弄清楚了盱眙在唐朝之前有两座城，一座是位于甘泉山西北麓的秦汉盱眙城，《寰宇记》认为这是秦汉之际楚怀王的都城，后来的盱眙郡城，唐初或之前郡废城已废，故称其为"废臧质城"。另一座是位于都梁山中的都梁城，也就是唐时的盱眙县城；《通典》认为这个城是晋设立盱眙郡时所建，后来郡废县存，郡城自然就变成县城。

临淮郡及盱眙县侨置江左，发生在"永嘉之乱"后。而盱眙郡的设置，则是义熙九年（413年）刘裕推行"土断"的结果。尽管到宋文帝元嘉八年（431年），侨立江左的盱眙县被废，但在盱眙郡设置时盱眙县仍然是存在着的，并作为临淮郡治侨置在江左。那么新设置的盱眙郡有可能以盱眙县原治所为郡治吗？

一 盱眙郡县不同治

臧质城得名的原因已在前文叙述过，简单地说，臧质城就是盱眙郡城，详情及理由也在前文阐述，这里不再赘述。盱眙县城则不可能是臧质城，理由再简单不过，就是盱眙保卫战守城主官是盱眙太守沈璞，太守就是郡守，当然不会去守县城，因此保卫战不可能发生在县城。唯一的例外，那就是盱眙郡设置时，以甘泉山西北麓秦汉时楚都盱眙城（后文简称：秦汉古盱眙）为治所，因此时的盱眙县作为临淮郡治与临淮郡一起侨立江左。空置的盱眙县城会被新置的盱眙郡选为郡治吗？因这个盱眙城周围地望与相关记载不符，曾在第二章提出质疑，本节试从理论上作出分析。按《晋志》所载,太康元年,也就是公元二八零年,司马炎刚完成国家统一,随即着手建立行政体系,共置郡一百七十三。其中"分下邳属县在淮南者置临淮郡"①,治盱眙。这是有记载以来,盱眙第一次成为郡治所在地,此前曾作为都尉治。

"永嘉之乱"后,两淮间多失陷于北方政权,临淮郡及其郡治盱眙县均侨置到江左,相关内容参见第三章第二节,这里不再详细叙述。

到了东晋义熙七年(411年),刘裕取得北伐的初步胜利,收复了淮北重镇徐州,随之推行义熙"土断"。其中涉及盱眙,"以盱眙置盱眙郡,统考城、阳城、直渎三县"。② 从此盱眙以郡(州)的称呼直到唐初,延续超过二百年。

"以盱眙置盱眙郡",表明盱眙郡是在盱眙县原辖地上设置的。时盱眙县还是临淮郡辖县,且盱眙县城还是临淮郡的治所,这决定了盱眙郡不可能再设治所于盱眙县城,毕竟一个县城不可能容纳两个郡治。

也许据此会有疑问,为何不直接恢复临淮郡或盱眙县的建置,而是要在盱眙县地面上另设盱眙郡?答案是东晋王朝何尝不想规复沦陷的州郡县,而是实力不济矣。盱眙地处淮南,收复后凭淮河天险易于掌控;基于此,在盱眙辖地上设置盱眙郡是可行的。淮北之地多为平原,南北战事常胶着缠斗于此,实地收复后也易于出现反复,因而还谈不上规复临淮郡。即使勉强恢复临淮郡的建置,也不是完整意义上的临淮郡。而在业已巩固的盱眙县属地之上,建立盱眙郡也是权衡利弊得失的结果,或许本应恢复盱眙县建制,这样更显得合乎情理,只是一旦恢复盱眙县建制,还将牵扯到临淮郡的去留;盱眙县建制恢复了,也就意味着临淮郡治所回归了,那么临淮郡势必也要恢复建制。问题是临淮郡淮北失地还没完全收复,已收复的还没完全巩固。或许经过百年的侨置,临淮郡暨治所盱眙县已与侨置地紧密融合了,真要归建将牵动多

---

① 房玄龄:《晋书》卷十五《地理志下》,第 451—452 页。
② 房玄龄:《晋书》卷十五《地理志下》,第 453 页。

方的利益。也许新设置盱眙郡就是多方利益博弈的结果，也许是多方权衡后无奈的选择。义熙年间"土断"没涉及"徐、兖、青三州居晋陵者"，就充分说明问题。

既然盱眙县仍为临淮郡治，并与临淮郡继续侨置江左，就不可避免地出现了同名郡县不相统属的问题。我们假设盱眙郡治设在盱眙县城中，而盱眙县衙却远在江南武进，且不归盱眙郡领导，这不仅有盱眙郡治政令如何通畅的问题，还有盱眙郡治何以立足的问题。由此可推断，不统属的盱眙郡和盱眙县只能是分治的。进而可知，分治的结果必然是郡治另设，原因显而易见，就是盱眙县是临淮郡治所，必须留待临淮郡的恢复。

东晋南北朝时，一个普遍现象是北方州、郡、县侨立江左后，仍保留并沿用原有名称，其目的有两个，其一是统治者"以虚名自慰一番正统观念"，其二则"不仅是对故土的一种怀念，更重要的是，它还表明了规复失地的决心"。① 就是说当年"陷于石氏"的临淮郡及盱眙县和其他侨置的郡县一样，均以原地名侨立，以保留正统虚名"自慰一番"，其失地还要等待侨置的郡县将来以原名规复。因此，临淮郡暨治所盱眙县的失地还要留待临淮郡和盱眙县来规复，如在盱眙县城设置盱眙郡治所，则不符合当初侨置郡县的目的，既违背了临淮郡和盱眙县"以虚名自慰"的正统观念，也阻碍了临淮郡和盱眙县"规复失地的决心"的实现。也正是基于此，侨立的临淮郡暨盱眙等县得以继续侨置，在收复盱眙失地后，既然不能恢复盱眙县的设置，那么新置盱眙郡则是最好的选择。

盱眙郡设置约二十年后，盱眙县被撤废，撤废过程更像是走一个形式，盱眙郡不受任何影响。再说，设置盱眙郡时，距"永嘉之乱"已过去百年，盱眙县城及治所经过百年的空置，加上频繁的战火侵扰，或许早已年久失修，破落不堪失去使用功能。新置的盱眙郡，自是没有必要花费大代价去维修没有隶属关系的盱眙县城，而是重新选择自己的治所。

---

① 胡阿祥：《东晋南朝侨州郡县与侨流人口研究》，第51页。

这从盱眙县被废后盱眙郡并没有受到影响即可看出,盱眙县的存废与盱眙郡没关系。

盱眙郡没受到盱眙县存废影响的根本原因,就是没有选择盱眙县城为郡治。这样有两种可能,一是郡治和所属的三个县中的一个县同治,二是新建一座盱眙郡治所,即盱眙郡城。假设是前一种可能的话,盱眙郡应该与考城、阳城、直渎三县中的某一个县同治;相统属的郡县同治名正言顺且范例比比皆是。

二 排除盱眙郡与所辖县同治的可能

如前所述,义熙七年(411年)首置的盱眙郡,如有郡县同治情况发生,那么盱眙郡只能与所辖的考城、阳城、直渎三县中的某一个县同治。因而有必要对这三个辖县所处位置、地望逐一进行分析考证,以确定是否有与盱眙郡同治的可能性。

(一) 以说考城

这是个古老的县,其历史变迁相对复杂。隶属盱眙郡时是侨立的身份。《宋志》曰,晋惠帝分陈留为济阳国。"考城令,前汉曰甾,属梁国,章帝更名,属陈留。"[1]可知考城县在东汉时名"甾",汉章帝刘炟(76—88年在位)更名,属陈留郡(国)。晋惠帝司马衷(290—306年在位)分陈留为济阳,考城属济阳。

《东晋南朝侨州郡县与侨流人口研究》载:

> 考城旧属兖州陈留国,治今河南民权县东北,侨地在今安徽怀远东南,义熙七年(411年)设立盱眙郡时侨立盱眙。[2]

---

[1] 沈约:《宋书》卷三十一《州郡志一》,第1046页。
[2] 胡阿祥:《东晋南朝侨州郡县与侨流人口研究》,第258页。

《宋书》和《南齐书》关于盱眙郡县的记载,已在前文有关章节引述;《梁书》《陈书》无《州郡志》或《地理志》,但通过《隋书》关于考城的记载,结合《魏书》的相关记载可以管窥踪迹。《隋书》卷三十《地理志中》记梁郡考城:

> 后魏曰考阳,置北梁郡。后齐郡县并废,为城安县。开皇十八年以重名,但改考城。①

《魏书》卷一百六中《地形志二中第六》记南兖州北梁郡:

> 城安,孝昌中置,郡治。②

记西兖州沛郡领属有"考"县,其校勘记曰:

> 考杨校:"考"下当有"城"字,盖后魏置考城于此,至孝昌中,又于故考城置县,因曰"考阳"。③

孝昌(525—527年)是北魏孝明帝元诩的年号。记淮州:

> 萧衍置,魏因之。治淮阴城。盱眙郡:治盱眙城。领盱眙、阳城、直渎三县。④

萧衍(503—549年在位)是梁武帝。此记载表明萧衍置淮州及盱眙郡时,盱眙郡治已是盱眙县,领属的县中已没有考城县。北魏占领江淮地区时,保留了萧衍所设置的淮州及盱眙郡。如果说考城确实是盱眙郡

---

① 魏徵:《隋书》卷三十《地理志中》,第569页。
② 魏收:《魏书》卷一百六《地形志中第六》,第1711页。
③ 魏收:《魏书》卷一百六《地形志中第六》,第1709页。
④ 魏收:《魏书》卷一百六《地形志中第六》,第1734页。

治的话,那么只能发生在萧衍置淮州及盱眙郡之前,也就是义熙七年之后与宋、齐时期。但《宋书》和《南齐书》均没有明确记载。

概括《魏书》三条记载,和《隋书》记载互相呼应,十分契合。梁武帝萧衍设置淮州时,淮州所辖的盱眙郡已不领考城县,孝昌三年(527年)对应梁武帝大通元年(527年)。说孝昌中(526年)北魏置考阳县,是因之前已置考城县的原因,据此推定考城最迟在大通元年(527年)或孝昌三年之前已脱离盱眙郡。

《隋书》卷三十一《地理志下》记盱眙于

> 开皇初郡废,又并考城、直渎、阳城三县入。①

开皇是隋文帝杨坚年号,开皇纪年自元年(581年)至二十年(600年)共二十年。孝昌中到开皇初,相差约六十年;按《魏书》所记考城在盱眙郡被废前约六十年就不属盱眙郡了。弄清楚考城脱离盱眙的时间,只是想从另外一个角度说明,盱眙郡治没有因为考城离去而受到影响,或许考城本就不是盱眙郡治。从义熙七年(411年)到孝昌(525—527年)年间,考城侨置盱眙约一百一十五年。那么侨置盱眙的考城位于盱眙境内何地? 综合史料,关于考城的记载众说不一。

1. 盱眙西南说

如自明清以来直至现代,诸多志书均持此说。

《江南通志》卷三十六《古迹》记泗州盱眙县:

> 考城故城在盱眙县南。②

《读史方舆纪要》卷二十一《南直三》记泗州盱眙:

---

① 魏徵:《隋书》卷三十一《地理志下》,第594页。
② 黄之隽、赵弘恩:《江南通志》,扬州:广陵书社2010年版,第36卷《泗州》。

县西南有阳城及考城二县，俱晋末侨置县，属盱眙郡。隋初废。①

现代中国历史地理学科主要奠基人谭其骧先生，也认为考城在盱眙西南方向，他主编的《中国历史地图集》第四册《东晋十六国·南北朝时期》第38页，②南朝齐时扬州、南徐州、豫州、南豫州、南兖州、北兖州、北徐州、青州、冀州等九州地图中，标注盱眙南部有考城、阳城、直渎三县，考城临盱眙南界，与北徐州新昌郡接壤（图十一）。

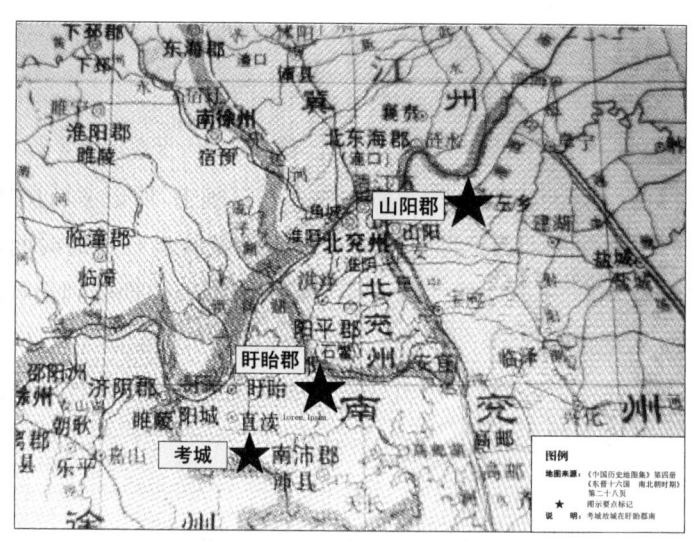

图十一 《中国历史地图集》盱眙郡

《江苏建置志》记载考城

治今县王店乡西南，废于东魏孝静帝武定七年（梁武帝泰清三

---

① 顾祖禹：《读史方舆纪要》卷二十一《南直三》，第1042页。
② 谭其骧：《中国历史地图集》，北京：中国地图出版社1982年版，第四册，第38页。

年,549年)以后。①

2. 疑似今盱眙古城说

此"古城"是盱眙县所属的一个集镇名。此说在地方史志资料中较为普遍,但都以疑似为主。《嘉庆重修一统志》卷一百三十四记:

> 考城故城,在盱眙县西南,晋义熙七年,改盱眙县为郡,分置考城、直渎、阳城三县属焉。宋齐魏因之。隋初废考城入盱眙。县志有古城在县西南六十里,接滁州来安县界。②

《光绪盱眙县志稿》卷十一《古迹》记考城故城:"疑即今之古城,《一统志》有古城在县西南六十里,接滁州来安界。"《万历帝里盱眙县志》《帝乡记略》等记载"古城"皆曰:"半属盱眙半属来安。"(参见图十二)

中国社会科学出版社出版的《中国历史地名大辞典》记考城县:

> 东晋义熙中侨置,属盱眙郡。治所即今江苏盱眙县南五十里古城乡。隋初废入盱眙县。③

此说将古考城与古城乡(今改称天泉湖镇)直接画上了等号。④ 十分肯定的口气,想来必有所依。

---

① 胡阿祥、姚乐:《江苏建置志》,第469页。"王店乡"请参见下页"古城"注。
② 穆彰阿:《嘉庆重修一统志》卷一百三十四《泗州直隶州》,第七册,第609页。
③ 史为乐:《中国历史地名大词典》,北京:中国社会科学出版社2005年版,第903页。
④ 古城,在盱眙县西南六十里接滁州来安县界。1959年成立古城人民公社。1983年改为古城乡。1993年版《盱眙县志》载:"古城乡,以境内古(东晋)考城县城而得名,位于县城南部,相距36公里。""境内古城岗为古考城县城遗址。"2000年,古城乡撤销并入王店乡,2015年,改王店乡为天泉湖镇,古城街道成立古城居委会。

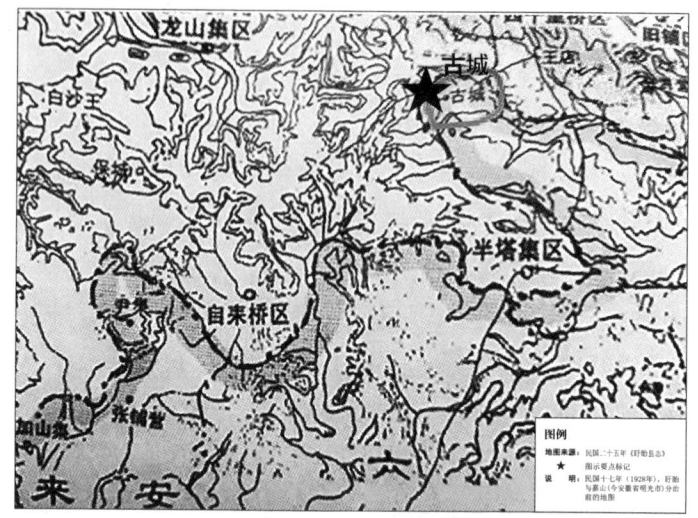

图十二　民国十七年，盱眙与嘉山
（今安徽省明光市）分治前地图（局部）

当然也有不同声音，《江南通志》卷三十六《古迹》记滁州来安县：

> 高塘故城在来安县东北白塔镇西，魏收志云谯州领高塘郡。隋志云清流县，开皇初废乐钜、高塘二县入。盖高塘即故郡也。又有古城集在县西北八十里，疑即乐钜。①

《江南通志》认为盱眙西南的"古城集"或许是废乐钜县。

3. 盱眙郡治说

北平研究院于民国十九年（1930年）出版的《中国地名大辞典》曰考城县：

> 南宋置，为兖州盱眙郡治。南齐因之。隋废入盱眙。今安徽

---

① 黄之隽、赵弘恩：《江南通志》，扬州：广陵书社2010年版，第36卷《滁州》。

盱眙县西南六十里。①

此说的凭据不得而知。本文前章在叙述临淮郡和盱眙县侨立江左时，曾引用胡阿祥先生在《东晋南朝侨州郡县与侨流人口研究》一书中的论述，就是侨立的郡县，起初在侨立地是没有实土的，虽然有行政机构及行政隶属关系，但本质属性仍是寄寓他地。只有经过"土断"后，才可以分得寄寓地的实土，并相应调整寄寓地的属地边界，从而使原本空有虚名的侨立郡县成为有辖地的郡县。考城县是在盱眙郡设立时侨立到盱眙的，可以认定其侨立之初在盱眙郡是没有实土的。对于没有实土的侨立的县，其自身安置还需依靠盱眙郡来解决，再为盱眙郡提供治所恐无从谈起；也就是说考城县没有可能成为盱眙郡的治所。至于其侨立一段时间后是否通过"土断"拥有实土，或者侨立多长时间拥有实土，都已对盱眙郡治的选择没有了影响；原因很简单，盱眙郡设立时，其治所没选择考城，自然会选择其他地方，不可能也不允许长时间在考城一地等待。

再深入分析，盱眙郡治所在考城一说存在漏洞且经不起推敲。其一，《宋书》记载得很清楚，盱眙郡城临近淮河，城中有水军，曾出城在淮河上与北魏军交战，袭扰其架设浮桥。《寰宇记》也记"废臧质城，西近淮水"。其二是君山、东山、陡山、长围山等诸山在今盱眙城北淮河边，这些山是随后发生的盱眙保卫战中最重要的参照地标，都在今盱眙第一山到圣人山之间。凭以上两点，可以推定：不论考城侨置在盱眙境内什么地方，即使曾经作过盱眙郡治，但也不是发生盱眙保卫战时的盱眙郡治。

括而言之，可确定考城在盱眙南部，相关地图标注也说考城在盱眙南部边界，明清时盱眙南六十里、与来安接壤处有一名古城的集镇，设立人民公社时名古城，且有古城岗遗址存在。众多史料对考城在盱眙

---

① 刘钧仁：《中国地名大辞典》，北平：北平研究院民国十九年版，第774页。

南的指向一致性,加上名称相近,地理位置相近,诸因素叠加在一起,不能不让人产生联想,这个古城似乎就是古考城。2017年底,盱眙县博物馆和天泉湖镇人民政府联合对古城岗遗址开展了考古勘探调查。勘探结果表明:古城城墙遗址东西长度约二百七十五米,南北长度约二百八十米,面积约七万七千平方米。城址保存较为完整,有建筑基址、古井、灰坑、墓葬等遗存。经对文化层的勘探和附近出土的陶器、玉器、印章、蚁鼻钱等综合分析,这座"古城"存在于战国晚期至西汉时期,所有出土物表明,该"古城"远早于晋而存在。或者说这个"古城"在晋之前已废弃。① 晋以后的遗迹全无,据此可以说这个"古城"与侨置的考城没有任何关系。前面推算出考城侨置在盱眙一百余年,假设侨置在此,废城遗址之上不可能不留下任何痕迹。

这个勘探结果,否定了古城是考城的说法,也许考城遗址另有所在。

(二) 以说直渎

有关直渎县的位置在什么方位,史书记载不一。《读史方舆纪要》记盱眙:

> 直渎城,在县南。晋义熙中析盱眙县置直渎县,属盱眙郡,宋、齐及梁因之。后魏仍属盱眙郡,隋初并入盱眙。②

图十二显示,谭其骧先生的《中国历史地图集》第四册《东晋十六国·南北朝时期》第三十八页,标明直渎在盱眙南部。

《光绪盱眙县志稿》记:"直渎故城,治南。"

说直渎在盱眙南部的现代工具书还有:

---

① 勘探报告由盱眙县博物馆提供,未公开发表。
② 顾祖禹:《读史方舆纪要》卷二十一《南直三》,第1042页。

上海辞书出版社出版的《中国古今地名大词典》记直渎县:

　　古县名。东晋义熙中分盱眙县地置,治今江苏省盱眙县南。东晋、南北朝属盱眙郡。①

中国社会科学出版社出版的《中国历史地名大辞典》记直渎县:

　　东晋义熙中析盱眙县置,属盱眙郡。治所在今江苏盱眙县南。隋初废入盱眙县。②

广东教育出版社出版的《中国历史地名大辞典》载:

　　直渎县,东晋义熙置,治所在今江苏盱眙县南。隋开皇初废。③

几乎众口一词说直渎在盱眙南的情况下,也有例外。商务印书馆版《中国古今地名大辞典》载:

　　直渎县,晋置,隋废。故城在今安徽盱眙境。④

这是没有方向说。北平研究院版《中国地名大辞典》记直渎:

---

① 戴均良:《中国古今地名大词典》,上海:上海辞书出版社2005年版,第1727页。
② 史为乐:《中国历史地名大词典》,第1483页。
③ 魏嵩山:《中国历史地名大辞典》,广州:广东教育出版社1995年版,第625页。
④ 臧励和:《中国古今地名大词典》,上海:商务印书馆民国二十年版,第526页。

县名,南宋置,属南兖州盱眙郡。南齐因之。北魏属淮州盱眙郡。今安徽盱眙县东北。①

这是唯一说直渎在盱眙县东北的典籍。应了那句真理往往掌握在少数人手里的古话。《南齐书》卷十四《州郡志上》记北兖州东平郡辖两个县,一个是寿张,另一个是淮安。在解释中说淮安县的设立,是

割直渎、破釜以东,淮阴镇下流杂一百户置。②

这个东平郡原属北兖州,刘宋泰始六年(470年)侨置淮阴;南齐永明七年(489年),原北兖州民戴尚伯等六十人认为,故土失陷,飘寓失所,虽侨立淮阴,但州无实土,寄寓在山阳境内;但见司、徐、青三州,虽也是新立的,皆有实土,东平是望邦,"希于山阳、盱眙二界间,割小户置此郡"。③ 时光禄大夫吕安国也认为东平郡是其族桑梓地,因而极力保荐,得到皇帝的许可。

　　割让附近的人口和土地,使东平郡领属的淮安县具有实土,从而由侨立县变成实土县。相关的历史记载与本文无关,但有关地理的叙述则给人豁然开朗之感。说从直渎、破釜以东的地方,淮阴镇沿淮下流(游)的地方,共割让一百户人家给淮安,从而使淮安县得以成立。"山阳、盱眙二界间"的提法,表明盱眙与山阳交界。其时山阳与盱眙都是郡,具体是盱眙郡所辖那个县与山阳郡交界呢,由割让人口、土地位于直渎、破釜之东等情状,推定只能是直渎县;再据破釜涧(塘)在秦汉时楚都盱眙北三十里进而推知,直渎靠近破釜,都位于秦汉时楚都盱眙北方或东北方。"破釜"即破釜涧(塘),上一章第六部分已有介绍,这里无

---

① 刘钧仁:《中国地名大辞典》,第697页。
② 萧子显:《南齐书》卷十四《州郡志上》,第257页。
③ 萧子显:《南齐书》卷十四《州郡志上》,第257页。

须赘述。

南北朝时，洪泽湖还没形成，其地归邻近的郡县，涉及人口、土地的割让，非交界接壤不能为。从图十一看，淮安（山阳）在盱眙的东北方向，那么据此也可以推断直渎、破釜只能在盱眙的东北方向。

直渎既然在盱眙东北方向与淮阴山阳接壤，其地当处今老子山北洪泽湖中，那里无山，不在今盱眙第一山到龟山之间，不具备盱眙保卫战发生时的地望条件，因而也就不可能是沈璞、臧质所守的盱眙郡城。

（三）以说阳城

相关史料涉及很少。盱眙地方志书记阳城大多一笔带过，仅提及是侨置县。对阳城故城则没有记载。

《读史方舆纪要》卷二十一《南直三》记泗州盱眙：

> 县西南有阳城及考城二县，俱晋末侨置县，属盱眙郡。隋初废。①

支持《读史方舆纪要》说法的还是现代工具书。中国社会科学出版社的《中国历史地名大辞典》记阳城：

> 东晋义熙中侨置，属盱眙郡。治所在今盱眙县西南。隋初废。②

广东教育出版社的《中国历史地名大辞典》记载：

---

① 顾祖禹：《读史方舆纪要》卷二十一《南直三》，第1042页。
② 史为乐：《中国历史地名大词典》，第1144页。

> 阳城县，东晋义熙中置，治所在今江苏盱眙县西南。隋开皇初废。①

商务印书馆版的《中国古今地名大辞典》记载则完全相反：

> 阳城县，晋置，隋废。故城在今安徽盱眙县东北。②

依据典籍记载，首先分析阳城是否侨立的县。《晋志》记徐州盱眙郡成立时统辖考城、直渎、阳城三县，没说那个是实土县那个是侨立县。《宋志》记南兖州盱眙太守统辖的五个县中，明确说信都、睢陵两县非刘宋朝所立，可排除出本文讨论范围。考城属侨立县，前文已有叙述。那么《宋志》所记南兖州盱眙太守统辖的五个县中，只剩下阳城、直渎两县为实土县。

据《南齐志》关于直渎在盱眙北的记载，结合当时盱眙地形呈东北—西南走向的具体情况分析，既然直渎县在盱眙北且与山阳（淮安）接壤，已基本排除阳城也在盱眙北的可能性，推定阳城在盱眙南或西南相对比较符合实际情况。因盱眙县在民国二十一年（1932年）拆分为两个县，原县东北部分为盱眙县，原县西南部分为嘉山县（今安徽省明光市），1955年盱眙划归江苏省，嘉山县隶属安徽省，因而要弄清原盱眙县西南部的历史变迁，需查阅《安徽省建置沿革志》③。但该志在第三章第二节东晋篇记盱眙郡时，认为仅有侨置的考城县在今安徽省境内。在《建置》卷第四章第一节盱眙郡下记阳城县为刘宋侨置县，侨置地在今明光市旧县集。在《沿革》卷第十章第七节明光市下记南齐升明三年（479年）设阳城县，治今明光市故淮陵城（参见附录六图件三）。

---

① 魏嵩山：《中国历史地名大辞典》，第472页。
② 臧励和：《中国古今地名大词典》，第959页。
③ 徐学林主编：《安徽省建置沿革志》，北京：方志出版社1999年版。

此说没有涉及义熙年间设置盱眙郡时有关阳城县的记载,而南朝宋、齐时的叙述,对盱眙郡治的确定已毫无裨益,只能逆推反证阳城在盱眙西南方向。

不过在盱眙南或西南方向的阳城,或许与考城类似,属丘陵山岗地区,远离淮河,远离能说明方位的具有地标意义的都梁山。退一步讲,即使阳城位于盱眙西南部的淮河岸边,没有都梁山、东山、陡山等地标,还是不能证明其地是盱眙保卫战发生地。

概上所述,盱眙郡设立后,因盱眙县仍为临淮郡治,且仍侨立江左,形成了盱眙郡、县不相统属的局面,从而致使盱眙郡不能以盱眙县为治所。又因盱眙保卫战发生在盱眙郡城,史书对此战记载比较详细,山水地标叙述清晰,决定了盱眙郡城只能在古盱眙城到南宋盱眙城之间沿淮的某个地方;因而否定了盱眙郡与其所属县共治的可能,并进一步否定盱眙保卫战发生在盱眙郡属县治所的可能。由此推断盱眙郡治只能是另有其地。

三 《水经注》记盱眙故城

《钦定四库全书会要》卷七千六百四十一《水经注》卷三十《淮水》载:

> 淮水又东历客山,迳盱眙县故城南。①

文后注释说:"案此十四字原本及近刻并讹作经。"这个注释很重要,此十四字要是经文的话,盱眙县或许在《水经》成书时甚至之前就已经是"故城"了;这与《晋书》记载盱眙是临淮郡治明显不符。如是注文,则是郦道元记载公元五世纪末或六世纪初时盱眙情状。从时间上看相差近

---

① 郦道元:《水经注》卷三十《淮水》,《摘藻堂四库全书荟要》本,第 21 页。

四百年。《洪泽湖志》汇考篇《盱眙故城考》一文就采信这句话是经文而不是郦道元的注文(见附录五)。

对《水经》的作者,史上颇有争议,有人认为是汉朝桑钦所撰,也有人说是其他人所著,陈桥驿说是三国时期一位不知名的作者所著①。但对《水经注》的撰者是郦道元则无异议。郦道元大约出生于北魏孝文帝二年(472年),逝于北魏孝明帝三年(527年)。《水经注》成书于公元六世纪初,在南朝处于齐梁之间。

书中称"盱眙县故城",虽仅有五个字,透露出来的信息却十分丰富。首先表明盱眙县的存在,意味着刘宋初被废的盱眙县恢复设置了。前文曾引用过《魏书》卷一百六《地形志》中关于盱眙郡的记载,知道梁武帝萧衍时盱眙郡治所已经是盱眙县了。那么盱眙县是何时恢复建置的呢?

《南齐书》卷十四《州郡上》记盱眙郡领属五县:

考城　　盱眙　　阳城　　直渎　　长乐②

盱眙县赫然在列,可知盱眙县在南朝萧齐时(479—502年)已恢复设置。

结合盱眙郡的设置和盱眙县的废立,仔细揣摩"盱眙县故城"这句话,感到还有这样几层意思。一、盱眙县故城的"故",解读其意应是相对于"新"来说的,说故城是因为有新城,两城比较,相对古老的就是故城,相对建城时间短的就是新城。那么此时的盱眙郡城建筑百年左右,相较于秦汉时楚都盱眙就是新城。二、此时盱眙县已经恢复设置,归盱眙郡统属,有"盱眙县故城"说法,意味着有盱眙县新城,没有盱眙县新建县治的记载,合理的解释就是新设的盱眙县与盱眙郡同城同治。《江

---

① 陈桥驿(1923—1915年),原名陈庆均,历史地理学家,浙江绍兴人。
② 萧子显:《南齐书》卷十四《州郡志上》,第256页。

苏建置志》认为是"萧齐时,于盱眙郡下增置盱眙县以为郡治"①。据此可知增置的盱眙县没选择故城为治所,而是在盱眙郡城设置县治。三、只说"故"城没说废城,恰当的理解是指放弃治所,不再作为盱眙县的政治中心,而其他城市功能依旧保持。四、盱眙县是"故城"了,但盱眙郡还存在,那么回归的盱眙县与盱眙郡共治一个城,这也就意味着"盱眙县故城"是指甘泉山西北麓的秦汉古盱眙城。印证了盱眙郡设置时没选择当时的盱眙县城为郡治,而是另筑新城作为郡治。

据陈桥驿先生对《水经注》的研究:《水经注》成书于公元六世纪初,至隋唐,《北堂书钞》《初学记》等已屡屡引及。唐末陆龟年诗"山经水疏不离身",则知此书此时流传渐广。宋初,朝廷所编类书如《太平御览》、地理书如《太平寰宇记》等,均大量采用此书原文。② 乐史既然在《寰宇记》中大量采用郦道元的《水经注》原文,何以对"盱眙县故城"之说不予采用,而是记盱眙县废于唐初?不采用也就罢了,何以要将"盱眙县故城"理解为盱眙郡城?也许这些永远都不会有答案。

依据《水经注》给出秦汉古盱眙废于南朝齐梁之间的结果,可以解答几个疑问:

第一,郡废县存的疑问。新、旧《唐书》和《寰宇记》等书记载盱眙自南朝陈至唐初,曾多次废立州郡而保留县,都没有涉及治所的变化,原因就是郡县同治,发生郡废县存变化时,只是郡县衙门发生变化,仅有郡或县的称谓变化,盱眙城仍是盱眙城。

第二,废臧质城的疑问。秦汉时楚都盱眙早在"永嘉之乱"后就因侨立江左而空置;盱眙郡设置时另筑郡治,元嘉初盱眙县撤废;因而"盱眙保卫战"发生地是盱眙郡城。盱眙县复置时选择与盱眙郡同治,秦汉时楚都盱眙就成了《水经注》所说的"故城"。认定这个"故城"为"废臧

---

① 胡阿祥、姚乐:《江苏建置志》,第 469 页。
② 《〈水经注〉研究》,聊城大学文学院宋维迪硕士论文。2014 年九月在线出版。

质城"依据不充分且矛盾重重,因而不具说服力。

第三,《寰宇记》内在矛盾的疑问。《寰宇记》对盱眙的记载之所以出现了矛盾,最主要是将秦汉时楚都盱眙误认为是臧质城所致。《水经注》在记盱眙县成为故城时,盱眙郡依然存在且治所没受到影响,盱眙县重新恢复设置并成为盱眙郡治,也反证盱眙郡在设置时,没选择秦汉古盱眙为治所,而是新筑郡城。

第四,《通典》没说盱眙郡城与秦汉古盱眙之间关系的疑问。前文曾认为,杜佑没有将盱眙郡或县城,与秦汉时楚怀王的都城是同一个城抑或是两个城作出说明。现在看来《通典》真要作出说明,则属多此一举。从《水经注》成书到《通典》问世,时间已过去约三百年,而在三百年前,秦汉古盱眙城已废置,唐初连城都已废弃了,《通典》当然没必要再提及或作出解释了,再说在三百年间,尽管有过郡(州)设置或废立的发生,但都是在同一个治所也就是都梁城内发生的,没有导致治所迁徙的情况发生,因而杜佑没有必要节外生枝。

第五,唐时盱眙县有无迁治的疑问。答案肯定是没有发生过迁治,因而没有文献记载是正常的。

四 解读胡三省注

比较相关史书的记载,唯《资治通鉴》关于盱眙保卫战的记载较为详细,且胡三省的注在描述地望方面也比较详细,相关地名保留沿用至今。

《资治通鉴》卷一百二十五对臧质遭遇战及附近的地形有这样一段记述:

> 上使辅国将军臧质将万人救彭城,至盱眙,魏主已过淮。质使冗从仆射胡崇之、积弩将军臧澄之营东山,建威将军毛熙祚据前浦,质营于城南。乙丑,魏燕王谭攻崇之等,三营皆败没,质按兵不

敢救。澄之，焘之孙；熙祚，修之兄子也。是夕，质军亦溃，质弃辎重器械，单将七百人赴城。①

南宋末年，胡三省对《资治通鉴》一书作了注释。对上面这段话作了比较详细的注释，现录于后：

> 东山、前浦皆在盱眙城左右：东山在今盱眙城东南，东山之北则高家山，高家山之东则陡山，稍南则都梁山，都梁山之东北则古盱眙城。城临遇明河，又东经杨茅涧口，又东经富陵河口，则君山。魏太武作浮桥于此，自此渡淮。稍东则龟山。质营于城南。《考异》曰②：《宋略》云："质屯盱眙城北。"③
> 今从《宋书》。④

这段话就是我们要解读的胡三省的注。在解读之前首先说明三点情况：一是依据山体不会移动的实际情况，比照卫星地图结合实地拍摄的图片，确定这段话中记载的相关山峰的位置并以之为参照系。二是方位，大淮河的流向是从西向东，因而在以淮河为参照系进行叙述时，使用的方位词本来都是对的；但淮河到了今盱眙城南时，拐弯向东北，且东小北大，夹角超过六十度（图十三），呈√形；造成相关的方位表述发生误差。如胡注中"东山之北则高家山，高家山之东则陡山"等记载，其"东山之北"的北，实际方位是西，"高家山之东"的东，实际方位是北。

---

① 司马光:《资治通鉴》卷第一百二十五《宋纪七》，第 4022—4023 页。
② 《考异》，即《资治通鉴考异》的简称，又称《通鉴考异》。司马光在编修完成《资治通鉴》后，用所剩的资料编撰而成，并说明这些资料存在的问题和谬误，以明修史时取舍的原因。
③ 姚思廉:《梁书》卷三十《裴子野传》，北京：中华书局 1973 年版，第 442—443 页。《宋略》是裴子野在沈约写的《宋书》基础上删撰而成的，共二十卷；已散佚。
④ 司马光:《资治通鉴》卷第一百二十五《宋纪七》，第 4023 页。

参照地图时注意修正即可。三是胡三省注的特别价值，这里不妨引述一段专业人士的评价：

> 胡三省注《资治通鉴》，其功绩之巨，数百年来与司马光之书并传不朽，而其地理之学最称名家。其实，胡三省的地理学成就，主要表现在沿革地理即地名的考释上，无论从资料性或学术性上说，对于地名研究都有重要价值。他对每一个地名的注解，都参考多种书籍，反复推敲，甚至请教当地之人，确实弄清楚了，才下笔写定，这就使他的地理注往往成为言之凿凿的解释该地名渊源与变迁的考证文章，从中又可以看出当地自然环境与社会经济的变迁情况，对于前人的错误，他也能旁征博引力为纠正，并指出错误的原因，以匡正后人。胡注在地名学上的价值，已为人们所重视。顾祖禹对胡注"尤所服膺"、"采辑尤备"，在《读史方舆纪要》中大量引用胡三省的成果，日本学者荒木敏一、米田贤次郎等人专门编了《资治通鉴胡注地名索引》来查考地名。①

（一）胡三省注提及三个盱眙城

胡三省在这段连标点符号都算在内也不足一百五十字的注释中，明确说了"盱眙城""今盱眙城"和"古盱眙城"三个盱眙城概念，并分别作了解释，尤其注重用山峰、河流等地标作为参照物，分别说明三个盱眙城的位置，可谓用心良苦。说"东山、前浦皆在盱眙城左右"，这个"盱眙城"前既没"今"字，也没"古"字，可知其既不是"今盱眙城"，又不是"古盱眙城"，介于今城和古城之间会是什么城？考虑到这是胡三省为《资治通鉴》所作的注释内容，那么就应联系原文的语境来分析。《资治通鉴》原文是"质使冗从仆射胡崇之、积弩将军臧澄之营东山，建威将军

---

① 胡阿祥:《地名学概论》，南京大学打印稿，1991年，第189页。

毛熙祚据前浦,质营于城南"。因为臧质派胡崇之、臧澄之守东山,因而胡注的主要意思是注释东山的位置,也就是注释元嘉二十七年十二月那场遭遇战发生时胡崇之、臧澄之所守东山的位置。"东山、前浦皆在盱眙城左右"这句话中的"盱眙城",只能是指盱眙保卫战发生时的盱眙郡城,而不可能是指别的城。据前述可知盱眙郡城就是都梁城,其东(左)面是东山,西(右)面则是前浦,前浦濒临淮河。

不过胡三省也意识到盱眙不仅仅只有一个城,单说一"盱眙城"容易引起误解,故又不惜笔墨将今盱眙城位置注释一番。因此就有了以今盱眙城为参照标志的进一步注释:"东山在今盱眙城东南,东山之北则高家山,高家山之东则陡山,稍南则都梁山。"这个今盱眙城,显然是指胡三省所处的南宋那个时代的盱眙城,也就是南宋张浚主持修建的盱眙城,即今第一山城。张浚修建盱眙城是在南宋初,高宗绍兴六年(1136年)。胡三省作《资治通鉴》注是在南宋灭亡(1279年)之际,约成书于元世祖至元二十二年(1285年)。说"今盱眙城"当然是指南宋时的盱眙城。但古典文献中,很多时候在记载州郡县城时是指代其治所所在地的,"今盱眙城"也不例外。因为张浚所筑的盱眙城本就包括东山在内,因此这里的"今盱眙城"是指盱眙军治所在地。那么南宋时盱眙军治的具体位置在哪里?据郭起元编撰的《乾隆盱眙县志》和王锡元编撰的《光绪盱眙县志稿》两本志书记载,①南宋嘉定七年(1214年),盱眙军治从第一山下迁入山城中,文庙得以从玻璃门外淮河边迁入郡治旧所。

本文在第二章中曾经考证过元学士曹元用《重修县志碑》记:盱眙县旧寓慈氏山麓,延祐庚申(1320年)迁筑东岳行祠之右。前后联系起来看,嘉定年间盱眙军治从第一山迁入的"山城中"是慈氏山麓;这与曹

---

① 《乾隆盱眙县志》卷十《学宫》记载:"嘉定七年(1214年)县治徙于山城,十二年学(宫)亦迁于玻璃门内。"《光绪盱眙县志稿》卷五《学校》记载:文庙(学校)始建于绍兴十三年(1143年),原在第一山下淮河边,屡遭毁坏后多次复建;"嘉定二年己巳再建时,郡治移于山城,文庙亦徙置慈氏山麓"。

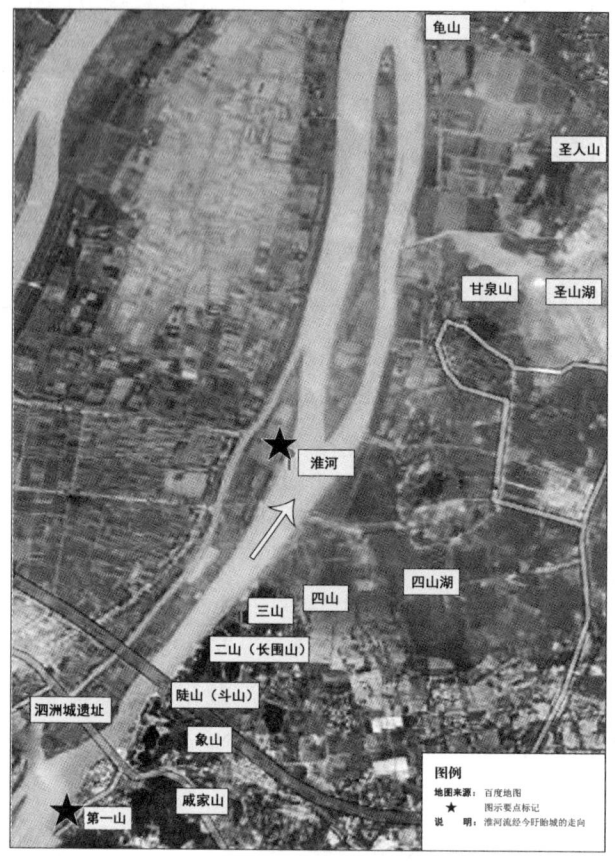

图十三 淮河流经今盱眙城的走向

元用《重修县志碑》中记载吻合。而这慈氏山也就是今高家山①,与第一山相连。可知南宋时盱眙军治在第一山下,只是到了南宋末期才移到慈氏山。再联系胡注来具体分析,胡注中没说军治在高家山或第一山。我们设定郡治在慈氏山(高家山)西北麓,对照胡注现场勘查并结

---

① 民国二年(1913年)出版的《安徽实业杂志》第四期第16—26页,刊登一篇《安徽盱眙县荒山调查表》,在第一山条目下记县治山,向东北方向依次记东山、高家山、斗山(陡山)、二山三山四山、塌山、圣人山、下龟山、老子山;表后备注说以上各山皆自县治山按各山的实地位置排序。在东山与陡山之间记高家山,可知"高家山"之名到近代仍在沿用。

合卫星地图,可知东山(戚家山)在高家山之东,为一山两峰,东山整体大于高家山,说其在盱眙军城东或东北没有任何疑问;东山现名"戚家山",海拔一百四十三米。与东山相连位于东山之西(胡注曰北)的高家山,现名慈氏山,海拔一百二十七点三米。慈氏山南连第一山,北连陡山;与胡注完全吻合。"稍南则都梁山",卫星图(图十四)显示,东山西南共有两座山,一名天台山,相距约一点二公里;另一是第一山,相距约一公里。胡注用"稍南"一词来限定,只能理解为是距离稍近的那座山是都梁山,也就是第一山;这与盱眙地方志书的记载也是吻合的。既然都梁山在西南,那么东山必然在都梁山东北方向,说"东山在今盱眙城东南"还是因为淮河流向,实际东南应是东北。就是说,不论盱眙军治所在第一山下或是寓居慈氏山麓,东山都在其东北方向。现在我们以东山为坐标点,可知盱眙郡治所在其西,都梁山在其西南,高家山(慈氏山)及陡山则在都梁山(第一山)与第二山之间。行文至此已可作出判断,盱眙郡城的位置已经跃然纸上。

胡注之所以在注释了盱眙郡城和今盱眙城后还要注释古盱眙城,除了怕引起误读外,还因古盱眙城北的君山和遇明河太重要了,需要注释清楚。"都梁山之东北则古盱眙城。城临遇明河,又东经杨茅涧口,又东经富陵河口,则君山。魏太武作浮桥于此,自此渡淮。稍东则龟山。"这句话着力点在"古盱眙城",为了说清楚"古盱眙城"的位置,一一列举了附近的地望标志。其中最重要的是"城临遇明河",这条遇明河在《新唐书》中称直河,《寰宇记》记新开直河,在县北六十步县郭内,可知"古盱眙城"指的就是甘泉山西北麓的秦汉时楚都盱眙城。

前面我们分析过盱眙山和都梁山的含义,已知秦汉时楚都盱眙城在甘泉山西北麓,属盱眙山范畴,不属于都梁山。说"古盱眙城"在都梁山东北方,表明古盱眙城不在都梁山范畴。在整段胡注中,自都梁山开始,逐一提及的东山、高家山、遇明河、富陵河、君山、龟山都在图十三中得到呈现;唯前浦、杨茅涧口已无迹可寻,应该是洪泽湖形成后因水位提高而淹没于水中。据1961年《盱眙县志》(铅字打印稿,没正式出版)

载:杨茅涧又名养马涧,在圣人山北。传说是邓艾在君山屯田时养马的地方。杨茅涧或是养马涧的误读也是有可能的,不过这无关宏旨。

在本书第三章第二小节中,曾因都梁城的出现,分析叙述盱眙有三个城,与胡注提及的三个盱眙城试作比较,以古盱眙城、盱眙城、今盱眙城分别比对秦汉时楚都盱眙城、盱眙郡城(都梁城)、第一山盱眙城,竟然十分契合,有殊途同归、异曲同工之妙。应该说胡三省在注中为了说明盱眙城可谓费尽心机。自第一山至下龟山之间的山峰河流,几乎一个不落地叙述一遍,再明白不过了。但令人遗憾的是长期以来,相关地方史料包括一些正统志书,对盱眙郡城或语焉不详,或回避不说;有说的,几乎都认可在甘泉山。究其原因,就是对胡三省的注没能深研细读,理解透彻,以致众说纷纭,莫衷一是,让后人依违失据,是非混淆。

(二) 胡三省注文释地

胡三省注文中不仅提及了古、今三个盱眙城,还提及山川、河流等地名,至今除消失的都在使用。如东山、高家山、遇明河、富陵河、君山、龟山等,有必要分组次第条释,以便于全面准确理解胡三省的注文。

1. 东山、陡山与前浦

对照图十四,联系胡三省的注,可知东山(现名戚家山)在第一山东北方向,以第一山为起点,向北依次是高家山(现名慈氏山)和陡山(图中象山与陡山为一山二体,近代才有其名)。胡注说东山、前浦在盱眙郡城左右,前浦靠近淮水,自是在城西,东山在城东,那么东山与前浦之间的盱眙郡城只能在陡山北麓,这也是由地形决定的,因为从陡山向南到第一山之间是高家山,没有容纳郡城的空间。宋以来的史书对东山多有记载,足见东山的名气和重要性。仪征人吴熙载在《资治通鉴地理今释》卷一百二十五《宋纪七》中记:

第五章 盱眙郡与城　　121

图十四　东山(戚家山)与慈氏山(高家山)及天台山位置图

东山在安徽泗州盱眙县东南。①

《舆地纪胜》卷四十四《盱眙军》记：

东山在盱眙郡东。②

---

① 吴熙载:《资治通鉴地理今释》,光绪八年(1882年)江苏书局刻本(复印本),下册第6页。
② 王象之:《舆地纪胜》卷四十四《盱眙军》,第1790页。

《方舆胜览》卷四十七《招信军》记盱眙东山：

> 在郡治东。有南山十景,此居其之首。①

《读史方舆纪要》卷二十一记盱眙东山：

> 在县治东南。山有石洞,左曰灵关,右曰剑壁,皆曲折相通。宋元嘉二十七年,魏寇彭城,将军臧质赴救,至盱眙,魏主焘已过淮,质遣将胡崇之等营东山,毛熙祚据前浦,皆为魏人所败。明年魏主还攻盱眙,筑长围一夕而合,运东山土石以填堑,力攻久之不克。②

《嘉庆重修一统志》记东山在盱眙县东南三里。清光绪《重修安徽通志》也说东山在盱眙县东南三里。《中国历代战争史》说东山在盱眙城附近③。

前文曾对甘泉山、圣人山作为东山提出疑问,这里不需赘叙。只是再强调一下,不管是甘泉山还是圣人山,回答不了攻城方向的局限和取土填埋堑壕的位置,也就否定了该山作为东山的所有设定。

陡山又名斗山,相关记载也较多。《大明一统志》卷七记载:"陡山在盱眙县东北五里,以险峻得名。"《嘉庆重修一统志》泗州山川下载:"斗山,在盱眙县东北五里。"清光绪《重修安徽通志》卷三十三记陡山:在"盱眙县东北五里,俯瞰淮河,其势陡峻。一名斗山"。

---

① 祝穆:《方舆胜览》卷四十七《淮东路》,第840页。
② 顾祖禹:《读史方舆纪要》卷二十一《南直三》,第1042页。
③ 《中国历代战争史》,是台湾三军大学编撰的一部以战争为中心的中国通史。1972年面市,1975年重新修订,分为十八册,1979年再版。钱穆、王云五、陶希圣等担任修订指导委员。1983年,中国(大陆)军事译文出版社出内部发行版。语出该书第六册第五章,第172页。

《读史方舆纪要》卷二十一载盱眙陡山：

> 在县东北五里。下瞰淮流，其势陡峻，亦曰斗山。《一统志》："山与都梁山相接，当淮流之险峻。"胡氏曰："陡山之东古盱眙也。"唐咸通十年辛谠为泗州，迎粮于淮南，舟载钱米，还至斗山，贼将王弘立帅众拒之于盱眙，布战舰，塞淮流，谠击败之，遂入泗州。①

这段表述中所指的盱眙县是南宋时建的盱眙，治所在第一山，陡山（斗山）在其东北五里淮河边。《读史方舆纪要》在引用胡三省说"陡山之东古盱眙也"的同时，又记述了有关辛谠与庞勋部将王弘立交战的经过，是想说明盱眙就在陡山旁，与泗州隔淮河相望。当年辛谠运粮草、搬救兵数次经过陡山下，自然在经过盱眙城时，会遭到已占领盱眙城的庞勋军队的阻击。对胡三省注的方位调整，前面已有说明，所以这里的"陡山之东古盱眙也"，应是"陡山之北古盱眙也"；在盱眙之前加"古"，既是相对于第一山盱眙城来说的，也是因为都梁山盱眙城在宋初已失去记载，应是在唐末时最迟于五代前期遭到毁弃。据此可知在北宋之前，盱眙共有两个已毁弃的古盱眙城。也正是这个原因，乐史在著《寰宇记》时，将两个古盱眙误认为只有一个，从而造成了书中叙述的矛盾。《读史方舆纪要》对胡注的再次强调，毫无疑问是对胡三省注最为准确到位的解读，也表明该书对《寰宇记》有关盱眙城的叙述是有所保留的。

《太平御览》卷四十三引《盱眙图经》曰：

> 斗山周回二十里，在县西南，与都梁山相连，枕淮水险峻，名曰斗山。②

---

① 顾祖禹：《读史方舆纪要》卷二十一《南直三》，第1043页。
② 李昉：《太平御览》卷四十三《地部八》，第383页。

《太平寰宇记》卷十六记：

> 斗山在县西南，与都梁山相连，枕当淮水。险峻，名曰斗山。①

《方舆胜览》卷四十七记斗山：

> 在盱眙县西南。当淮水之险峻，故名。②

仔细分析上述三本宋朝志书的表述，有一个共同之处，就是均说陡山在盱眙县西南，综合前文来看，陡山之北有两个盱眙城，一个是秦汉时楚都盱眙，一个是唐时被称为都梁城的盱眙，在没说明以哪一个盱眙城为坐标点情况下，就有两种解读或理解。

如以都梁城为坐标点来表述陡山的方位，说陡山在县西南，当然就是县城西南，没明确说距离多远，是因为紧挨着没有间隔，不需要说。

如将这里的盱眙县解读为甘泉山西北麓秦汉时楚都盱眙，其结果非但难以说明盱眙城与陡山的关系，还会带来不必要的误解。不幸的是，自北宋以降，将这个盱眙县解读为甘泉山西北麓秦汉时楚都盱眙的大有人在；因为按照方位看，陡山也在楚都盱眙的西南。事实上多年来，这种解读还是占主流的，否则也不会有史书认定甘泉山西北麓秦汉时楚都盱眙为臧质保卫战的发生地了。

客观的说，自甘泉山西北麓到陡山之间还有长围山（二山）、三山、四山等山峰，距离约十六里（见图十三），在以甘泉山西北麓秦汉时楚都盱眙为坐标点来表述陡山的方位时，不标注距离而又不说之间存在的山峰，且不论是否符合志书体例，至少是难以准确说明结果的。这不应是编撰《太平御览》《太平寰宇记》《方舆胜览》这类著作的大史学家所

---

① 乐史：《太平寰宇记》卷十六《河南道十六》，第318页。
② 祝穆：《方舆胜览》卷四十七《淮东路》，第840页。

为。但李昉、乐史、祝穆等几位史学大家恰恰都这样记了，也许正是因为他们这样的记载，模糊了两个盱眙城的概念，混淆了秦汉时楚都盱眙与唐都梁城的区别，从而掩盖了陡山北面的都梁城的存在。

有关前浦的记载比对东山的记载要少许多。清光绪《重修安徽通志》卷三十三记："赤栏浦在盱眙县南二里，上有赤栏桥，因名。"《大明一统志》云："在盱眙县城南，旧于浦上作赤栏桥，因名。"《太平寰宇记》卷十六记泗州盱眙赤栏浦：

在县城南二里。上作赤栏桥，因名。其水浅曲，不通舟楫。①

《舆地纪胜》卷四十四记：

前浦在盱眙县，亦曰赤栏浦。②

"前浦"这个地名，历宋、明至清时仍在使用，有文人诗篇佐证。《光绪盱眙县志稿》记载，明朝弘治年进士、嘉靖年间刑部侍郎刘玉在游泗州时写下一组诗，其中《宿龟山》一诗中有："棹歌隐隐闻前浦，渔火微微认远汀"③。自泗州至龟山，水路约二十里，行舟必经过前浦和远汀两地。

十九世纪初，清嘉庆十二年（1807年）进士、曾任苏州知府、陕西布政使的盱眙人汪云任有诗云："雁衔残月呼前浦，鬼语荒芦聚远汀。"这是汪云任追忆亡妻的诗句，其祖宅近前浦，遥望长沙汀。汪云任与亡妻张瑶娘感情深厚，在京城赶考时，陪同前往的张瑶娘不幸患病身亡。汪

---

① 乐史：《太平寰宇记》卷十六《河南道十六》，第318页。
② 王象之：《舆地纪胜》卷四十四《盱眙军》，第1792页。
③ 刘玉，字咸栗，号执斋，江西万安人，嘉靖乙酉（1525年）以刑部侍郎身份按游泗州。清时有刻本《执斋先生文集》传世，《宿龟山》出自该文集卷六。

云任将其入殓后装船运回盱眙,沿途写下三十首哀悼诗,合集《秋舫吟》①,其中第二十四首就写于可以看到盱眙即将到家之际。汪云任睹景思情,想起和张瑶娘漫步前浦、戏水沙汀的情景,作诗纪念。上述两首诗中的"远汀"实际上指代长沙汀,《方舆胜览》卷四十七《淮东路》记招信军盱眙长沙汀:

> 在盱眙县北。自淮河渡南接牛场巷,长一里余,高丈余,淮水泛涨时赖以捍御。② 苏子瞻诗云"十里清淮上,长堤隐雪龙"是也。③

后因洪泽湖形成,水位抬升,长沙汀等地没于淮水。另外相对于前浦,还有后浦地名,《舆地纪胜》卷四十四记:

> 后浦在旧盱眙县北长围山下。④

对于《舆地纪胜》的记载,明清以来仅同治《盱眙县志》引其说来记述前、后浦。其余泗州、盱眙诸志均未予以足够的重视。之前《舆地纪胜》记废臧质城时称之为"古盱眙城"(见第二章),这里称"旧盱眙县",从古和旧的区别来看,王象之认为秦汉盱眙城与唐盱眙城还是有区别的,至少没将这两个城混为一谈;只是依据《寰宇记》的说法,将秦汉古盱眙城当成晋义熙年间设置的盱眙郡城了。

将《舆地纪胜》的记载反过来讲,即"后浦旁边的长围山南就是旧盱

---

① 王泽强:《清末才女汪藕裳及其家族名人研究》第二章《陕西布政使汪云任》,第53—144页。《秋舫吟》作者汪云任,字孟棠,江苏盱眙人;生于乾隆四十九年(1784年),卒于道光三十年(1850年)。
② 祝穆:《方舆胜览》卷四十七《淮东路》,第841页。
③ 王新龙:《苏轼文集》二十五《诗集》,第162页。
④ 王象之:《舆地纪胜》卷四十四《盱眙军》,第1792页。

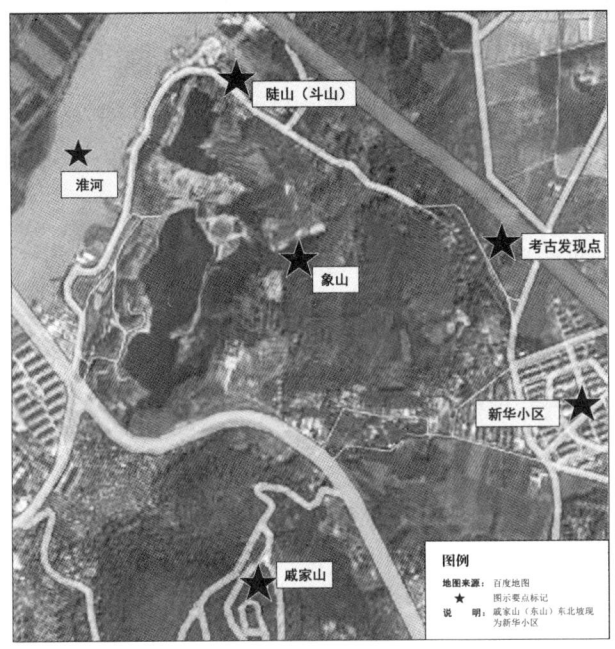

图十五　戚家山(东山)东北坡现为新华小区

眙",这话说得再明白不过,从图十三可以看出,长围山即第二山,其南部为陡山(斗山)。顾祖禹引胡注说"陡山之东古盱眙也",其实是对胡注核心内容的精确解读;王象之说"后浦在旧盱眙县北长围山下",两位史学大家所见略同,所说的指向就是陡山与长围山之间的盱眙郡城,唐时都梁城。顾祖禹用"古盱眙"来称呼,王象之用"旧盱眙"来称呼,都是相较于第一山盱眙城而言的。后浦既在城北长围山下,前浦在盱眙城南二里,可知前、后浦皆因位于盱眙城前后而得名,这也恰好印证《宋书》《资治通鉴》及胡注等关于毛熙祚屯军前浦的记载。

　　根据上述诸多史料记载,经实地探寻后,发现胡注提及的地标都依然存在,且方位排列与记载吻合。图十四显示,东山(戚家山)在第一山东偏北,距离九百六十米;东山之西高家山(慈氏山),南连第一山,北接陡山(象山)。既然胡注地理标记得这么详细准确,后人没有理由不采信,而是硬要将秦汉古盱眙城考证成盱眙保卫战发生的地方。胡注说东山前浦在盱眙城左右,那么古人筑城有坐北朝南的讲究,可知东山在左边,也就是东或东南方;前浦在右,据"在县城南二里"判断,应在今淮河大桥东端南侧,今供电公司附近。行文至此,盱眙郡城的位置已经可以确定,就在陡山北麓或陡山与长围山(第二山)之间。

2. 富陵河与龟山

富陵河即龟山运河。《宋史》卷九十六《河渠六》载:元丰

> 六年正月戊辰,开龟山运河,二月乙未告成,长五十七里,阔十五丈,深一丈五尺。初,发运使许元自淮阴开新河,属之洪泽,避长淮之险,凡四十九里。久而浅涩,熙宁四年(1071年),皮公弼请复浚治,起十一月壬寅,尽明年正月丁酉而毕,人便之。至是,发运使罗拯复欲自洪泽而上,凿龟山里河以达于淮,帝深然之。……乃调夫十万开治,既成,命之奇撰记①,刻石龟山。②

龟山运河为避淮水之险而开凿,位于淮河南岸与淮河平行,南自龟山东通淮,北至洪泽镇,长五十七里(参见图二);《续资治通鉴长编》称洪泽河③。洪泽镇临富陵湖,而富陵湖原为汉富陵县,因黄河夺泗入淮被淹没成湖。光绪《重修安徽通志》载:

> 富陵故城在盱眙县东北。汉置县,属临淮郡,后汉废。《史记》高帝十一年(196年),淮南王黥布反,东击荆王刘贾。贾走富陵即

---

① 脱脱:《宋史》卷三四三《蒋之奇传》,第 8715—8717 页。之奇,即蒋之奇(1031—1104年),字颖叔,常州宜兴(今属无锡)人。元丰六年(1083年)以江、淮、荆、浙发运副使身份,主持开凿龟山左面至洪泽镇之间新河。
② 脱脱:《宋史》卷九十六《河渠六》,第 1601 页。
③ 李焘:《续资治通鉴长编》卷二百二十八记:熙宁四年十一月"开洪泽河达于淮,五年正月,河成"。北京:中华书局 1995 年版,第 5545 页。

此。《括地志》:"故城在盱眙县东北六十里。"①

《嘉庆重修一统志》及《读史方舆纪要》均有类似记载。龟山运河北端接淮阴新河,因开凿有先后,连接处借用富陵湖作为连接点,故龟山运河又被称为富陵河;或许龟山运河在北端的称呼就是富陵河。富陵河在苏东坡诗中又被称为新河,其诗《龟山辩才师》云:"此生念念浮云改,寄语长淮今好在。故人晏坐虹梁南,新河巧出龟山背。"②不知是龟山运河曾经名为新河,还是运河新开凿不久或疏浚通航时间不长而被东坡先生称为新河。富陵河修通后改善了漕运环境,后因黄河夺淮而废,再因洪泽湖不断扩大而湮没。

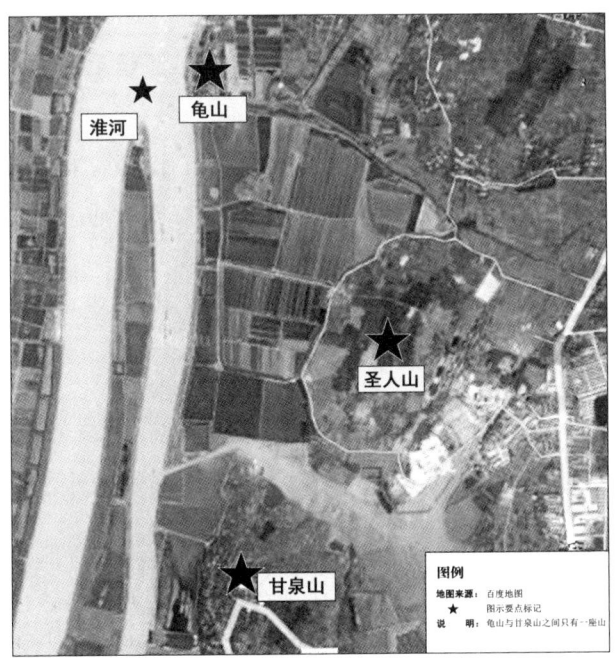

图十六 龟山与甘泉山的位置

① 沈葆桢、吴坤修:《光绪重修安徽通志》卷五十三《古迹》,上海古籍出版社影印版,第498页。
② 王新龙编著:《苏轼文集》二十四《诗集》,第160页。

胡注提及的龟山，盱眙志书称为下龟山，以区别第一山南的上龟山。中华人民共和国成立后设置洪泽县时，下龟山随老子山划属洪泽县，现属淮安市洪泽区。

唐宋时漕运兴盛，带动泗州繁华，过往商贾、官员等经泗州都会驻泊游玩，盱眙沿淮的南山、龟山等景点应运而兴。《方舆胜览》卷四十七记龟山曰①：

> 在盱眙县北三十里。其西南上有绝壁，下有重渊。《广记》："禹治水，以铁锁锁淮涡水神无支奇于龟山之足。"②按张商英《龟山水陆院记》："以佛书考之，则五百梵僧游止之地。以仙经考之，则太真元君之别治也。"③周明老《题龟山回文诗》云："迢迢绿树淮天晓，霭霭红霞海日晴。遥望四山云接水，碧峰千点数帆轻。"④

相较都梁山、陡山、甘泉山而言，龟山位置前凸，山势险要，扼淮控湖（破釜、白水等），历来为兵家必争之地。光绪《重修安徽通志》卷五十三载：

> 龟山城在盱眙县东北三十里。宋文帝筑，县志作魏太武筑。以拒魏。隋置济阴县即此。⑤

《读史方舆纪要》卷二十一记盱眙县龟山：

---

① 祝穆：《方舆胜览》卷四十七《淮东路》，第840—841页。
② 李昉：《太平广记》卷四百六十七《水族四》，北京：中华书局1961年版，第3845—3846页。无支奇，又作无支祁，淮涡水神。大禹治水时将其擒获，颈鏁大索，鼻穿金玲，锁于龟山足下。
③ 脱脱：《宋史》卷三五一《张商英传》，第8836—8838页。张商英（1043—1121年），字天觉，号无尽居士，蜀州新津（今成都市新津县）人。
④ 胡仔：《苕溪渔隐丛话》前集卷五十三《周明老》，北京：人民文学出版社1962年版，第365页。周知微，字明老，吴兴（今浙江省湖州市）人。
⑤ 沈葆桢、吴坤修：《光绪重修安徽通志》卷五十三《古迹》，第498—499页。

在县东北三十里。志云：山有二，上龟山在县治西南，下龟山在此山西南隅。上有绝壁，下有重渊，相传禹锁淮、涡水神无支祁于此。宋嘉定十二年，山东贼时青来附，处之龟山。又宝庆三年，李全以青州叛降蒙古①，袭据楚州，败金将完颜讹可于龟山，即此。②

3. 君山与遇明河

君山最早闻名于魏时邓艾屯田，山下有川名"君川"，东晋大将谢玄在此发动君川战役，创造了以少胜多的战例；刘宋时臧质水军与北魏水军激战于山下淮畔。《读史方舆纪要》卷二十一记：

> 县东北六里。魏邓艾尝于此堰涧为塘以溉田。晋太元四年（379年），谢玄等败苻秦将俱难于淮阴，秦人退屯淮北之君川，即君山之川矣。宋元嘉中，魏主筑长围困盱眙，作浮桥于君山，绝水陆道，即此。亦曰军山。③

谢玄败苻秦将俱难于君川，史称君川之战。那是东晋孝武帝太元三年（378年）秋，前秦第一次伐晋，苻坚以襄阳为主攻方向，另派部将俱难、彭超分别率二万大军进攻淮泗地区，至翌年三月，俱难连克下邳、淮阴，彭超克彭城，在盱眙城下会师，合攻盱眙城。四月，苻坚又派部将毛当率兵二万前来增援，盱眙城遂被攻破，守城的高密内史毛璪之被擒。从而引起朝廷震动，急派谢玄率三万北府兵自扬州出击。谢玄首战三阿

---

① 脱脱：《宋史》卷四百七十六《李全传上》、卷四百七十七《李全传下》，第10685—10708页。至宁元年（1213年），蒙古军进攻山东，李全之母、长兄皆为乱兵所杀。李全遂聚众数千起兵复仇，嘉定十一年（1218年），李全归附于宋，驻军盱眙龟山。
② 顾祖禹：《读史方舆纪要》卷二十一《南直三》，第1043页。
③ 顾祖禹：《读史方舆纪要》卷二十一《南直三》，第1042页。

即解田洛之围,再战斩秦将都颜、邵保等,俱难向北败退,谢玄乘胜追击,双方战于盱眙城北君川,晋军奋勇当先,以少战多,大获全胜。六万秦军全被歼灭,仅俱难、彭超等少数人逃脱。谢玄经此一战,迅速成长起来,成为晋军的主要将领,几年后在寿县城东淝水边,谢玄创造了战争史上以少胜多的奇迹。① 而君川之战则是淝水之战的预演。

《读史方舆纪要》关于君山的记载引出的两个问题需要说明。第一是"县东北六里",是以甘泉山西北麓秦汉时楚都盱眙城为坐标点的;尽管上述各史籍均未明说。理由是邓艾屯田大部分在现洪泽湖区域内,均在盱眙东北面。如果今盱眙城向东北六里处,则是二山或长围山;如以盱眙郡城(陡山北)为坐标点,向北六里才到四山湖南的四山附近,那么君山就在今盱城镇范围内,这与史书记载不符,与实地勘查也不符。再说从四山向北,有四山涧阻隔,还有遇明河阻碍,交通不畅,且都是丘陵山区,邓艾不会选择这样的地方屯田,何况这里也无田可屯。而君山以北,沿淮虽有山,但稍东即是平原,在洪泽湖未形成前,那里小湖泊众多,河网密布,是主要屯田区域。

第二是自甘泉山西北麓秦汉时楚都盱眙城到龟山之间,沿淮只有一座山,按胡注就是君山或军山(参见图十六),没有选择的余地,现在的名称就是圣人山。《乾隆盱眙县志》及《光绪盱眙县志稿》均载:圣人山在东北二十里,上有至圣殿,山下有湖。清初邑人戚玾有诗曰:"山传孔子迹,湖得汉王名。"②圣人山西边有汉王城遗址,故山下的湖名为皇城湖,又以山名湖,故亦称圣山湖。

遇明河是宋朝的名称,在不同的朝代还有不同的称呼,因而名称较多。宋时称遇明河的记载是《宋史》卷九十六《河渠六》,记曰:

---

① 司马光:《资治通鉴》卷一百四《晋纪二十六》,第 3338—3341 页。
② 据光绪《盱眙县志稿》卷十二《艺文》,戚玾(1635—1688 年),字莞尔,又字缓耳。泗州(今盱眙)人。著《笑门诗集》二十五卷,被《四库全书》收入集部别集类。

崇宁二年(1103年)十二月,诏淮南开修遇明河,自真州宣化镇江口至泗州淮河口,五年毕工。①

又称盱眙河,《宋史》卷三百三十一《孙长卿传》载:孙长卿历江东淮南河北转运使、江浙荆淮发运使。岁漕米至八百万,或疑其多,长卿曰:"吾非欲事羡赢,以备饥岁尔。"议者谓楚水多风波,请开盱眙河,自淮趣高邮,长卿言:"地阻山回绕,役大难就。"事下都水。调工数百万,卒以不可成,罢之。②

唐朝时称直河,《新唐书》卷三十八《地理二》、《太平寰宇记》卷十六《河南道十六》均有记载,已在第二章有引述,这里不再重复叙述。

明清时称禹王河,源自沈括对其"禹之旧迹"的认定。《梦溪笔谈》卷二十四《杂志一》记道:唐李翱为《来南录》云:

"自淮沿流至于高邮,乃溯至于江。"《孟子》所谓"决汝、汉,排淮、泗而注之江"。则淮、泗固尝入江矣。此乃禹之旧迹也。熙宁中曾遣使按图求之,故道宛然,但江、淮已深,其流无复能至高邮耳。③

嘉庆《江宁府志》不仅认可《梦溪笔谈》的记载,其卷七《山川下》还详细记载了"禹之旧迹":

禹王河在六合县东北二十五里,由盱眙圣人山历黑林桥至天长铜城镇、杨邺,绕县境之金牛山,历新簧巷、木瓛圩、堠子铺、王子庙,数十里而至东南方山下仪征之白茅坂,以达于江,此其河流之

---

① 脱脱:《宋史》卷九十六《河渠六》,第1603—1603页。
② 脱脱:《宋史》卷三百三十一《孙长卿传》,第8527—8528页。
③ 沈括:《梦溪笔谈》卷二十四,上海:上海书店出版社2009年版,第199—200页。

故道也。……唐李翱《来南录》云:"自淮沿流至于高邮,乃溯至于江。"沈括以为淮泗固尝入江,此乃禹之旧迹也。熙宁中尝遣使按图求之,故道宛然。①

上述记载说明,遇明河、盱眙河、直河或新开直河、禹王河实为同一条河。

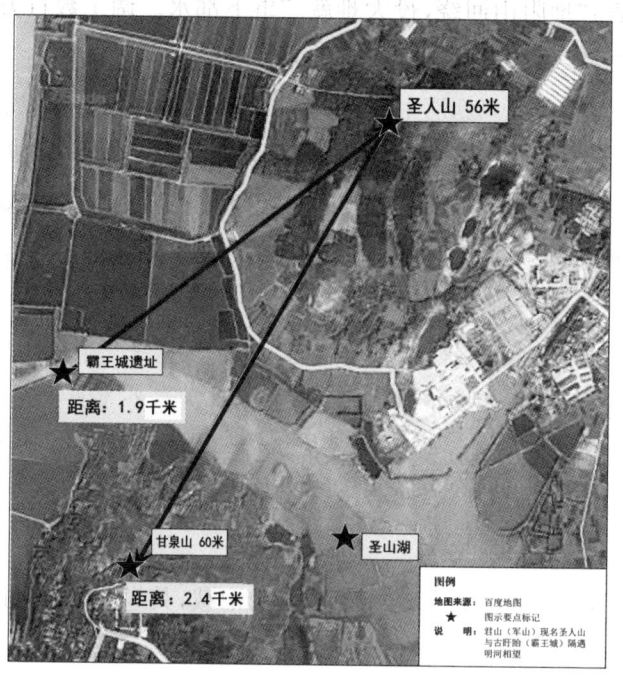

图十七　君山(军山)现名圣人山,与古盱眙(霸王城)隔遇明河相望

盱眙南部多丘陵山岗地带,北部是洪泽湖,地形呈南高北低,河流多自南向北流。现东西方向只有一条人工河流,即圣人山下名曰"古河(枯河)"的河,东至国营三河农场,再东则无迹可寻。乾隆《盱眙县志》云:"今自淮口至(东阳)云山有河迹,亦名枯河是也。"武同举《淮系年

---

① 姚鼐:《嘉庆江宁府志》卷七《山水下》,第17页。"冶浦河源出冶山西南流至八百桥与古禹王河合"条目。

表》之《全淮水道编》①记载：

> 圣山湖东有枯河,一名古河,东西径直,长约十七里许,淮水涨时,可由此河漾入,达于洪泽湖之南洼,乱湖水出三河口。②

圣山湖在圣人山南,甘泉山东,因圣人山得名,遇明河自两山之间连接圣山湖与淮河,也许就是晋时的君川或君川的一部分。

细查史料,禹王河的历史可追溯到三国时期。《三国志》卷五十三《吴书·薛综传》载：

> 吴建衡三年(271年),何定建议凿圣溪以通江淮,皓令莹督万人往,遂以多磐石难施功,罢还,出为武昌左部督。后定被诛,皓追圣溪事,下莹狱,徙广州。③

这个薛莹是薛综的二儿子,因献诗而受到吴主孙皓赏识,受命率万人开凿圣溪。后来何定被诛死,孙皓追究开凿圣溪的事情,将薛莹送进监狱,又流放到广州。从《薛综传》中我们知道,吴主孙皓在位时(264—280年),听从大臣何定的建议,开凿一条名叫圣溪的河流以连通长江、淮河,派薛莹督领一万人前往实施,因许多巨石阻碍难于施工,不得不停工而返。清末民初杰出的历史地理学家杨守敬考证说,这条圣溪就是遇明河或禹王河,因圣人山得名。其在《三国郡县表补正》中考证徐州下邳郡高山、盱台、东城、潘旌四县时认为：三国之际,淮南江北墟无

---

① 郭介梅：《务本丛谈》,上海：国光印书局民国二十五年版。武同举(1871—1944年),字霞峰,海州(今连云港)灌云县南城镇人。曾参加连云港海港的勘察工作,主要著作有：《淮系年表全编》《再续行水金鉴》(与赵世暹合著)、《江苏水利全书》等。
② 荀德麟：《洪泽湖志》第十九篇汇考《盱眙直河考》,第706—708页。
③ 陈寿：《三国志》卷五十三《薛综传》,第1255—1256页。

人户。东吴军队可以直入淮泗及縠阳等地,可知四县为魏弃地。据《薛综传》:吴人何定建议,欲鑿圣溪以通江淮;其间魏无县戍,此可证矣。

"圣溪"疑即今盱眙县东圣人山下禹王河,一名古河,南至六合,隐隐有河身可辩。六合县人相传,名为'圣人河',其下多石,似是兴工而未成者,与《吴志·薛综传》合。①

杨守敬的考证与《宋史》《太平寰宇记》《梦溪笔谈》《江宁府志》等众多资料记载也吻合。

---

① 谢承仁:《杨守敬集》第一册《三国郡县表补正》,武汉:湖北人民出版社1988年版,第340页。

第六章　锁定盱眙郡城

揆诸《宋书》《通典》《寰宇记》《资治通鉴》暨胡注等典籍的记载,并在此基础上进行合理论证和逻辑推理,再与卫星地图及实际地形地貌比对,最终得出结论,盱眙郡城自盱眙郡设立时于都梁山兴建,具体位置为:西濒淮水,南邻陡山(斗山);北近二山(长围山);东南距东山(戚家山)三里。唐时新置的临淮县及后来移治临淮的泗州与其隔淮相望。现新扬高速盱眙淮河大桥东岸,高架桥下南侧濒淮处。考虑到洪泽湖形成后,淮河入湖口水位受湖水顶托抬高因素,或许有部分甚至大部遗址没于水下。

一　得到考古印证

第一,古墓葬随县城南迁而南移。

南京博物院尹焕章先生,二十世纪五十年代在洪泽湖南岸开展考古工作时,带动影响了盱眙博物馆开展文物保护收集工作;经对收集的部分墓志及文物进行综合分析,发现隋唐时期盱眙城东的墓葬,多集中在今甘泉村、卞家湾、小陈庄这个三角区之间,并呈逐步南移趋势,同期出土的文物也比较丰富。如图十八所示,该三角地带处于甘泉山之东,圣山湖之南,最南端已接近都梁山麓。墓葬的南移趋势,衬托政治经济中心的南移。

又据盱眙博物馆提供的资料,第一山盱眙城周围也有墓葬发现,但

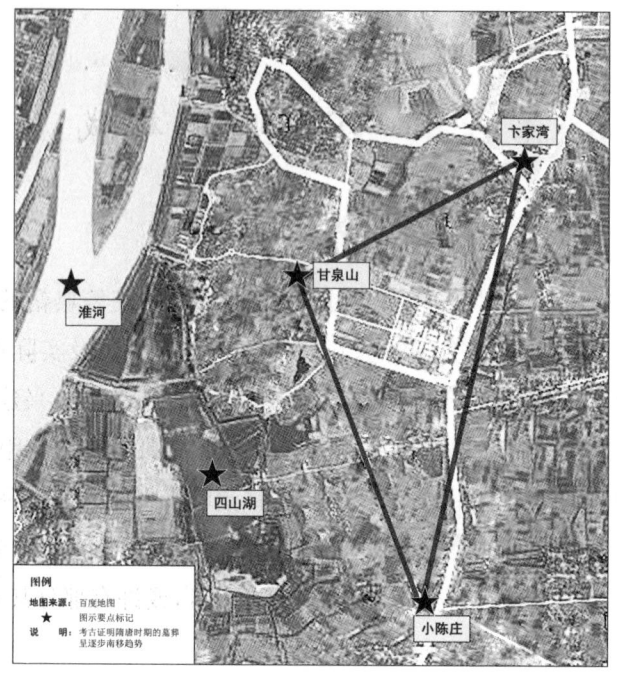

图十八 考古证明隋唐时期的墓葬呈逐步南移趋势

多数都是唐中期以后的。因而盱眙博物馆秦士芝先生①据此认为,唐中期之前的盱眙县城应该在第一山县城之北,甘泉山之南。秦先生的分析与本文的论述不谋而合。说唐中前期盱眙县城在甘泉山之南、第一山县城之北,符合条件的只能是都梁城!

---

① 据1996年第8期《江苏政协》刊载的文章《痴心考古终不改——记盱眙县政协常委秦士芝》,秦士芝二十世纪六十年代初开始在盱眙县从事文物考古工作。在《文物》《东南文化》等杂志上发表多篇文章,其中影响较大的有:《盱眙出土东汉神兽镜》(《文物》1986年第四期,第93—94页)、《盱眙县王庄出土春秋吴国铜匜》(《文物》1988年第九期,第96页)、《盱眙发现赵孟頫书泗州普照禅寺灵瑞塔碑》(《东南文化》1992年第六期,第167页)、《盱眙出土西汉五铢钱范》(《中国钱币》1996年第三期,第40页)。在三十六年的考古生涯中,最重要的考古发现有世界上最早的彗星运行图、蔡侯剑、楚国布币等;还参与了陈璋圆壶出土后的前期鉴定和保护工作。

第二，项王城废于唐。

项王城即霸王城，也就是秦汉古盱眙城（详见第二章之五）。在尹焕章、赵青芳联合署名发表在1963年第1期《考古》杂志、题名为《淮阴地区考古调查》的文章中有详细分析。本文第二章也有引用，这里不再赘述。

2010年至2012年间，南京博物院马永强（领队）、周恒明等人对盱眙项王城遗址进行考古发掘①。据盱眙博物馆提供的《盱眙项王城遗址年鉴》：

> 发掘面积约三千五百平方米，仅对城址内部和墓葬区进行了局部发掘。经过发掘，城址中揭露房址十座，并清理出青砖铺筑的道路一处、水井一眼、灰坑二十八个、灰沟八条，出土可修复的陶、瓷、铁、骨、玉、铜器等各类文物近四百件。器型有瓦当、筒瓦、板瓦、砖、碗、矛、豆、钱币、印章、罐等，时代从汉代到唐宋，其中尤以六朝时期的遗物为多。对于墓葬区，仅发掘了四座，时代从秦末至西汉，特征鲜明，时代性较强。
>
> 由于时间较紧，未对其资料、出土包含物（随葬品）进行整理。但经过发掘，使我们对项王城遗址有了一定的认识和了解。
>
> 其一，认为项王城是与东阳城、泗州城相提并论的古盱眙境内三座最重要的城市之一；
>
> 其二，已进行的发掘工作表明，项王城在南北朝时期地位显要，应是当时淮河两岸最重要的城市之一，隋唐时期基本延续了南北朝时期的辉煌；

---

① 马永强，南京博物院副研究馆员，盱眙项王城考古发掘领队。其作品有《江苏徐海地区汉代城址调查简报》（发表于《东南文化》2014年第5期，第50—56页）、《商周时期车子衡末饰研究》（发表于《考古》2010年第12期，第56—66页）、《江苏邳州新河煎药庙西晋墓地》（发表于《大众考古》2017年第11期，第15—16页）。

其三,已发掘出土的文物种类丰富,其中青瓷器、瓦当的考古学演化发展序列清晰,部分青瓷器质量上乘,瓦当个体大,图案精致,对于研究这一地域的物质文化具有重要意义;

其四,所揭露的唐代道路及其两侧的房屋建筑遗存保存较好,布局较为完整,遗物较多,且不少尚保留原始位置,表明本次发掘区可能是古项王城内一处规模较大的邸肆。

其五,依据发掘情况,项王城遗址发掘区的时代最早为唐代。在唐代地层下,遍布大小不一的唐代灰沟,说明该遗址在唐代就已经破坏严重。但大量汉、六朝遗物的出土,表明该遗址的时代应该更早。这也可以从墓葬区所体现出的时代性来印证。本次发掘,不仅对于研究古代盱眙,而且对于研究古淮水流域乃至大运河流域的古代经济、政治活动具有重要的价值。

《盱眙项王城遗址年鉴》文字内容并不长①,但信息量十分丰富。首先发掘出土的"以六朝时期的遗物为多",由此断定秦汉时楚都古盱眙"在南北朝时期地位显要,应是当时淮河两岸最重要的城市之一,隋唐时期基本延续了南北朝时期的辉煌"。应该说考古的发现验证了本文的论述。其次,发掘了四座古墓,"时代从秦末至西汉",说明盱眙成为楚国都城后,辉煌达到了顶峰。再次,秦汉时楚都盱眙"在唐代就已经破坏严重。但大量汉、六朝遗物的出土,表明该遗址的时代应该更早"。再次验证了秦汉时楚都盱眙作为汉临淮郡都尉治所和晋临淮郡治所时是水陆交会、商贾云集的都市;"永嘉之乱"后,政治中心迁出,辉煌开始衰落,至唐代城已毁弃。秦汉时楚都盱眙城的盛衰史,说明盱眙地处交通要道,战略地位十分重要,为历代兵家必争之地,屡遭战火毁坏终至废弃。

---

① 《盱眙项王城遗址年鉴》,盱眙博物馆提供,未见公开发表。

第三，隋唐建筑遗址。

2017年夏，盱眙博物馆在陡山之东（盱眙县盱城社区新华村）进行考古发掘（图十五所标考古发掘点），发现古建筑遗存，有皇家建筑所用瓦当等材料。邹厚本等南京博物院专家到场进行指导①，并认为：

> 新华村古建筑遗址是江苏罕见的隋唐时期的建筑基址，可能与古都梁宫遗址有关。②

现在我们考证的结论是盱眙郡城就位于陡山之北滨淮处，假如在郡城东面一公里左右发掘出都梁宫的遗址，那么一切都是顺理成章的结果，不应该有出人意料的感觉。首先，遗址位置处于隋唐时都梁山核心位置；其次，隋时盱眙郡虽然废置，但盱眙县是存在的；再次，汴河入淮口就在陡山对面淮河北岸，都梁宫建在盱眙城附近，既有曲河通淮以泊龙舟，也便利隋炀帝下船即可入宫；当然也方便地方官员接待，利于安全保卫工作的安排；都梁宫建筑靠近县城是再正常不过的选择。

二　工具书的印证

通过前面章节的叙述，比较卫星图片，综合实地考察，已经大致界定盱眙郡城的位置。现在我们再来看相关工具书的说法。

上海辞书版的《中国古今地名大词典》记载：

> 盱台县，古县名。秦置，治今江苏省盱眙县东北盱眙山麓。盱

---

① 据南京博物院主办的《东南文化》2015年第5期刊载的《江苏考古之亲历与展望——邹厚本先生专访》一文，邹厚本生于1963年，江苏苏州人，南京博物院研究馆员。在新石器时代马家浜文化稻田遗迹、江南商周青铜器和周代土墩墓等研究领域卓有建树。

② 《盱眙新华村古建筑遗址勘探验收报告》，盱眙博物馆提供。

眙县，东晋置盱眙郡。东晋义熙七年（411年）移今县东北都梁山麓。隋大业初，境内都梁山上盛产梁香草，炀帝在此置都梁宫，由此盱眙别称"都梁"。①

广东教育版的《中国历史地名大辞典》记载：

> 盱眙县，西汉改盱台县置，治所在今江苏盱眙县东北盱眙山。王莽改名武匡县。东汉复为盱台县。三国魏废。西晋复置，仍名盱眙县。东晋义熙中移治今盱眙县东北都梁山东北麓。②

上海和广东两部词典都明确区分盱眙山麓和都梁山麓，明确说在今盱眙城之东北方向，有盱台和盱眙两个城，明确说盱台在盱眙山麓，盱眙在都梁山麓；明确说盱台是秦汉时楚都，盱眙是晋时设置的盱眙郡城。上海辞书版的《中国古今地名大词典》还透露出都梁山麓的盱眙城与隋炀帝的"都梁宫"相去不远。与上述两部词典说法相符的只有陡山北麓的都梁城。

中国社科版的《中国历史地名大辞典》记盱眙县：

> 西汉改盱台县置，属临淮郡，为都尉治。治所在今江苏盱眙县东北二十五里盱眙山麓。……东汉复改为盱台县。三国废。西晋复置盱眙县，为临淮郡治。东晋义熙七年（411年）移今盱眙县东北五里都梁山东北麓，为盱眙郡治。《宋书·臧质传》：南朝宋元嘉二十八年（451年），北魏太武帝拓跋焘从广陵北还，围攻盱眙，臧质屯兵坚守拒战，魏军大败，焘乃解围北归。盱眙郡：东晋义熙七年（411年）置，属南兖州，治所在盱眙县（今江苏盱眙县东北五里

---

① 戴均良：《中国古今地名大词典》，第1782—1783页。
② 魏嵩山：《中国历史地名大辞典》，第648页。

第六章　锁定盱眙郡城　143

图十九　盱眙郡城位于陡山与长围山之间濒淮处

都梁山东北麓)。辖境相当于今江苏盱眙县地。①

社科版《大辞典》不仅区分了盱眙山麓和都梁山麓,明确说都梁山麓的盱眙郡城就是盱眙保卫战发生的地方,且清晰地说明盱眙郡城距今盱眙城也就是第一山五里。我们以第一山为起点,将目光投向东北五里滨淮处,就是今陡山北麓,二山(长围山)之南。现场勘查:一条小河通向淮河,近年开山采石的痕迹仍在,这是都梁山麓唯一一条既通淮河又

①　史为乐:《中国历史地名大词典》,第 1519—1520 页。

能通航的河流。既然考证结果指向这里,确定这里就是盱眙郡城,那么这条小河就是当年盱眙郡城中的水军通道,当年臧质水军曾于此出淮纵横驰骋。如隋都梁宫在附近的话,这条现在看来再普通不过的小河就应该是当年的"曲河"了,隋炀帝的大龙舟就曾停泊于此。①

三 淮河水位升高对地形的影响

我们知道,明朝以前,淮河正常水位高程起伏变化是较小的。清初由于洪泽湖的形成,淮河因湖水顶托,在入湖口处水位大幅抬升;以至两岸城市及许多村镇与建筑物被淹没,首当其冲的是遭受灭顶之灾的泗州城和明祖陵。盱眙境内淮边大量坡地或低洼沼泽处皆淹没河中,《洪泽湖志》在叙述洪泽湖蓄洪工程影响时记载:

> 洪泽湖蓄水位十二点五米,影响周边面积为七点七六万公顷,其中盱眙县一点八八万公顷。②

一点八八万公顷等于二十八万二千亩。就是说洪泽湖形成后,盱眙县沿湖和沿淮地区有二十八万二千亩土地受到影响。沿湖地区可以筑堤防水,形成圩区;沿淮因行洪的需要,只能放弃,有相当一部分被淹没水底。盱眙城自第一山至下龟山之间,水位抬升多高?受影响多大?需比较分析才能得出结论。

1. 明朝以前淮河水位

明嘉靖年间任总理河道都察院右副都御史的刘天和,在其所著的《问水集》卷六《预处黄河水患疏》中记载,因黄河夺淮影响到明祖陵和皇陵,需制定防范计划,便于嘉靖十三年(1534年)对明祖陵附近的淮

---

① 乐史:《太平寰宇记》卷十六《河南道十六》,第314页。
② 荀德麟:《洪泽湖志》第七篇《水利》,第305页。

河水位作了测量；

> 据丘役王良等量得：自淮河见流水面至岸地，比水高七尺；又自岸地至陵南湖水面，比水亦高七尺；自湖水平面至下马桥边地，高八尺四寸；桥边地至陵门地，高六尺；陵门地至陵地，高一尺七寸，共高二丈三尺一寸。①

按吴承洛《中国度量衡史》的考证②，明朝尺长相当于今三十一点一公分(厘米)，那么二丈三尺一寸等于七点一八四一米。就是说嘉靖年间明祖陵地面比淮河水面高二丈三尺一寸，换算成米，为七点一八四一米。那么明祖陵地面高度是多少？

盱眙县明祖陵文物管理处提供的一幅拍摄于一九七六年明祖陵刚被发现时的图片(图二十)，众石象生还倒在地上，神道还有积水，石础清晰可辨；但堆积的淤泥却不多，可知石象生虽淹没于水下近三百年，地面仍基本保持原来形状；说明其地面标高无有变化或变化极小。

另据《盱眙县水利志》第六章《圩区建设》记载：祖陵圩区地面高程最高海拔为十三点五米，最低海拔为十二米，平均海拔高程约十二点六六米。用十二点六六米减去七点一八四一米，约等于五点四八米。可知在明嘉靖年间，盱眙城附近的淮河水面海拔高度约为五点五米。

2. 现在的淮河水位

一般认为现在的淮河水位是海拔十二点五米。缘于三河闸于一九五三年建成后，洪泽湖具备了蓄水灌溉的条件，因安徽与江苏对蓄水高度意见不一，"一九五四年一月，治淮委员会召集苏皖两省协商，形成

---

① 刘天和：《问水集》，《中国水利珍本丛书》，中国水利学会 1936 年。
② 吴承洛：《中国度量衡史》上编第三章，上海：上海书店，1984 年据商务印书馆 1937 版复印，第 66 页。

图二十　1976年出水的明祖陵神道及石象生

《洪泽湖蓄水位问题研究会纪要》,暂定蓄水位为十二点五米"。①《洪泽湖志》水利篇记载的这段话,就是洪泽湖水位为海拔十二点五米的由来。不过这个十二点五米是正常灌溉水位,夏秋丰水期时,水位会高,冬春季节枯水期时,水位略低。老子山水文站的记录数字表明②,自1954年至1988年,年平均水位超过十三米的年份占百分之八十八以上。"1981年,国务院召开的治淮会议上确定洪泽湖蓄水位由十二点五米抬高到十三点五米,经水利部与安徽、江苏两省商定,近期先抬高到十三米。"③2006年,江苏省政府批复的《江苏省洪泽湖保护规划》第三章第十一条要求:"洪泽湖我省境内蓄水保护范围外边界依据规划蓄水位13.31(13.5)米确定。"④规划实施基准年为2005年。

---

① 荀德麟:《洪泽湖志》第七篇,第291页。
② 荀德麟:《洪泽湖志》第一篇,第74页。
③ 荀德麟:《洪泽湖志》第七篇,第292页。
④ 江苏省人民政府:《关于省管湖泊保护规划的批复》,苏政复[2006]99号。

以上分析表明,明朝以前盱眙附近淮河正常水位海拔高程约五点五米,现今长年保持在海拔十三点五米。据此可知,陡山西、北两面由于水位上涨了约八米,许多地方已湮没于水下,至少前浦、后浦这两个临淮滩地肯定是被淹没了;那么臧质城有多少被湮没了?是全部或是部分?只有等将来的考古结果予以证明。

四　众多疑问迎刃而解

站在陡山上,任目光驰骋(参见附录六图件九),山北麓就是我们寻找的臧质城?北方沿淮,目力所及处就是二山,即一千五百多年前拓跋焘筑长围的地方。东北方不远的地方,就是北魏军造弩台以射城中的台子山?有关台子山,除了《宋书》没有记载外,有记载的史书不少;但吊诡的是这些史书都信誓旦旦地说源自《宋书》,让人哭笑不得。不过从《宋书》等南北朝时的史籍中,没看出弩台的作用,虽有能射城中的弩台,受地形影响,没能发挥威力,也就是威胁不大;这从北魏军攻城三十天,最终采取肉搏登城均无功而返可得出结论。也许正因为弩台的功效不大,以至沈约觉得没必要为此花费笔墨。

我努力想象着那场大战的场景,依稀看到北魏军发起的一次次攻击都没有奏效,最终铩羽城下;依稀看到刘宋士兵在击退敌人后那疲倦中透着侥幸的神色。我仿佛看到沈璞那坚毅的脸色;听到拓跋焘暴怒的斥责声,臧质得意的讪笑声。青山依旧在,淮水仍东流。历经沧桑城头变换大王旗,风云变幻荒野白骨无人怜!

得出这里就是盱眙郡城的结论,原本诸多疑点均迎刃而解。

1. 东山就是城东的山

以陡山北麓盱眙郡城为起点,东南方向三里处即东山主峰(参见图十九)。陡山东南部与东山西北部连接,陡山东部紧接蜿蜒北向的东山北端。魏军没有占领陡山自南向北、居高临下攻城,说明陡山控制在宋军手中。要控制陡山,最好的办法就是筑城墙将陡山围进来并纳入郡城防守体系(参见附录六图件五),要实现这样的目标难度不大,只要在半山腰处筑城墙即可。半山处的城墙既不利于山脚下攻城兵力的展开,更不利于向上仰攻,只需少量部队就可牢牢守住。控制住陡山,还可以将陡山与郡城之间的河流变成城内河,从而保证水军的安全。换一个角度看,控制不住陡山,不仅不能保证水军的安全,也会使郡城南部遭到居高临下的攻击;《宋书》与《资治通鉴》均没有相关记载,可知陡山控制在宋军手中。

近年,盱眙博物馆根据对南宋盱眙城墙遗址的考古发掘,摸清了南宋盱眙城墙的大致走向,并绘成图件,本书将其作为图件五收入附录。据图件可知盱眙城墙北端起于陡山北麓,经陡山东侧向南,再经东山(戚家山)东侧到天台山南侧向西。发掘表明在陡山东侧、东山(戚家山)东侧、天台山东、南侧,城墙遗址都建在半山腰处。或许陡山北、东两侧的城墙遗址就是臧质城城墙旧址。盱眙县博物馆的勘探人员,依据陡山现存城墙遗址走向判断,认为陡山(象山)西、南两侧都建有城墙,且均位于半山腰,可惜已毁于近代开山采石。

陡山上的城墙遗址透露出,沈璞守盱眙时,已将陡山围进城墙之内,陡山既是防守的制高点,也是郡城南翼的屏障。到南宋筑第一山盱眙城时,从某种意义上说,就是在陡山城墙的基础上延长扩大。说其传承于臧质城应毫无疑义。

盱眙郡城守军控制了陡山,北魏军被逼无奈只能取东山土石填东北方向的堑壕来开辟攻道(参见图十九)。元嘉二十七年底,臧质军所守的城南,位置当在陡山之南,应是今雾涧、凤坡岭(第一山北麓)一带向南山中;与盱眙郡城隔着陡山,无法取得联系。

2. 从东北方向攻城是唯一的选择

"开攻道,趣城东北,运东山土石填之。"长期以来,对于北魏军为何仅选择盱眙城东北作为主要攻城方向一直难以理解,现确定郡城位置后再比照一下地形,随即恍然大悟。原来城西是淮河,南是陡山,北面是长围山,兵力难以展开;正东则临陡山北麓,因陡山为臧质军控制,魏军如若靠近必遭受居高临下的攻击,唯有东北方地面开阔,利于展开部队攻城。本该就近从陡山挖掘土石来填平壕堑的,也因不能靠近而放弃,不得不舍近求远从东山运来土石,这样选择实是无奈之举,或者是没有选择的选择。本文在第二章曾提出对甘泉山或圣人山作为东山的质疑,起因就是想不通拓跋焘为何仅选择东北方攻城,就算西面是淮河、北面是遇明河,城南却是开阔地,利于展开兵力;东部是依山缓坡,占领山峰后也有居高临下的优势。说"运东山土石填之",如圣人山是东山,就该直接说从君山运土,大可不必舍军山名称而用方位词"东"来代替。《宋书》《通鉴》及胡注的记载都明确区分了东山与君山,后人没必要再将其混为一谈,之所以要用东山这个带方位的名词,是因为东山本无名,只是位于盱眙郡城东面的一座山而已,既不是甘泉山,也不是圣人山。

3. 水军出击通道在城内

"焘又恐城内水路遁走,乃引大船,欲于君山作浮桥,以绝淮道。城内乘舰逆战,大破之。"初读《宋书》这段话时,笔者曾经想过,既然城在甘泉山下,臧质的水军出入的肯定是遇明河,距君山不足里许,何必要去造桥?为何不用大战船直接封锁出淮口?至此方才明白,城靠陡山,守军可从陡山上居高临下用弓弩、箭矢上绑火把的"火箭"攻击来船①,敌船自然不敢临近河口。宋军水军通道就是紧靠陡山北麓的小河(参见附录六图件九),近年还有运送石子的船通行。这也是第一山至下龟山之间唯一仍在通航的河流,自此河口向北到君山附近,水路距离十余里,臧质水军之所以敢于攻击造浮桥的北魏水军,一是南方军队惯于水战,较之北魏水军,有战术、经验等优势;二是相距不是太远;只是后来北魏水军改用大船,才致使攻击受阻。

另据上一章第四节考证结果,知赤栏浦在盱眙西南二里,又名前浦;现确定盱眙郡城位于陡山北,结合地形地貌分析,前浦的位置应该

---

① 钟立飞:《六朝水军与水战》,《南京史志》1991年第3期,第56—58页。

在曲河入淮口之南,陡山西侧沿淮向南,延至今盱眙淮河大桥南侧现供电公司附近(参见图十五)。或许因淮河水位提高,有些地方已淹没。

4. 长围应是围城工事

《太平御览》引《盱眙图经》曰:

> 长围山周廻四里,在县北七里,上置军营,将士一千人守,至德二年,节度使高适置。按《宋书》云:"元嘉二十七年,宋文帝遣臧质拒魏太武帝,遂于梁山筑长围围城,造浮桥绝水路。"即此,山又改为长围山。①

据《盱眙县志稿》:长围山现叫二山,在陡山之北二里,北有三山、四山。实地观察,此山呈西北—东南走向,与淮河走向几乎平行(参见图二十一),如在此山筑长围,与其说是用于包围盱眙郡城,还不如说是魏军的防御阵地更为确切。拓跋焘攻城时值隆冬,雨雪交加;攻城的部队在东北方向展开,所辟长围能一夜竟合,应该不是修筑城墙,而是构筑用于野战的工事,长围山只是可以利用的一部分而已。从地图上看长围山,可知此山绝不是北魏军堆垒起来的人工建筑;说其是用作魏军攻城指挥机关或士兵聚集地也许更合理些。至于说筑长围是防止臧质逃跑则是无稽之谈;四山北面与甘泉山交界处有一天然山涧,现今叫四山湖(参见附录六图件八),西通淮河,是一天然屏障,只要派兵把守,即难以逾越。拓跋焘乃一代名将,自龟山南下,对地形应有了解,不利用天然地形,反而动用人力物力去筑长围是难以令人信服的。就算长围是用来围城的,那么长围山与陡山之间的距离仅一千米左右,由"长围"之名逆向思考,反过来证明盱眙郡城就在长围附近,否则长围岂不名不符实?受地形的限制,盱眙郡城只能在陡山与长围之间的濒淮处,再考虑到城内有水军进出,而这条水军通道更靠近陡山,所以这座城更靠近陡

---

① 李昉:《太平御览》,第383页。

第六章　锁定盱眙郡城　151

图二十一　几乎与淮河平行的长围山

山才是合理的。这与前面分析郡城城墙将陡山围进城来是一致的。

5. 臧质不可能扎营于城北

前文叙述过，拓跋焘是从龟山附近渡淮，由北向南攻击盱眙的，如果臧质守城北，不论是守长围山(二山)还是其东的天龙山，或者是三山，究其方位都是首当其冲，结果是守东山、前浦的两支部队首先遭到攻击，魏军难道面对臧质军不去攻击，而是绕过去先攻击臧质右后翼的臧澄之、毛熙祚？显然不合情理。臧质部之所以最后受到攻击，是因为其部在盱眙郡城南，其地多山，较为隐蔽所致。胡三省注："《考异》曰：

《宋略》云：'质屯盱眙城北。'今从《宋书》。"（详见第五章第四节所引胡三省注文）

《宋书》是沈约所著，元嘉二十七年，臧质率部与拓跋焘遭遇时，沈约年十岁，随父在盱眙城，对元嘉二十七年底的遭遇战、二十八年初的盱眙城保卫战，可以说都是亲身经历的，也许臧质灌装"溲便"时，小沈约就在身边，因而《臧质传》写得活灵活现，神采飞扬，非身临其境不能为。沈璞善城浚隍时，沈约或曾跟着父亲，或登城远眺，或出城观览景色，对盱眙城周围的环境是了解的，至少盱眙城哪边有高山、哪边是淮河是清楚的，因而在写《宋书》时，不可能将经常玩耍的非常熟悉的东山、前浦等地名写错。

6. 符合《通典》的记载

《太平寰宇记》误将秦汉时楚都盱眙城当成盱眙郡城，因而造成自身记载的矛盾，在记废臧质城时，说其于武德八年被废弃，又记唐太极年间新开直河在县（废臧质城）北，到建中年间又记盱眙县在泗州对面的都梁山，最终难以自圆其说，且给后世带来误解。按《通典》记载的思路：盱眙置郡时，因郡县不同治而在都梁山北麓新建郡城，到南朝宋初盱眙县被废，位于甘泉山西北麓的盱眙县治所功能随之废弃。南朝萧齐初，盱眙县复置并回归盱眙郡时，放弃秦汉时楚都盱眙这个原治所，选择郡县同治。唐初，秦汉时楚都盱眙城废弃，其时设置在盱眙的郡或州几经兴废，但城没受到影响，县治一直存在，一直延续到唐末，至于这个被称作都梁城的盱眙县，是在唐末哪一年或五代十国时哪个阶段被毁弃，一则因缺少史料，难以说清楚；再则即使能说清楚，也不属于本书讨论的范畴了。

结　语

综上所述，盱眙城的演变脉络已十分清晰了：秦汉之际为楚怀王都城的古盱眙城，经考古发掘证实在今甘泉山西北麓，汉时是临淮郡都尉治所，晋时为临淮郡郡治。"永嘉之乱"后，临淮郡辖地失陷，临淮郡及所辖盱眙等县侨立江左。东晋义熙七年（411 年）新设盱眙郡时，盱眙县仍为临淮郡治，并与临淮郡继续侨立江左，因而新设的盱眙郡选择在甘泉山之南、都梁山北麓的陡山旁新筑郡城。到了元嘉二十七年底，臧质率宋军北上救援徐州，在盱眙郡城附近与拓跋焘的魏军遭遇，拉开盱眙保卫战序幕。元嘉二十八年初，没能跨过长江的拓跋焘率军北返途中再攻盱眙，企图夺取盱眙城中的粮食等物资以补军需。臧质与盱眙太守沈璞率三千军士坚守盱眙城，与数十倍于己之敌苦战逾月，击退魏军，创造了魏晋南北朝期间继淝水之战后又一战争史上以少胜多的奇迹。

盱眙保卫战的胜利，成全了臧质的赫赫威名，成就了臧质城的传奇。南朝刘宋与萧齐交替后，于宋初被废的盱眙县得以恢复并归属盱眙郡。但此时盱眙县放弃了原来位于甘泉山西北麓的秦汉时楚都盱眙作为治所，也许侨立至被废已过去一百多年，原治所早已毁坏，从而选择与盱眙郡共治，因而楚都盱眙成为《水经注》中所说的"故城"。其后直到唐初，盱眙郡（州）多次废立，但盱眙县则无有变化。甘泉山西北麓的楚都盱眙，在盱眙县侨立江左后，其城市功能依然存在，直到隋末唐初，经历多次战火，最终毁于武德八年（625 年）。需要强调的是，甘泉山西北麓的楚都盱眙，在"永嘉之乱"至南朝萧齐年间，被废的是治所而不是城市。楚都盱眙作为城市被毁是在唐初。唐初盱眙作为西楚州治所被废后,盱眙郡(州)城成为县城,唐中后期又称都梁城。从义熙七年(411年)起至唐末,既称臧质城又称都梁城的盱眙郡城,存世约五百年。

北宋初年乐史写《太平寰宇记》时,已不能准确描述唐时盱眙县城的位置,甚至将甘泉山西北麓的楚都盱眙和都梁城相混淆,可知都梁城被废的时间当在唐末至五代十国前期,至少距宋朝建立有相当长一段时间,这段时间的长度足够让人记忆模糊,让遗迹荡然无存,至乐史写《寰宇记》时,已无法确定其准确位置。

附录一：有关文献记载的盱眙保卫战

一 《宋书》

①《宋书》卷五《本纪第五》：

> 十二月戊午，内外纂严。乙丑，冗从仆射胡崇之、太子积弩将军臧澄之、建威将军毛熙祚于盱眙与虏战败，并见杀。庚午，虏伪主率大众至瓜步。壬午，内外戒严。二十八年春正月丙戌朔，以寇逼不朝会。丁亥，索虏自瓜步退走。丁酉（疑有误），攻围盱眙城。是月，宁朔将军王玄谟自碻磝退还历下。二月丙辰，索虏自盱眙奔走。

②《宋书》卷七十四《臧质传》：

> 虏侵徐、豫，拓跋焘率大众数十万遂向彭城，以质为辅国将军、假节、置佐，率万人北救。始至盱眙，焘已过淮，冗从仆射胡崇之领质府司马，崇之副太子积弩将军臧澄之、建威将军毛熙祚亦受统于质。盱眙城东有高山，质虑虏据之，使崇之、澄之二军营于山上，质营城南。虏攻崇之、澄之二营，崇之等力战不敌，众散，并为虏所杀。虏又攻熙祚，熙祚所领悉北府精兵，幢主李灌率厉将士，杀贼甚多。队主周胤之、外监杨方生又率射贼，贼垂退，会熙祚被创死，军遂散乱。其日质案兵不敢救，故三营一时覆没……

三营既败，其夕质军亦奔散，弃辎重器甲，单士百人投盱眙。盱眙太守沈璞完为守战之备，城内有实力三千，质大喜，因共守。虏初南出，后无资粮，唯以百姓为命。及过淮，食平越、石鳖二屯谷，至是抄掠无所，人马饥困，闻盱眙有积粟，欲以为归路之资。既破崇之等，一攻城不拔，便引众南向。城内增修守备，莫不完严。

　　二十八年正月初，焘自广陵北返，便悉力攻盱眙，就质求酒，质封溲便与之。焘怒甚，筑长围，一夜便合，开攻道，趣城东北，运东山土石填之。虏又恐城内水路遁走，乃引大船，欲于君山作浮桥，以绝淮道。城内乘舰逆战，大破之。明旦，贼更方舫为桁，桁上各严兵自卫。城内更击不能禁，遂于君山立桁，水陆路并断。

　　焘与质书曰："吾今所遣斗兵，尽非我国人，城东北是丁零与胡，南是三秦氐、羌。设使丁零死者，正可减常山、赵郡贼；胡死，正减并州贼；氐、羌死，正减关中贼。卿若杀丁零、胡，无不利。"质答书曰："省示，具悉奸怀。尔自恃四脚，屡犯国疆，诸如此事，不可具说。王玄谟退于东，梁坦散于西，尔谓何以不闻童谣言邪：'虏马饮江水，佛狸死卯年。'此期未至，以二军开饮江之径尔，冥期使然，非复人事。寡人受命相灭，期之白登，师行未远，尔自送死，岂容复令生全，缘有桑乾哉！但尔住攻此城，假令寡人不能杀尔，尔由我而死。尔若有幸，得为乱兵所杀。尔若不幸，则生相镙缚，载以一驴，直送都市。我本不图全，若天地无灵，力屈于尔，斋之粉之，屠之裂之，如此未足谢本朝。尔识智及众力，岂能胜苻坚邪！顷年展尔陆梁者，是尔未饮江，太岁未卯年故尔。斛兰昔深入彭城，值少日雨，只马不返，尔岂忆邪？即时春雨已降，四方大众，始就云集，尔但安意攻城莫走。粮食缺乏者告之，当出廪相饴。得所送剑刀，欲令我挥之尔身邪！甚苦，人附反，各自努力，无烦多云。"是时虏中童谣曰："轺车北来如穿雉，不意虏马饮江水。虏主北归石济死，虏欲渡江天不徙。"故质答引之。

　　焘大怒，乃作铁床，于其上施铁镵，云破城得质，当坐之此上。

质又与虏众书曰:"示语房中诸士庶:狸伐见与书如别,尔等正朔之民,何为力自取如此。大丈夫岂可不知转祸为福邪!今写台格如别书,自思之。"时购斩焘封开国县侯,食邑一万户,赐布绢各万匹。

　　房以钩车钩垣楼,城内系以驱緪,数百人叫唤引之,车不能退。既夜,以木桶盛人,悬出城外,截其钩获之。明日,又以冲车攻城,城土坚密,每至,颓落不过数升。虏乃肉薄登城,分番相代,坠而复升,莫有退者,杀伤万计,虏死者与城平。又射杀高梁王。如此三旬,死者过半。焘闻彭城断其归路,京邑遣水军自海入淮,且疾疫死者甚众。二月二日,乃解围遁走。

　　上嘉质功,以为使持节、监雍、梁、南北秦四州诸军事、冠军将军、宁蛮校尉、雍州刺史,封开国子,食邑五百户。

③《宋书》卷九十五《索虏传》:

　　焘自彭城南出,十二月,于盱眙渡淮,破胡崇之等军。留尚书韩元兴数千人守盱眙,自率大众南向,中书郎鲁秀出广陵,高梁王阿斗泥出山阳,永昌王于寿阳出横江。凡所经过,莫不残害。

　　虏以海陵多陂泽,不敢往。山阳太守萧僧珍亦敛居民及流奔百姓,悉入城。台送粮仗给盱眙,贼逼,分留山阳。又有数万人攻具,当往滑台,亦留付郡。城内垂万家,战士五千余人。有白米陂,去郡数里,僧珍逆下诸处水,注令满,须贼至,决以灌之。虏既至,不敢停,引去。自广陵还,因攻盱眙,尽锐攻城,三十日不能克,乃烧攻具退走。焘凡破南兖、徐、兖、豫、青、冀六州,杀略不可称计,而其士马死伤过半,国人并尤之。

④《宋书》卷一百《沈约自序》:

　　俄迁宣威将军、盱眙太守。时王师北伐,彭、汴无虞。璞以强寇对阵,事未可测,郡首淮隅,道当冲要,乃修城垒,浚重隍,聚材石,积盐米,为不可胜之算。众咸不同,朝旨亦谓为过。俄而贼大越逸,索房大帅托跋焘自率步骑数十万,陵践六州,京邑为之骚惧,百守千城,莫不奔骇。腹心劝璞还京师,璞曰:"若贼大众,不盼小城,故无所惧。若肉薄来攻,则成禽也。诸君何尝见数十万人聚在一处,而不败者。昆阳、合淝,前事之明验。此是吾报国之秋,诸君封侯之日。"众既见璞神色不异,老幼在焉,人情乃定。收集得二千精手,谓诸将曰:"足矣。但恐贼不过尔。"贼既济淮,诸军将帅毛熙祚、胡崇之、臧澄之等,为房所覆,无不殄尽,唯辅国将军臧质挺身走,收散卒千余人来向城。众谓璞曰:"若不攻则无所事众,若其来也,城中止可容见力尔,地狭人多,鲜不为患。且敌众我寡,人所共知,虽云攻守不同,故当粗量强弱,知难而退,亦用兵之要。若以今众法能退敌完城者,则全功不在我,若宜避贼归都,会资舟楫,则更相蹂践,正足为患。今闭门勿受,不亦可乎!"璞叹曰:"不然。贼不能登城,为诸君保之。舟楫之计,固已久息。贼之残害,古今之未有,屠剥之刑,众所共见,其中有福者,不过得驱还北国作奴婢尔。彼虽乌合,宁不惮此耶!所谓'同舟而济,胡、越不患异心'也。今人多则退速,人少则退迟,吾宁欲专功缓贼乎!"乃命开门纳质。质见城隍阻固,人情辑和,鲑米丰盛,器械山积,大喜,众皆称万岁。及贼至,四面蚁集攻城,璞与质随宜应拒,攻守三旬,殄其太半,焘乃遁走。有议欲追之者,璞曰:"今兵士不多,又非素附,虽固守有余未可以言战也。但可整舟舻,示若欲渡岸者,以速其走计,不须实行。"咸以为然。

臧质以璞城主,使自上露板。璞性谦虚,推功于质。既不自上,质露板亦不及焉。太祖嘉璞功效,遣中使深相褒美。太祖又别诏曰:"近者险急,老弱殊当忧迫耶。念卿尔时,难为心想。百姓流转已还,此遣部运寻至,委卿量所赡济也。"始兴王浚亦与璞书曰:"狡房狂凶,自送近服,伪将即毙,酋长伤残,实天威所丧,卿诸人忠勇之效也。吾式遏无素,致境芜民瘠,负乘之愧,允当其责。近乞退谢愆,不蒙垂许,故以报卿。"

二 《南齐书》

《南齐书》卷一《高帝本纪上》:

> 太祖以元嘉四年丁卯岁生。……初为左军中兵参军。二十七年,索虏围汝南戍主陈宪,台遣宁朔将军臧质、安蛮司马刘康祖救之,文帝使太祖宣旨,授节度。闻虏主拓跋焘向彭城,质等回军救援,至盱眙,太祖与质别军主胡宗之等五军,步骑数千人前驱,焘已潜过淮,卒相遇于莞山下,合战败绩,缘淮奔退,宗之等皆陷没。太祖还就质固守,为虏所攻围,甚危急,事宁,还京师。

三 《魏书》

《魏书》卷四上《世祖太武帝上》:

> 壬子,次于彭城,遂趋盱眙。颎盾国献师子一。十有二月丁卯,车驾至淮。诏刈藋苇,泛筏数万而济。义隆盱眙守将臧质闭门拒守。将军胡崇之等率众二万援盱眙。燕王谭大破之,枭崇之等,斩首万余级,淮南皆降。

四 《南史》

《南史》卷十八《臧质传》:

后太武率大众数十万向彭城,以质为辅国将军北救。始至盱眙,太武已过淮。二十八年正月,太武自广陵北返,悉力攻盱眙,就质求酒。质封溲便与之,太武怒甚,筑长围一夜便合。质报太武书云:"尔不闻童谣言邪?虏马饮江水,佛狸死卯年。冥期使然,非复人事。寡人受命相灭,期之白登,师行未远,尔自送死,岂容复令尔缒有桑乾哉。假令寡人不能杀尔,尔由我而死。尔若有幸,得为乱兵所杀;尔若不幸,则生相锁缚,载以一驴,负送都市。尔识智及众,岂能胜苻坚邪?顷年展尔陆梁者,是尔未饮江太岁未卯故耳。"时魏地童谣曰:"轺车北来如穿雉,不意虏马饮江水。虏主北归石济死,虏欲度江天不徙。"故答书引之。太武大怒,乃作铁床,于上施铁镵,云"破城得质,当坐之此上"。质又与魏军书,写台格购斩太武封万户侯,赐布绢各万匹。

魏以钩车钩垣楼,城内系絚,数百人叫呼引之,车不能退。质夜以木桶盛人,县(悬)出城外,截其钩获之。明日又以冲车攻城,土坚密,每至,颓落下不过数斗。魏军乃肉薄登城,坠而复升,莫有退者。杀伤万计,死者与城平。如此三旬,死者过半,太武乃解围而归。上嘉质功,以为宁蛮校尉、雍州刺史、监四州诸军事。

五 《北史》

《北史》卷二《魏本记第二》记太武帝拓跋焘:

十二月丁卯,车驾至淮。诏刘蘬苇作筏数万而济,淮南皆降。癸未,车驾临江,起行宫于瓜步山。诸军同日皆临江,所过城邑,莫不望尘奔溃,其降附者不可胜数。甲申,宋文帝使献百牢,贡其方物,又请进女于皇孙,以求和好。帝以师婚非礼,许和而不许婚,使散骑侍郎夏侯野报之。帝诏皇孙为书,致马通问焉。

正平元年春正月丙戌朔,大会郡臣于江上,文武受爵者二百余人。丁亥,车驾北旋。二月癸未,次于鲁口。皇太子朝于行宫。

六 《资治通鉴》

①《资治通鉴》卷一百二十五《宋纪七》:

魏主攻彭城,不克。十二月,丙辰朔,引兵南下,使中书郎鲁秀出广陵,高凉王那出山阳,永昌王仁出横江,所过无不残灭,城邑皆望风奔溃。戊午,建康纂严。己未,魏兵至淮上。

上使辅国将军臧质将万人救彭城,至盱眙,魏主已过淮。质使冗从仆射胡崇之、积弩将军臧澄之营东山,建威将军毛熙祚据前浦,质营于城南。乙丑,魏燕王谭攻崇之等,三营皆败没,质按兵不敢救。澄之,焘之孙;熙祚,修之之兄子也。是夕,质军亦溃,质弃辎重器械,单将七百人赴城。

初,盱眙太守沈璞到官,王玄谟犹在滑台,江淮无警。璞以郡当冲要,乃缮城浚隍,积财谷,储矢石,为城守之备。僚属皆非之,朝廷亦以为过。及魏兵南向,守宰多弃城走。或劝璞宜还建康,璞曰:"虏若以城小不顾,夫复何惧! 若肉薄来攻,此乃吾报国之秋,诸君封侯之日也,奈何去之! 诸君尝见数十万人聚于小城之下而不败者乎? 昆阳、合肥,前事之明验也。"众心稍定。璞收集得二千精兵,曰:"足矣。"乃臧质向城,众谓璞曰:"虏若不攻城,则无所事众;若其攻城,则城中止可容见力耳,地狭人多,鲜不为患。且敌众我寡,人所共知。若以质众能退敌完城者,则全功不在我;若避罪归都,会资舟楫,必更相踩践。正足为患,不若闭门勿受。"璞叹曰:"虏必不能登城,敢为诸君保之。舟楫之计,固已久息。虏之残害,古今未有,屠剥之苦,众所共见,其中幸者,不过驱还北国作奴婢耳。彼虽乌合,宁不惮此邪!所谓'同舟而济,胡、越一心'者也。今兵多则虏退速,少则退缓。吾宁可欲专功而留虏乎!"乃开门纳质。质见城中丰实,大喜,众皆称万岁;因与璞共守。

魏人之南寇也,不赍粮用,唯以抄掠为资。及过淮,民多窜匿,抄掠无所得,人马饥乏;闻盱眙有积粟,欲以为北归之资。既破崇之等,一攻城不拔,即留其将韩元兴以数千人守盱眙,自帅大众南向。由是盱眙得益完守备。

② 《资治通鉴》卷一百二十六《宋纪八》:

春,正月,丙戌朔,魏主大会群臣于瓜步山上,班爵行赏有差。魏人缘江举火;太子左卫率尹弘言于上曰:"六夷如此,必走。"丁亥,魏掠居民,焚庐舍而去。

初,上闻魏将入寇,命广陵太守刘怀之逆烧城府、船乘,尽帅其民渡江。山阳太守萧僧珍悉敛其民入城,台送粮仗诣盱眙及滑台者,以路不通,皆留山阳;蓄陂水令满,须魏人至,决以灌之。魏人过山阳,不敢留,因攻盱眙。

魏主就臧质求酒,质封溲便与之;魏主怒,筑长围,一夕而合;运东山土石以填堑,作浮桥于君山,绝水陆道。魏主遗质书曰:"吾今所遣斗兵,尽非我国人,城东北是丁零与胡,南是氐、羌。设使丁零死,正可减常山、赵郡贼;胡死,减并州贼;氐、羌死,减关中贼。卿若杀之,无所不利。"质复书曰:"省示,具悉奸怀。尔自恃四足,屡犯边。王玄谟退于东,申坦散于西,尔知其所以然邪?尔独不闻童谣之言乎?盖卯年未至,故以二军开饮江之路耳;冥期使然,非复人事。寡人受命相灭,期之白登,师行未远。尔自送死,岂容复令尔生全,缱有桑乾哉!尔有幸得为乱兵所杀,不幸则生相锁缚,载以一驴,直送都市耳。我本不图全,若天地无灵,力屈于尔,斋之、粉之、屠之、裂之,犹未足以谢本朝。尔智识及众力,岂能胜苻坚邪！今春雨已降,兵方四集,尔但安意攻城,勿遽走！粮食乏者可见语,当出廪相贻。得所送剑刃,欲令我挥之尔身邪？"魏主大怒,作铁床,于其上施铁镵,曰："破城得质,当坐之此上。"质又与魏众书曰："尔语房中诸士庶：佛狸所与书,相待如此。尔等正朔之民,何为自取糜灭,岂可不知转祸为福邪！"并写台格以与之云："斩佛狸首,封万户侯,赐布、绢各万匹。"

魏人以钩车钩城楼,城内系以彄緪,数百人叫呼引之,车不能退。既夜,缒桶悬卒出,截其钩,获之。明旦,又以冲车攻城,城土坚密,每至,颓落不过数升。魏人乃肉薄登城,分番相代,坠而复升,莫有退者,杀伤万计,尸与城平。凡攻之三旬,不拔。会魏军中多疾疫,或告以建康遣水军自海入淮,又敕彭城断其归路；二月,丙辰朔,魏主烧攻具退走。盱眙人欲追之,沈璞曰："今兵不多,虽可固守,不可出战,但整舟楫,示若欲北渡者：以速其走,计不须实行也。"

臧质以璞城主,使之上露版,璞固辞,归功于质。上闻,益嘉之。

七 《中国历代战争史》

《中国历代战争史》第六册第五节：

魏太武帝至彭城,乃立毡房于戏马台（彭城城南）,以望城中。义恭命闭门绝桥以守之。魏军攻之,不能克。太武帝乃于十二月初一挥军南下,使中书郎鲁秀出广陵（今江都县）,高凉王那出山阳（今淮阴县）,永昌王仁出横江（今安徽省和县东南）,军皆留辎重疾驰,宋城邑皆望风奔溃,所过无不残灭。初三日建康戒严,初四日魏军至淮上。当彭城被围时,文帝一面命广陵太守刘怀之尽烧城府车船,率民渡江,又命山阳太守萧僧珍悉敛民入城,蓄陂水以备魏军至,决而淹之。一面遣辅国将军臧质将二万人往救之,始至盱眙,魏太武帝已苇筏数万浮水渡淮,质乃遣冗从仆射胡崇之,积弩将军臧澄之,营于东山,建威将军毛熙祚据前浦(皆在盱眙城附近),质自率本军营于城南,准备迎战。初十日魏燕王谭攻崇之等三营,皆破灭之。质按兵不敢救,是夕质军亦溃,质弃辎重器械,只将七百人奔盱眙城。是时盱眙太守沈璞,已善城浚隍,积财谷,储矢石,守备甚固。时有劝璞弃城还建康及拒质入城者。璞乃鼓舞其众曰:"虏若以城小不顾,夫复何惧?若肉搏来攻,此乃吾报国之秋,诸君封侯之日也,奈何去之?诸君尝见数十万人聚于小城之下而不败者乎?昆阳、合肥,前事之明验也。"众心稍定。璞随收集二千精兵守城,再激励其众曰:"虏必不能登城,敢为诸君保之。舟楫之计,固已久息。虏之残害,古今未有,屠剥之苦,众所共见,其中幸者,不过驱还北国,作奴婢耳。彼虽乌合,宁不惮此耶?所谓同舟共济,胡越一心者也。今兵多则虏退速,少则退缓,吾宁可欲专功而留虏乎?"乃纳质入城。

魏帝至盱眙,遣人就臧质求酒,质封溲便与之。魏帝怒,筑长围,一夕而合,运东山土石以填堑,作浮桥于君山(今盱眙县北七里),绝水陆道,以攻城。魏帝并遣质书曰:"吾今所遣斗兵,尽非我国人,城东北是丁零与胡,南是氐羌。设使丁零死,正可灭常山赵郡贼,胡死灭并州贼,氐羌死灭关中贼,卿若杀之,无所不利。"臧质乃与书丁零等,揭露魏帝上述阴谋,并写赏格与之云:"斩佛狸首,封万户侯,赐布绢各万匹"。魏军以钩车钩城楼,城内系以大索,数百人叫呼引之以护楼。魏复以冲车攻城,城土坚密,不能破。魏军乃更肉搏登城,分番相代,坠而复升,莫有退者,杀伤万计,尸与城平。凡攻之三旬。不拔。会春雨已降,魏军多疾疫。或有告魏军者云:建康遣水军入淮,又敕彭城断其归路。二月二日,魏帝遂烧攻具退军。

附录二：晋之前盱眙沿革

因盱眙保卫战发生在南北朝刘宋时期，为了配合读者了解盱眙的历史发展脉络，特将晋以前的盱眙沿革列入附录，供爱好者参考。

周朝之前，盱眙的归属史无记载。1954年在境内下草湾发现了距今四—五万年人类右侧股骨上半段化石，据此推定在晚更新世（约十二万六千年至一万年前）后期，盱眙境内就有先民活动。因地处淮河岸边，应该曾是淮夷的一部分。又因在淮河北岸不远处有古徐国，推测境内或许曾经属徐国的势力范围。

盱眙作为地名最早出现在周朝时期鲁国的国史《春秋》中时，称善道或善稻，属吴国。入楚后称盱台，秦始皇统一后置盱台县，《史记集解》记盱台："音煦怡。"汉初仍称盱台，汉武帝元狩六年后改称盱眙，音同盱台；东汉又改称盱台，晋又恢复为盱眙；隋以后别称都梁。从善道的出现到盱眙的最终确定，经历了近千年时间和至少四次变化反复，可谓是浓缩着沧桑岁月的漫长的历史演变过程。

一　春秋时的善道

中华书局1981年出版，杨伯峻先生编著的《春秋左传注》记载，襄公五年（前568年）："仲孙蔑、卫孙林父会吴于善道。"意思就是：鲁国的仲孙蔑和卫国的孙林父在善道这个地方与吴国人会见。该书注释"善道"在今江苏盱眙县北，其指向应是考古证明了的位于甘泉山西北麓的秦汉古盱眙城。

这是目前能见到的中国史书上第一次出现有关盱眙的记载，是盱胎这块古老的土地以善道的名义第一次登上历史舞台。因此,我们有必要在弄清善道的来历之前,先了解一下和善道一起出场的仲孙蔑和孙林父这两个人。据资料,仲孙蔑是鲁国大夫,公孙敖之孙,孟文伯之子,是鲁国孟孙氏第五代宗主,名蔑,世称仲孙蔑,因谥号"献",又称孟献子。是鲁国宣公、成公、襄公三代权臣,从公元前六百年初登政治舞台起,到公元前五五四年去世止,一生政治活动频繁。孙林父是卫国卿大夫,姬姓,孙氏,名林父,谥号为"文",故史料中多称为孙文子。孟献子、孙文子因陪同善道一起登上历史舞台,从而和善道紧密连在一起,被盱眙人民牢牢记住。

对于鲁、卫与吴相会的原因,《春秋左传》记载:"吴子使寿越如晋,辞不会于鸡泽之故,且请听诸侯之好。晋人将为之合诸侯,使鲁、卫先会吴,且告会期。故孟献子、孙文子会吴于善道。"翻译成现代汉语就是:吴王寿梦派寿越去晋国,解释没参加鸡泽会盟的缘故,同时请求听从命令与诸侯交好。晋国人准备为此再次会盟诸侯,派鲁、卫二国先行和吴国相会,并通告会盟日期。所以鲁国的孟献子、卫国的孙文子受晋悼公所派,与吴人在善道相见。

晋朝人范宁在对《春秋谷梁传》集解中说:"善稻吴地,《左氏》作善道。"可知善道等同于善稻,这个地方属于吴国。查《春秋谷梁传》,《经》曰:"仲孙蔑、卫孙林父会吴于善稻。"《传》曰:"吴谓善伊,谓稻缓,号从中国,名从主人。"前半句的意思是:根据吴国的方言,"善"音读"伊","稻"音读"缓";"善稻"这个地方被叫作"伊缓"。另,《春秋公羊传》所载与《春秋谷梁传》同。《资治通鉴》卷八《秦纪三》中,胡三省注"盱眙"曰:"阮胜之《南兖州记》:盱眙,本春秋善道地。"清著名学者、翰林院侍读学士高士奇在《春秋地名考略》"善道"条目下引阮胜之《南兖州记》云:"盱眙本吴善道也。"《大明一统志》、光绪《安徽通志》、清康熙《盱眙县志》、光绪《盱眙县志稿》也有相似说法。这就将善道(善稻)与盱眙直接联系起来了。不过阮胜之没见史载,《南兖州记》亦未见成书,应该是名与书都佚失了。《宋志》记(南)兖州为晋成帝(326—342年)立,寄治京口

（镇江），宋文帝元嘉八年（431年），割江淮间为南兖州境，治广陵；所辖11郡中，盱眙郡为其一。元嘉二十八年至三十年间，南兖州还曾徙治盱眙。南朝梁初盱眙归北魏，属淮州，南兖州亦北移治谯城。据南兖州在江淮间存在的时间推测，再依据《南兖州记》内容判断，阮胜之应是南朝梁以前人。由此可知早在南朝梁之前就有人将善道（善稻）与盱眙画等号了。《太平御览》记载：又阮昇（胜）之记云：都梁山通锺离郡，广袤甚远，出桔梗、芫花等药。虽没有关于"盱眙本吴善道"的记载，但间接证明了阮胜之的存在。高士奇曾任《大清一统志》副总裁官，他或许没见过原本《南兖州记》，但应该见过相关摘录或引用的资料。《大清一统志》说："盱眙故城在今县东北。春秋时吴善道邑。"显然与高士奇的说法一致。由此可知《春秋左传》《春秋公羊传》《春秋谷梁传》三书虽有"善道"与"善稻"之别，但其音可通，其地也都是指江苏盱眙。换一种说法，就是盱眙在春秋时属吴国，地名叫作"善道"或"善稻"。

南宋王象之认为第一个认定"善道"是盱眙的人是唐朝李吉甫。他在所著的《舆地纪胜》中说，李吉甫在《元和郡县图志》楚州盱眙条目下记："本春秋善道地，襄公五年会吴处也。"可惜的是现存的《元和郡县图志》有缺失，其中就包括第二十四卷淮南道。据清著名藏书家、目录学家、曾任代山东布政使的孙星衍说，好友严文学曾作补志；后来江阴缪荃孙将补志校辑附后。在《元和郡县图志》阙卷逸文《卷二》盱眙县条下，缪荃孙注道："《补志》无此县。"因此根据《舆地纪胜》引《元和郡县图志》及《通典》的说法，将盱眙并入楚州条下，并据此补录。可见严文学的《补志》中没有盱眙，缪荃孙依据《舆地纪胜》中的引文补录了盱眙。补录中仅记"军山""都梁山""洪泽浦"三条目。没有关于盱眙"本春秋善道地，襄公五年会吴处也"等记载。那么王象之何以断言"然以善道为盱眙他书无所经见"？合理的解释就是王象之在辞官著述时，参考了李吉甫《元和郡县图志》的原本，而早于《元和郡县图志》二百多年的《南兖州记》已经佚失，也可能传世不广，王象之应该没有见到，否则不应说"他书无所经见"。后来《元和郡县图志》原本中"淮南道"整卷缺失，记载盱眙的内容恰好被《舆地纪胜》记载下来。胡三省《资治通鉴注》迟于《舆地纪胜》约五十年,但说法相同,是否存在借鉴不得而知,加上《春秋地名考略》一书的引用和安徽、泗州、盱眙等地方志的转载,从而使"盱眙就是春秋善道地"之说得以保存,真是天佑盱眙,幸甚幸甚!

二　吴邑秦县

善道相会时,吴国人是东道主,可知善道属吴国。鲁襄公五年是公元前五百六十八年,选择在善道接待来使,可知善道已是具有相当规模的城邑,由此推断善道筑城置邑的时间应该更早。据《江苏建置志》记载,先秦时期,吴国先后在境内筑城置邑,其中记载的城邑有十个,善道是其中之一,且置邑年代最早。其他九个城邑罗列如下:

延陵邑,今常州市区,吴王馀祭元年(前 547 年)赐予季札的封邑;

淹城,今武进湖塘镇境内,相传为季札所筑;

朱方县,今镇江丹徒镇,吴王馀祭三年(前 545 年)赐予庆封的采邑;

濑渚邑,今高淳固城镇附近,吴王馀眛三年(前 541 年)置;

平陵邑,今溧阳南渡镇旧县村南,吴王馀眛四年(前 540 年)置;

阖闾城(今苏州市区)、南武城(今昆山西北武城村),皆为吴王阖闾(前 514—前 496 在位)所筑;

邗城,今扬州西北蜀冈,约吴王夫差十年(前 486 年)筑;

云阳邑,今丹阳市云阳镇,春秋后期置。

如果我们以鲁襄公五年(前 568 年)为善道邑设置元年,其出现在史书上的时间均早于上列其他九个城邑,可知善道是吴国设置最早的城邑之一。在江淮之间,善道会盟后八十二年,吴王夫差才筑邗城,凿邗沟。归属楚国的堂邑,按《江苏建置志》记载,至迟楚康王元年(前 559 年)已置,略迟于善道。据此可以说,善道是今江苏境内江淮之间最早的城邑。

再从地理位置上看,善道邑地处吴国最北端;在邗城筑成之前,善道邑是吴国唯一在长江以北、江淮之间的城邑。接待从北方鲁国、卫国来的使者,选择善道邑最为便捷,可避免双方长途奔波延费时间(参见附录六图件一)。

善道在春秋时是吴国城邑,吴国灭亡后属越,越国灭亡后属楚。南朝梁陈间官员、文字训诂学家、史学家顾野王编纂的《舆地志》认为盱眙是"六国时楚邑"。宋祝穆《方舆胜览》记盱眙:"春秋时为吴善道之地,后属楚。战国时,楚始为县。"其实顾野王说的"邑"和祝穆说的"县",究其城市的功能基本上是一回事,其最大的区别在于,县(郡)的设置是以官僚组织代替封建世袭,标志着地方行政制度的设立和施行。严耕望先生在《中国地方行政制度史》一书中认为:"公元前六世记初叶,县之制或已推行颇为普遍矣。下讫战国,县之名极为常见,更不待言。"据此可知,春秋末期时的善道邑,应该已具有县的功能,或许已有县的雏形。史界普遍认为,战国时的楚国皆称县为邑,就此而言,善道邑在入楚后成为县应是顺理成章。

秦始皇统一后,罢止分封采邑之制,严格推行郡县制,盱台即于此时置县,先属薛郡,约在秦始皇三十三年(前214年)划属东海郡管辖。对盱眙是否秦时置县,后世史料记载有两种说法。一种是确认盱眙是秦置县,如《太平寰宇记》记盱眙"本秦旧县地也";《读史方舆纪要》记:"秦为盱眙县";《大清一统志》载:"秦置盱眙县";清光绪《重修安徽通志》云盱眙:"本秦县";高士奇在《春秋地名考略》说:"秦置盱眙县。"明清以来盱眙当地编撰的《志书》及泗州编撰的《志书》皆持秦置县说。

另一种则认为盱眙在汉代建县,如《元和郡县图志》,王象之在《舆地纪胜》中引《元和郡县图志》文,说盱眙为"汉置县"。唐代政治家、史学家杜佑所撰《通典》则记盱眙是"至汉,以为县"。《大明一统志》记盱眙:"春秋时为吴善道地,汉置盱眙县属临淮郡。"

对于这两种说法,笔者认为其实说的是一回事;因为盱眙在秦时称"盱台",汉时改为"盱眙"。因而秦时置的是"盱台县",而汉置的是"盱胎县",这明明白白的都记载在《史记》《汉书》上,将"盱台"与"盱眙"区别开来也是无可厚非的。也许我们从《史记》刘、项两本纪中可以看出点端倪。《史记》卷七《项羽本纪》载:"陈婴为楚上柱国,封五县,与怀王都盱台。"《史记》卷八《高祖本纪》载:"闻陈王定死,因立楚后怀王孙心为楚王,治盱台。"前者说"都盱台",后者说"治盱台","都"字和"治"字肯定是有区别的,司马迁为何对同一件事,在不同的本纪中用不同的词,其原因不是本文探讨的目的。仅就"都"和"治"两个字义来理解:"都"是都城,一国之都,盱台已是国都了,那么可以肯定建都前的盱台非郡即县。"治"是指治所,秦汉之际称治所的地方,或者是县,或者是郡,二者必居其一。据《史记》卷六《秦始皇本纪》,秦始皇设三十六郡中没有盱台,可知盱台在秦不是郡,那么只能是县。《汉书》记汉初盱眙置县,那么在汉之前的盱台被司马迁称为"治",说其是县也是不应该怀疑的。其实答案就在"治盱台"后面的注解,《索隐》韦昭云:"临淮县。音吁夷。"《正义》:"楚县也。"《正义》的注解则为盱眙是战国时楚县又提供了一条有力证据。

话再说回来,既然在襄公五年(前568年)时,吴国选择在善道与鲁国和卫国的使者相会,说明善道这个地方绝不是穷乡僻壤,而是一座交通发达、有一定人口规模的城邑,至少有会谈的场所和方便食宿的馆舍;否则作为东道主的吴国官员怎么接待来自上国的使臣?

要证明"善道"并非浪得虚名,还有两件事不得不提。

一是吴国延陵公子季札多次出访北方诸侯国,善道则是必经之路。在盱眙淮河对岸的徐国留下赠剑徐君的佳话。近年在盱眙城南出土一件春秋时期吴国重器,专家命名为"吴季生匜",属国家一级文物。匜,乃是古代的盥洗器;季生匜,就是季生盥洗双手而用的注水器。虽然没有证据证明季生就是季札,但从持有贵族礼器的使用者身份来看,证明季生也是贵族。这说明贵族成员包括延陵公子季札不仅路过善道,也在善道停留住宿;这至少表明盱眙在名为善道的春秋晚期,馆舍就有接待王室成员的能力。

二是清著名藏书家徐时栋撰写的《徐偃王志》载:"防山以水我。己卯,国亡。"据顾炎武考证,防山就是盱眙陡山。公元前五一二年,吴王阖闾在盱眙防山(陡山)旁的淮河上筑堤,逼淮水上涨灌淹徐城,最终灭徐国。可以想象到,当年的阖闾率大军亲临善道,可知善道至少是一个有相当规模的城邑。加上战国时的陈璋圆壶也是在距吴季生匜不远处出土的,说明行走善道的不仅有商贾,还有官员,更有军队;足以证明善道是一条既繁忙又繁荣的通衢大道。

王象之是支持前一种说法的,他在《舆地纪胜》中说得非常直接:"谨按楚怀王初立都盱台,既为国都则是秦县。"可以说楚怀王的都城选在秦时所置县邑已是最低要求了,如再降低一点恐怕就要到村庄农舍去了。所以说作为都城的盱台是秦时置县有相当高的可信度。王象之的说法是合理的,项梁立楚怀王不可能选择乡村去新建都城,至少那时盱眙不比东阳县差,否则何不立怀王都东阳?据考古资料记载,东阳古城周围七里,面积达一点五平方公里;比较盱眙和东阳两地,基本条件应该近似,但盱眙地理位置更占优势才被定为都城。再说盱眙古称"善道",其交通必定顺畅,又称"善稻"可知田稻丰饶,既是楚邑秦县,又依山傍水,地理优越,被选作都城的条件是具备的。

三 从善道到盱台

秦设置盱台县,盱台这个名称显然是从善道或善稻演变而来。那么善道从什么时候演变为盱台的呢?说老实话到目前为止,无论是文字记载还是考古发掘,均没有相关发现,即使片言只语也没有。但我们可以从几本志书的记载中得到启示。

明万历《帝里盱眙县志》载:"盱眙,山名也。"

明《帝乡纪略》载:"惟善道,盱眙之名为有据。盖善道,吴名,最为古远。盱眙,秦名,谓邑在山上,登之可以望远也。《说文》张目曰盱,举目曰眙,又云上视曰盱,下视曰眙。"

清康熙《盱眙县通志》载："盱眙,山名也,按《说文》,张目曰盱,举目曰眙,秦以命县,名山之义或本于此。"

清乾隆《盱眙县志》载："盱眙,山名也。《说文》:张目曰盱,举目曰眙;名山命县之义或本于此。后人谓郡在山上,可以望远,是以名云。"

清同治《盱眙县志》载："盱眙,以山名。"

清光绪《盱眙县志稿》载："《盱眙图经》引许慎曰,张目为盱,举目为眙,因城在山上,可以眺远。顾氏祖禹、顾氏栋高并承其说。"

上述诸志的记载,几乎众口一词地说盱眙是山的名称,因为城在山上,因而以山名城。自善道的首次出现(前568年)至秦始皇二十六年(前221年)设置盱台县,经历了三百四十七年,善道变成盱台。演变的过程不得而知,在此大胆的推理一下,算是一种思路,供爱好者参考,冀收敲门砖之功效。

春秋后期,吴国北上争霸,善道邑作为北境唯一的边界重镇,既是前进基地,也是后勤保障基地。阖闾三年(前512年),吴国北上先后灭亡钟吾国(今新沂市南)、徐国(泗州北六十里洪泽湖中),都是以善道邑为桥头堡完成的。历史进入战国(前475—前221年)后,越灭吴,越国势力到达今山东省,越王勾践二十九年(前468)年,竟迁都至琅琊。随着争霸势力的此消彼长,越国向南退缩,淮河这道天然屏障成为争夺重点,善道邑扼守淮南,地势险要且为交通要道,自然成为兵家必争之地。频仍的战火(应是最主要原因)迫使平民百姓避走山中,后来逐渐在山上建起城邑,因山名盱台,便以山名邑,经多年的演变,盱台之名遂取代了善道称谓。公元前四七三年,越灭吴时,善道邑属越国;公元前三七九年,越国徙都故吴国都城(今苏州市区),江北尽归楚国,此时的善道邑或许已经以盱台为名了。楚怀王十年(前319年),在邗城的基础上修筑广陵城,会否与此同时在善道邑基础上修筑盱台城?不管怎么说,江淮地入楚后,在一个堂邑城的基础上,增加了善道邑和邗城,偌大的江淮之间仅有三座城邑,楚国要加强统治,只有加强对这三座城邑建设的需要,没有裁撤的可能。

善道成了盱台，盱台成了秦县。自宋以降，对于盱眙县名的由来，不断有人开始探讨，但众说纷纭，莫衷一是；归纳起来大致有三种说法。

一是字义命名说。《读史方舆纪要》《春秋地名考略》在泗州盱眙县条下均载："许慎曰：'张目为盱，举目为眙。'盱眙者，城居山上，可以瞩远也。"前面所列的明清两朝的盱眙志书也都持此说。此说貌似合理，实质不然。查许慎《说文解字》，盱，"张目也"，眙，"直视也"。盱眙两字连起来，字义为"张目直视"，并不是"张目举目"，仅从字面上看，"直视"与"举目"是有很大区别的，不存在通用或转换的可能，因此不应混淆。再说，盱眙在汉以前写作"盱台"，"台"不是"眙"，《说文解字》解释"台"是"说也"。清代知名学者段玉裁《说文解字注》曰："台，说者，今之怡悦字。"将"盱"与"台"连起来，"盱台"的字面义就是"张目喜悦"。与"张目举目"相去更远，可知此说缺少说服力。

二是单字还音说。清黟县人俞正燮是已知唯一持此观点的学者。他曾撰文论证盱眙单字还音的过程。清光绪《盱眙县志稿》卷十七杂记补遗中记其文曰："盱眙字义为张目直视，当系眙之讹。眙音同器，今读若怡，古所谓南人不识蠡屋，北人不识盱眙，以其读眙曰台也。蠡屋以山形取义，盱眙乃单字还音。谓义取登山直望者，非也。盱眙乃古善道，《春秋》襄公五年《谷梁传》云，吴谓善伊谓稻缓，注云善稻，吴谓之伊缓，今按以善稻为伊缓自《谷梁》所闻，不审之音还之。实则吴言，自有本义的音。盱眙地自言善为宜，稻为禾，然则吴名宜禾，中土闻之为伊缓，又译之为善稻，又还音为善道。而伊缓又为缓伊。缓伊又为盱眙。"此说从善稻到宜禾，宜禾到伊缓，伊缓到缓伊，缓伊到盱眙。环节较多，过程复杂，且未见支持者。但也有人认为，盱眙自古属吴，受吴文化影响久远，其名由吴音转换而来也未可知，毕竟一切皆有可能。

三是因山命名说。此说最为流行。明清以来几乎所有盱眙县志均持此说，认为"盱眙，以山名"。《清史稿》卷五十九盱眙条下载："东，盱眙山，县以此名。"持此说的人认为，盱眙境内沿淮河南岸多山，淮北则为平原水网地形，早年县治在甘泉山、圣人山一带，以山名为地名（县名)是可能的,具有较高可信度。

归纳起来,不论"张目举目",还是"张目直视",或者"张目喜悦",都是后人讨论盱眙这个名字起源时的各自解释,都是发生在北宋以后,与盱眙在战国楚时置县命名没有关系。故而乾隆《盱眙县志》认为"后人谓郡在山上,可以望远,是以名云"。1993年版《盱眙县志》认可此说是"合理的解释"。

四 从盱台到盱眙

从盱台到盱眙,自秦至晋,经过两轮反复,最终由盱台定格为盱眙。司马迁的《史记》有多次提到盱台。在《史记》卷七《项羽本纪》中有两次:其一,"陈婴为楚上柱国,封五县,与怀王都盱台。项梁自号为武信君"。《集解》郑氏曰:"音煦怡。"《正义》盱,况于反。眙,以之反。盱眙,今楚州,临淮水,怀王都之。其二,"项王闻龙且军破,则恐,使盱台人武涉往说淮阴侯。淮阴侯弗听"。《史记》卷八《高祖本纪》载:"闻陈王定死,因立楚后怀王孙心为楚王,治盱台。"《史记》卷二十一《建元以来王子侯者年表》记:汉武帝元朔元年(前128年)封江都易王刘非的儿子刘蒙之为"盱台侯"。上述表明,盱眙在汉武帝元朔年间以前为"盱台"。

《汉书》卷二十八《地理志上》记载,汉武帝元狩六年(前117年)始置临淮郡,盱眙是属县,还是都尉治所在地。自此,也就是从元狩六年起,《汉书》记的都是"盱眙"而不是"盱台",在有关表、传上也都是用"盱眙",如卷十四《诸侯王表》江都易王非栏内记载:"元始二年(公元2年)丁酉,王宫以易王庶孙盱眙侯子绍封,五年(5年),王莽篡位,贬为公,明年废。"《汉书》卷五十三《江都易王刘非传》载:"平帝时新都侯王莽秉政,兴灭继绝,立建弟盱眙侯子宫为广陵王,奉易王后。莽篡,国绝。"这句话的历史背景是:江都易王刘非死后,其子刘建继承王位,后因谋反自杀,封国被除去。至汉平帝时(1—8年在位),新都侯王莽执政,对已灭亡的诸侯国重新封王,以继承封国,避免灭绝。因此立刘建的弟弟、盱眙侯刘蒙之的儿子刘宫为广陵王,继承易王的封国。王莽篡位后,封国又一次灭绝。说明元狩六年是一分界线,之前均用"盱台",之后都用"盱眙"。如是笔误致错,应是个别现象,不应如此同一彻底。因缺失证据,不敢妄言因由,合理的解释是:在设立临淮郡时,汉朝廷改"盱台"为"盱眙"的结果。相关的文书,班固应该是见到的,否则《汉书》不可能如此记载。

新莽时期(9—23年),盱眙被改为"武匡"(《舆地纪胜》为"武康")。光武刘秀复国建立东汉后,恢复新莽时期所改地名。不过盱眙恢复的不是前汉时期的"盱眙",而是汉武元狩年间之前所用的"盱台"。《续汉书》志第二十一《郡国三》兖州下邳国条目下记的是"盱台"县,注释说得很清楚:"盱台,按前志'台'作'眙'。"这个注释不仅说清楚"盱台"是由"盱眙"改动而来,还透露出前志(指《汉书》)所记"盱眙"源于对"盱台"的改动。再查《三国郡县表》,下邳国条下记的也是"盱台"。说明东汉到三国期间,官方恢复了汉以前的"盱台"用法。至于官方为何作如此改动,其原因《汉书》和《续汉书》均无记载,后人也就无从得知。

晋太康元年(280年)恢复临淮郡。《晋书》卷十五《地理志下》临淮郡条下"盱眙"在列。应该是晋朝建立伊始,就改"盱台"为"盱眙",也是继西汉之后第二次改"盱台"为"盱眙"。自此沿用至今。对盱眙几次改名,社会科学出版社的《中国历史地名大词典》归纳道:"西汉改盱台县置。东汉复改为盱台县。三国废,晋复置盱眙县。"上海辞书出版社的《中国历史大词典》总结说:"盱台县",即"盱眙县"。西汉改"台"作"眙",东汉"眙"复作"台",西晋复置盱眙县。总之,从"盱台"到"盱眙",又从"盱眙"到"盱台",再从"盱台"到"盱眙",一个普通的县名如此反复多次,恐怕在全国也少见。这绝不会是掌权者吃饱饭没事做改个名玩的,其背后肯定隐藏着难为人知的秘密,史料的缺失让人不能深究其因而感到遗憾,特别是让史学工作者虽得窥其门、却终不得入而深感悻悻然。

附录三：盱眙保卫战前南方态势

史学家吕思勉先生在总结宋文帝北伐时说："文帝经营累年，至四五〇年，又大举北伐。然兵皆白丁，将非材勇，甫进即退。魏太武帝乘机南伐，至于瓜步。所过之处，赤地无余，至于燕归巢于林木，元嘉之世，本来称为南朝富庶的时代的，经此一役，就元气大伤了，而北强南弱之势，亦于是乎形成。"吕先生的话可谓一针见血而又透着嗟叹。自元嘉七年第一次北伐失败后，宋义帝苦心经营了二十年，经济发展，民生改善，社会安定。国家实力应该是高于北魏的。如能紧守北方边防，励精图治，至少外可抗侵扰，内可安民生。即使有志北伐收复中原，其内部首先需要国富民强，对外则要有精兵强将，靠无勇少谋的将领和连字都不识的白丁士兵怎么能打胜仗？一句"燕归巢于林木"是字字带血！春回大地后，燕子要做窝，一般都选在农家梁上或檐下，现在均归于林木，是因为无房屋可寻，赤地千里寥无人烟矣。江淮六郡本是富庶之地，经魏军掳掠后变成赤地千里的无人区，对南方的经济是致命的打击。更为严重的是，国力强弱转换，使南朝宋廷的外部压力剧增，内部矛盾随之尖锐和激化。随之而来的就是一场不可避免的皇室内部相互残杀攻伐的内乱，只不过这些已是题外话而已。

一　近臣怂恿，元嘉草草非为封狼居胥

风起于青萍之末，念动于毫发之微。

其实刘义隆再次北伐的想法已经酝酿了多年，早在元嘉二十六年（449年）六月，他就有意北伐收复中原。据《资治通鉴》卷一百二十五

《宋纪七》载：帝欲经略中原，群臣争献策以迎合取宠。彭城太守王玄谟尤好进言，帝谓侍臣曰："观玄谟所陈，令人有封狼居胥意。"御史中丞袁淑言于上曰："陛下今当席卷赵、魏，检玉岱宗；臣逢千载之会，愿上封禅书。"宋文帝刘义隆想收复中原的想法一经透露，文武百官们争相献计献策迎合，希望因此受到文帝的宠爱。彭城太守王玄谟尤其喜好进言，文帝对侍臣说："仔细琢磨王玄谟的陈述，使人顿有霍去病封狼居胥时的感觉。"御史中丞袁淑对文帝说："陛下您现在应该席卷赵魏旧土，去泰山祭祀天地神祇。我正赶上这千载难逢的机会，愿意向您奉上封禅书。"宋文帝将"封狼居胥"当成一种感觉，说明其心里虽羡慕霍去病所立的不世之功，但并没有当霍去病第二的雄心，因为文帝北伐的目的就是收回河南，没有将鲜卑拓跋氏赶出中原的雄才大略，当然也没这个能力。

《宋书》卷九十五《索虏传》载，宋文帝继位后派使臣告魏主拓跋焘曰："河南旧是宋土，中为彼所侵，今当修复旧境，不关河北。"拓跋焘则怒曰："我生头发未燥，便闻河南是我家地，此岂可得河南。必进军，今权当敛戍相避，须冬行地净，河冰合，自更取之。"刘义隆的意思很明确，这黄河以南的土地原来就是宋国的领土，中途被你们侵占去了。现在我要恢复以前的边境，不会涉及黄河以北的地方。拓跋焘的回答也很干脆，我出生时头毛还没干的时候就听说河南是我们魏国的地方！你真要出兵来取，现在我会避让；但等到隆冬季节，天寒地冻，黄河结冰时，我再取回。刘义隆用最后通牒式口吻，也仅是为了河南。元嘉二十九年（452年），宋文帝遣张永、王玄谟、鲁爽等人第三次北伐，青州刺史刘兴祖建议进军河北，但"上意止存河南，不纳"。

《天下郡国利病书》引吕祖谦《宋论》说："宋文帝以河南之地为宋武帝旧物，故竭国家之力，扫国中之兵而取之。卒无尺寸之功，史称文帝之败。"此话说得再直白不过，纵观宋文帝三次北伐，目的只有一个，就是要收复河南，但都是边收复边丢失。沈约在《宋书》卷九十五《索虏传》中评论说："太祖惩祸未深，复兴外略，顿兵坚城，弃甲河上，是我有再败,敌有三胜也。"

宋文帝虽只想收复河南旧地,但对封禅泰山还是向往的,那毕竟是英明的雄主才能做到的。一代帝王登封泰山,被视为国家鼎盛、天下太平的象征,皇帝本人也俨然成为"奉天承运"的"真龙天子",历史上有幸能成为这样真龙天子的皇帝,除了司马迁在《史记》卷二十八《封禅书》中引管仲所说:"古者封泰山禅梁父者七十二家,而夷吾所记者十有二焉。"其中不乏神农、炎黄、尧舜等大神级人物。现实中的人物自秦始皇开始,封禅过泰山的仅有秦二世、汉武帝、汉光武帝、汉章帝、汉安帝。秦始皇封禅泰山是公元前二一九年,到宋文帝北伐前的元嘉二十六年(449年),计六百六十八年间,只有屈指可数的几位皇帝做到了,刘邦、曹操都不在列,整个晋朝愣是没有一位皇帝到泰山举行封禅大礼。现在经袁淑提醒,宋文帝顿时觉得热血沸腾,这诱惑力太大了,即将名列为数不多的到泰山封禅的皇帝队伍,文帝向往着那一天,热烈地盼望那一天尽快到来,因而文帝精神很愉悦,从心底透出高兴。

据《资治通鉴》卷一百二十五《宋纪七》记载,对待宋文帝准备北伐的主张,朝臣中出现了两种截然不同的意见:一种是支持,以丹阳尹徐湛之、吏部尚书江湛、彭城太守王玄谟等人为代表。另一种是反对,以太子刘劭、太子步兵校尉沈庆之、护军将军萧思话、左军将军刘康祖等人为代表。刘康祖想以拖待变,建议:"今年已经晚了,请求等到明年再议。"宋文帝反驳道:"北方人民受索虏的压迫,起义的人处处皆是,不马上行动,将打击心向大义的人们,不行!"沈庆之说:"我们是步兵,敌人是骑兵,难以相抗。檀道济两次行动都无功而返,到彦之也是大败而还。王玄谟等人才能超不过二人,兵力又不及过去,恐怕会再次挫伤军威。"宋文帝回答:"我军两次失败,都是有原因的,檀道济不过是为了豢养敌寇,以达到自己的目的,到彦之在出征途中得了重病,不得不退。敌人的有利条件不过就是马匹,如今夏天洪水滔天,河道畅通,我军舰直抵碻磝城下,守军肯定会退去,滑台也只是一个小小的堡垒,肯定能够攻下。攻克了这两座城池,屯聚粮食,招抚人民,虎牢和洛阳自然难以固守,等到冬初,我们就会建立巩固的防守,敌人即使再渡过黄河,只会成为我们的俘虏。"沈庆之又坚持认为不可。宋文帝让徐湛之和江湛二人与他辩论,但沈庆之说:"治国就如同治家,耕田的事要询问奴才们,织布的事要问问婢女们。陛下如今要讨伐敌国,却与这些白面书生们坐而论道,如何能够成功!"宋文帝哈哈大笑,对沈庆之的话未予理睬。

在支持北伐的一干人中,所以支持宋文帝的意见,是因为各人有着不同的心态:徐湛之是皇亲国戚,历史上还有污点,自然对宋文帝言听计从。江湛是宋文帝的亲家,又是典型的文人,他支持宋文帝北伐应该是基于恢复中原的理想化动机。王玄谟虽为将,无奈威信不足,需要以北伐建功树威。事实上对宋文帝决定北伐蛊惑性最大的,还是尚书吏部郎袁淑的一席话。《宋书》卷七十《袁淑传》载:"元嘉二十六年,迁尚书吏部郎。其秋,大举北伐,淑侍坐从容曰:'今当鸣銮中岳,席卷赵、魏,检玉岱宗,今其时也。臣逢千载之会,愿上《封禅书》一篇。'太祖笑曰:'盛德之事,我何足以当之?'"宋文帝心中明白,封禅是有前提条件的,那就是"盛德",怎么才能建立"盛德"之举呢?宋文帝心里已有认定,就是文治武功。守着半壁江山,自认"文治"已具备。当时虽无"元嘉之治"的说法,但政声卓显,刘义隆是颇为自得的。《资治通鉴》卷一百二十三《宋纪五》对此有确切的评价:"帝性仁厚恭俭,勤于为政;守法而不峻,容物而不弛。百官皆久于其职,守宰以六期为断;吏不苟免,民有所系。三十年间,四境之内,晏安无事,户口蕃息,出租供徭,止于岁赋,晨出暮归,自事而已,闾阎之间,讲诵相闻;士敦操尚,乡耻轻薄。江左风俗,于斯为美,后之言政治者,皆称元嘉焉。"这段话的核心是最后那句,即后代评论前世政治得失的人,都称道元嘉治世。

不过仅凭文治去行封禅礼是不够的,还需不世武功,如能在收复河南的基础上再行封禅礼则名正言顺。现在文治已具备,缺的就是收复河南了!精于算计的宋文帝口头上谦虚,实则心驰神往、心中激动、心花怒放。《宋书》卷十六《礼志三》记载得很明白:"宋太祖在位长久,有意封禅。"可见刘义隆封禅之意由来已久！现在去北伐中原收复河南，不仅可以建功立业，还有封禅泰山的机会，这个吸引力太大了！注定成为驱使宋文帝下决心北伐的内在动力。

二 错判形势，轻举妄动埋下失败祸根

战前双方对峙在黄淮之间，互有攻防退守。从南方看，促成宋义帝大举北伐的是虚荣心和雪耻的因素，当然也有好大喜功的心理作祟。在二十年前的元嘉七年（430年），刘义隆乘魏军主力正在北方作战，河南各地兵少的机会，遣到彦之率军北攻山东河南诸地，这是刘义隆第一次北伐。一开始宋军收复了很多失地，后期魏军反攻，宋军大败南逃，最终这次北伐以刘宋的完全失败告终。对此刘义隆一直耿耿于怀，伺机再图北伐，以雪前耻。经过二十年的休养生息，刘宋的国力得到增强。刘义隆又看到了收复中原的机会，潜意识里洗雪前耻的冲动也在自觉或不自觉地不断爆发。但宋文帝一心要实现自己的抱负，对于敌我双方的国情、实力并不清楚。最起码对自己部下将士的了解是不够的，否则怎么敢派遣平庸的将军率白丁士卒去与拓跋焘虎狼之师对阵呢？促使他下决心北伐是两次局部战争的小胜。元嘉二十六年（449年）秋天，建威将军沈庆之帅后军中兵参军柳元景、随郡太守宗悫等二万人，讨伐侵扰雍州的沔北诸山蛮寇取得了胜利。到了第二年春，共斩首三千级，虏二万八千余口，降者二万五千余户。文帝有点怦然心动，觉得宋军还是有战斗力的。但此时的他还算清醒，听说拓跋焘到梁川进行大规模打猎有南侵迹象时，立刻诏令淮河、泗水沿岸的各个州郡："如果魏寇小规模进犯，就各自坚守自己的城池；如果大规模进犯，就带着老百姓全部撤到寿阳。"元嘉二十七年（450年）春，魏军包围了悬瓠城，守城军士不足千人。守城的主将叫陈宪，他是豫州刺史南平王刘铄的左军行参军，这时代理汝南郡事务，驻守悬瓠。北魏军队不分白天黑夜地连续围攻悬瓠，他们建起了许多楼车，临近城池进行射击，一时间，

利箭如雨般纷纷射出。守卫悬瓠的士卒都身背门板,到井里提水。北魏军队开始在冲车的一头抛出大铁钩来勾住城楼围墙,然后再用冲车牵引大铁钩,南部城墙被扯倒了。陈宪又赶快在围墙内筑了一层小墙,小墙外部再加设一层木栅,继续抵抗。北魏军队将护城壕沟给填平了,登上城墙与刘宋军展开肉搏。陈宪督统将士苦苦奋战。当时双方战死将士的尸首堆积得同城墙一样高。北魏军队踏着尸首向城上攀登,双方短兵相接、激烈搏斗,陈宪锐气不减,愈战愈勇,其手下士卒也是以一当百,杀死及击伤北魏将士数以万计,守城将士也死了一多半。在坚持了四十二天后,南平内史臧质和安蛮司马刘康祖率兵前往救援,魏兵撤退。这一仗让文帝信心大增。他认为魏军不过尔尔,北伐的决心就此下定,只等出兵的机会。

如果说两次局部小胜致使宋文帝错判形势的话,出兵的轻率则留下了失败的祸根。请看《资治通鉴》卷一百二十五《宋纪七》记载:"是时军旅大起,王公、妃主及朝士、牧守,下至富民,各献金帛、杂物以助国用。又以兵力不足,悉发青、冀、徐、豫、二兖六州三五民丁,倩使暂行,符到十日装束;缘江五郡集广陵,缘淮三郡集盱眙。又募中外有马步众艺武力之士应科者,皆加厚赏。有司又奏军用不充,扬、南徐、兖、江西州富民家赀满五十万,僧尼满二十万,并四分借一,事息即还。"就是说在大战爆发后,刘宋王朝才进行全国总动员,上起王公、王妃、公主和朝廷官员、各地牧守,下至富裕民户,各自都要献出金银、玉帛和其他物品以援助国家军费支出。可见刘宋王朝并不富裕,战争刚开打,就没军费使用了,连普通人都知道兵马未动粮草先行的道理,刘宋王朝没考虑到?这个时候才开始做本该战前去做的动员工作,其草草的程度真不是一句轻率就能带过的。沈约在《宋书》卷九十二《良吏传》开篇说:"暨元嘉二十七年,北狄南侵,戎役大起,倾资扫蓄,犹有未供,于是深赋厚敛,天下骚动。"近代文学家、翻译家林纾曰:"'资蓄'二字有何奇异?拼之以'倾扫',则朝廷虐政,一望令人骇然。"

更大的问题是因为兵力不足,大军都出征了,才开始动员征召新兵,并立即送上战场,其战斗力可想而知。因这些举措的实行,又产生巨大的耗费,有关部门立即奏称军用不足,随即朝廷下令向扬州、南徐州、南兖州、江州四州的富裕民户及僧侣、尼姑借钱以弥补缺口,并规定要借出他们财产的四分之一,令人担忧的是借来的钱能够维持多久?如再不够如何应对?战争初期就出现兵员不足的问题,刚刚募集来的新兵,还没经过训练就开赴战场,其战斗力恐怕连所谓的"白丁"都不如。至少"白丁"是老兵,还是有一定战斗力的,新征召的兵员没经过训练就送上战场,无疑就是送他们去死。从军费不足到兵员不足,战争的最基本要素都没准备好,就发动北伐了,将你死我活的战争当成儿戏,透露出来的信息就不是草草和轻率这么简单了,毫无疑问地存在战略上的轻敌短视、战术上的无知无能,也反映出"当时江南军国之贫困也"。众多方面的准备不足,使宋文帝发动的二次北伐从开始就面临重重困难,也注定了二次北伐必败的结局。

三 一触即溃,仓皇北顾只见扬州烽火

《资治通鉴》卷一百二十五《宋纪七》载:秋,七月,庚午,诏曰:"虏近虽摧挫,兽心靡革。比得河朔、秦、雍华戎表疏,归诉困棘,跂望绥拯,潜相纠结以候王师;芮芮亦遣间使远输诚款,誓为掎角;经略之会,实在兹日。可遣宁朔将军王玄谟帅太子步兵校尉沈庆之、镇军咨议参军申坦水军入河,受督于青、冀二州刺史萧斌;太子左卫率臧质、骁骑将军王方回径造许、洛;徐、兖二州刺史武陵王骏、豫州刺史南平王铄各勒所部,东西齐举;梁、南、北秦三州刺史刘秀之震荡汧、陇;太尉、江夏王义恭出次彭城,为众军节度。"

宋文帝终于下定决心北伐了!元嘉二十七年(450年)秋季,七月,庚午(十二日),文帝下诏说:"蛮虏魏虽然近来被我们挫败,但是,他们的野兽般的心并没有除去。最近,朝廷得到河朔、秦、雍等州的汉族和戎族上疏表奏,他们都诉说了自己的痛苦,举踵翘首地等待我们前去拯

救,他们已经暗中秘密相互联合起来,等待朝廷派去的军队。甚至柔然汗国也派遣秘密使节,从小路赶来向我朝廷表达他们的诚意,发誓联合夹击。向北征伐的机会,正在这天。现在,可派遣宁朔将军王玄谟率领太子步兵校尉沈庆之、镇军谘议参军申坦率领水军进入黄河,受青、冀二州刺史萧斌的督统,共六万军卒。太子左卫率臧质、骁骑将军王方回直接到许昌、洛阳。徐、兖二州刺史武陵王刘骏,豫州刺史南平王刘铄各自统领自己的部队,在东西两个方向一起举兵进攻。梁州、南秦、北秦三州刺史刘秀之在汧、陇一带骚扰破坏。太尉、江夏王刘义恭出驻彭城,担任各路大军的调度、指挥。"派遣王玄谟为东路军北伐先锋,应该是文帝记起了王玄谟一年前的进言,那时文帝就已认定王玄谟是他的霍去病;不需要他去建立封狼居胥的功劳,只要求收复河南即可。

然而理想很丰满,现实却很残酷。一开始由于北魏军队采取避其锋芒战略,宋军的北进似乎还算顺利,萧斌率领的东路军首先攻占碻磝这一黄河据点。南平王刘铄率领的中路宋军也很快打到虎牢城下。西路军雍州部队攻占卢氏县城,梁、南秦、北秦三州刺史刘秀之则率部攻占阴平、平武两县。接下来东路军由王玄谟进攻滑台,但数次坐失良机而久攻不下。到了九月底,王玄谟还在滑台城下苦苦鏖战之时,拓跋焘即亲自率军南下解救滑台,他命令太子拓跋晃率军驻守漠南,防备柔然的袭扰;又命令吴王拓跋余驻守平城,并征集五万地方部队分配给南下各路大军。拓跋焘看出来西线宋军只是偏师,目的是想牵制部分魏军,因而没予理睬,而是采取"你打你的,我打我的"战法,将几乎全部的主力部队都放到了东线和中线,准备一举将宋军主力击败。他命令永昌王拓跋仁率领关中部队从关中东进,经过洛阳,不理会洛阳地区的西路宋军,直接朝河南腹地扑来,向寿阳方向攻击;此举是防止西线宋军调头东进,从而威胁南下大军的侧翼。由此尽显拓跋焘军事指挥艺术的高明,在西线战略上藐视宋军,抽出主力决战东线,又在战术上重视宋军,做好防范,确保南进大军侧翼的安全。东线主力随着拓跋焘一起南下,直扑滑台!十月北魏国主渡过黄河,号称百万士兵,敲鼓之声如打雷般震天动地。被宋文帝视为霍去病第二并委以重任的王玄谟,率数万大军攻打滑台三个月而无计可施之际,听到了北魏救援军队在黄河上敲鼓的声音,顿感惊恐万状,肝胆俱裂,仓皇撤军逃走。北魏军队追击他们,杀死一万多人,王玄谟部下逃跑战死,到最后所剩无几,丧失的军用物资及武器堆积如山。王玄谟及其所率士卒的表现,充分印证了那句"兵皆白丁,将非材勇"的评语。可知当初向宋文帝的所进之言,皆是夸夸其谈的豪言壮语,为投文帝所好的阿谀奉承之言。活脱脱一个说话的巨人、行动的矮子。对王玄谟的失败,王夫之在《读通鉴论》卷十五评价说:"王玄谟北伐之必败也,弗待沈庆之以老成宿将见而知之也;今从千余岁以下,由其言论风旨而观之,知其未有不败者也。文帝曰:'观玄谟所陈,令人有封狼居胥意。'坐谈而动远略之雄心,不败何时焉?"对王玄谟失败的原因总结道:"玄谟之勇,大声疾呼之勇也;其谋,鸡鸣而寐,画衾扪腹之谋也;是以可于未事之先,对人主而挂笏掀髯,琅琅惊四筵之众。今亦不知其所陈者何如,一出诸口,一濡之笔,而数十万人之要领已涂郊原之草矣,况又与江、徐文墨之士相协而鸣也哉!"老先生的评语可谓一针见血,中肯到位。

自此,刘宋东线军队已不敢与北魏军队正面交战,只有望风而逃的份。到了闰十月,草率的北伐除在西线取得几场无关紧要的胜利外,东线、中线全面败退,除了彭城、山阳、盱眙少数几座孤城外,刘宋江北领土几乎丧失殆尽;败逃的刘宋军在北魏军追击下仅能仓皇北顾。宋文帝早在北魏军队过淮时,就预判北魏将要入侵淮南,命令广陵太守刘怀之预先放火烧掉城内官府和水上船只,提前率领广陵全体百姓渡过长江。因而一路南逃的刘宋败军,在仓皇中回头北顾,看到的是一路烽火已烧到了长江北岸,只不过扬州的烽火是宋文帝刘义隆下令点燃罢了。《资治通鉴》卷一百二十六《宋纪八》对战场上凄惨景象描绘道:"魏人凡破南兖、徐、兖、豫、青、冀六州,杀伤不可胜计,丁壮者即加斩截,婴儿贯于槊上,盘舞以为戏。所过郡县,赤地无余,春燕归,巢于林木。"北魏军队一共击破了南兖、徐、北兖、豫、青、冀六州,杀死杀伤的人无法统计。

他们抓到青壮年立即斩首或拦腰砍断,婴幼儿则用铁矛刺穿,然后挥动铁矛进行游戏。六州中不包括扬州,但扬州并没有幸免。魏军经过的郡县,都成千里荒地。春天,燕子回来了,只能在树林里筑巢。胡三省注释说:"室庐焚荡,燕无归所,故巢林木。"

附录四：盱眙保卫战前北方态势

就在刘宋准备北伐的同时，北魏也在做着南下伐宋的准备。就是说北魏和刘宋皆有举兵相攻之志。但皆以国家情势未靖，力不能及，遂皆转入谋攻与准备阶段。南方的未靖之事应该是孔熙先、范晔谋反和平定汉水流域的沔北山蛮。谋反一事因徐湛之告密，于元嘉二十二年（445年）底平定。沔北山蛮于元嘉二十六年（449年）秋天由沈庆之等人平定。北魏的未靖事宜也是两件大事，之前北魏已驱除吐谷浑，降鄯善。因而自太平真君六年（445年）起，北魏面临的是关中胡盖吴等起义和柔然犯境。到了太平真君七年（446年），盖吴起义被镇压；随后几年间，数次击败柔然，终于在太平真君十年（449年）十二月彻底打败柔然。柔然丢弃辎重，逃向外兴安岭以北地区。在南北双方都平靖了内部或周边事务后，双方不约而同地把目光投向了对方。至此，一场南北大战势在必行。

一 拓跋焘率得胜之师首开边衅

太平真君十一年（450年）正月，拓跋焘攻伐柔然大获全胜，挟胜利者之威南下伐宋。二月初三，以会猎为名集中兵力于梁川，二十日拓跋焘亲自率领十万骑兵突然越过边境南掠。刘宋南顿太守郑琨、颍川太守郑道隐都弃城逃跑。北魏军队所向披靡，在没有遇到实质性抵抗情况下围住了悬瓠城。当时悬瓠城中守卫士卒不到一千人，但顽强地抗击着十万北魏军队不分昼夜地连续进攻，并与之相持了四十二天。刘宋徐州刺史武陵王刘骏派刘泰之等率兵袭击北魏军队，杀死三千多人，烧毁了北魏的辎重物资,北魏士卒四处逃散、不知所往,被俘虏的刘宋军卒和老百姓也都得以乘机向东逃走。随即魏军反击,刘泰之战死,残部仅逃出数百人。刘宋军再派遣南平内史臧质到寿阳(今安徽省寿县),让他和安蛮司马刘康祖一同率兵援救悬瓠;北魏国主派遣殿中尚书任城公乞地真率军抗击,臧质等人迎击并杀了乞地真。拓跋焘算了算时间,已进入四月,雨季即将到来,对大军南下不利,无奈撤退。《宋书》卷九十五《索虏传》记:"焘虽不剋悬瓠,而掳掠甚多,南师屡无功,为焘所轻侮。"

围攻悬瓠四十二天,最终无功而返,说明了北魏军队在坚城面前是没有什么办法的。可惜的是刘义隆认识不到,否则的话刘宋军队只要坚守北境重镇,避开北魏军队擅长的野战,至少可以在中原一争短长。再说拓跋焘,在武力方面没有得到的,始终觉得不甘心,便想在文的方面找回。他用狂妄、轻蔑、嘲弄的口吻给宋文帝写了封信:"以前,盖吴反叛逆行,煽动关、陇一带居民起来叛乱。你又派人前去诱导他们,把弓箭赠送给男人,把耳环金钏馈赠给女人。这只不过是他们想用欺诈诳骗的手段获取这些贿赂之财,否则,哪里会有相距甚远却甘愿服从的道理! 作为大丈夫,为什么自己不前来获取,却用金银财宝诱惑我边陲百姓? 你又下令说,前往投奔你的,免除七年的捐税,这是你在明目张胆地奖赏奸佞之人。我现在来到你们的国土上所得到的百姓数量,同你在此前后得到的我国百姓的数量相比,谁多谁少呢?"

"如果你还想保存刘氏家族的祖庙烟火,你就应当把长江以北的地方全部割让给我,长江以北的守兵撤到江南;我放弃长江以南让你居住。不然,你就应该好好命令你的方镇、刺史、太守、宰令恭恭敬敬地准备好床帐、饮食器具,明年秋天,我将前去攻取扬州。这是大势所趋,我最终不会放弃。以前,你北边与柔然汗国来往,西边与赫连、沮渠和吐谷浑勾结,向东又与冯弘、高丽联系,这些国家如今都被我消灭了。由此看来,你怎么能够独立存在呢?"

"柔然可汗郁久闾吴提、郁久闾吐贺真都已死去,如今我就要向北征伐,首先铲除这些骑马的贼寇,你如果不遵照我的命令去做,明年秋天我当再次亲自前来攻取。因为你没有那么多骑马贼寇,所以,我先不去讨伐。我前往攻取那一天,你怎么办呢?无论你挖壕沟自守,还是构筑城墙作为屏障,我都会大大方方地前去攻取扬州,而不像你遮遮掩掩地耍一些小诡计。你派来的侦探我已经抓获,又把他放回去了。这个人看到了我们这里的一切,详细的情况你可以仔仔细细地去问他。"

"你以前派裴方明前去攻取仇池,得到了这块土地之后,你却嫉妒裴方明的勇略和战功,自己不能容纳他。有这么好的大将,你尚且要杀了他,你又有什么资格前来同我较量呢!你已经不是我的对手了。你经常想要同我交战,我不是白痴,又不是自大骄横的苻坚,什么时候和你打一仗呢?我白天派轻骑围在你营地的周围,晚上就让他们在距离你们一百里以外的地方宿营。你们吴人恰好有夜间侵袭对方兵营宿地的伎俩,但是,你募集的这些士卒到这里来,走不了五十里,天色已经大亮了。你募集的这些士卒的头颅,又怎么能不被我砍下呢?"

"你父亲时代的旧臣属虽然年纪已老,都还是很有智谋的,我知道他们已经被你斩尽杀绝了,这难道不是天助我吗?战胜你也不需要动用我的兵刃器具,这里有很会念咒的婆罗门,自然会有鬼神前去把你绑了送到我这里来。"

书信中除了揄揶外,通篇透露着胁迫的意味,无形中给宋文帝增加了巨大的压力,可知骑在马背上的拓跋焘,不仅长于野战,也是心理战的高手,还有相当高水平的文学修养。客观地看,信中所说许多都是事实,像联络盖吴,与冯弘私议瓜分北土等秘密事宜,像杀檀道济、裴方明这样的不光彩事情,都被敌手揭露出来,就算刘义隆有一颗强大的心脏,恐怕也要激灵颤抖一下。书信的字里行间自始至终都透露着拓跋焘对南方刘宋政权的极度蔑视,连一点对等平视的意思也没有。《魏书》卷一百三《蠕蠕传》这样记载道:神䴥二年(429年)四月,拓跋焘整训部队准备进攻柔然。遭到许多部下的反对,但拓跋焘不予理会。正好这时使臣从江南回来报告,刘义隆将要犯河南,并让其传话:"汝疾还告魏主,归我河南地,即当罢兵,不然尽我将士之力。"拓跋焘听后哈哈大笑,对众大臣说:"龟鳖小竖,自救不暇,何能为也。就是能来,若不先灭蠕蠕,便是坐待寇至,腹背受敌,非上策也。"于是并不理睬刘义隆的威胁,仍按原计划进攻柔然。拓跋焘藐视刘义隆由此可见一斑。这是二十年前的事情。二十年后的今天,拓跋焘狂傲不羁的态度有增无减。在听闻刘义隆要北伐时,拓跋焘又给刘义隆写了一封信,极尽嘲讽之能事,说:"我们两国和好的时间已经很长了,可你却贪得无厌,引诱我边境的老百姓。今年春季我南下巡察,顺便去看看我那些逃亡到你那里的人民,驱赶他们回到自己的土地上。现在听说你打算自己亲自来,倘若你能到中山及桑干川,就请随便行动。来的时候,我不迎接,离开这里我也不相送。如果你已厌倦你所居住的国土,那么,你可以到平城来居住,我也前去扬州居住,我们不妨易地而居。你已有五十岁了,还未曾迈出过家门口,虽然你自己有力量前来,你也不过像三岁的孩子,同我们生长在马背上的鲜卑人相比,你该是个什么模样呢?我们也没有多余的东西可以送给你,现在暂且送给你十二匹猎马和毛毡、药物等。你从很远的地方来此,你的马力不足,可以乘我送给你的马。或许有时水土不服,可以吃我送去的药自己治疗。"可以想象,宋文帝看到信后,肯定恼羞成怒,不是气得吐血,也要暴跳如雷。

二 以退为进避锋芒,远程奔袭饮马长江

口吻狂傲的拓跋焘,在行动上却早有谋算,显得胸有成竹。当刘宋大举北伐的消息传到平城,北魏群臣建议拓跋焘派兵渡过黄河,抢救黄河沿岸地带囤积的粮食布帛,而拓跋焘却说:"现在我们的战马还没有养肥,天气还处于炎热期,我们反击,一定不会取胜。倘若刘宋军不断地前进,我们暂且撤退到阴山躲避一下。我们鲜卑人本来就是穿羊皮裤子的,要这些棉布丝帛有什么用?只要拖到十月,我就没有什么可忧虑的了。"但他还是命令枋头镇将、平南将军、南康公杜道儁南下协防兖

州,加强滑台守军的力量。可以看出,拓跋焘采用以退为进战略,避开宋军锋芒,北退到阴山附近休养生息,用时间换空间,等到秋后雨水减少、战马膘肥体壮时,发挥骑兵的优势,再行反击。

对于河南等地是否丢失,他一点也不担心,即使被宋军夺去也不怕,因为可以随时再夺回来。《天下郡国利病书》引吕祖谦《宋论》曰:"刘义隆终其一生的愿望就是收复河南,但河南四战之地,即令能攻之,未必能守之。早在元嘉七年,宋军攻占河南后,沿千里黄河列戍置守,兵力分散后即现出薄弱处;到了寒冬,河冰坚合,魏军无船而渡,各个击破,宋军所占河南之地很快又丢失。"崔浩曾断言:"设使国家与之河南,彼亦不能守也。"意思是即使北魏将河南送给刘宋,刘宋也没有能力守住。问题的关键是刘义隆既认识不到,也不吸取教训,结果只能是费了九牛二虎之力攻占河南,根本就守不住,很快得而复失,这已是屡试不爽的现实,同时也是被反复证明的事实。

拓跋焘满满的自信来自崔浩的精心谋划。《中国历代战争史》第六册第五章载:"魏自太武焘即位之后,崔浩为其制定的强国制胜远策分为两个阶段,或曰两个时期。第一期,南境对宋,主要巩固黄河防线;对北方一方面打击柔然,一方面谋统一夏、北凉,及北燕诸国。第二期,待北方诸国统一,肘腋之患已除,国势益大之后,乃转兵南下伐宋,此其大略也。"这两个时期的转折点就在元嘉二十七年(450年)初,这时魏的北方已平定,肘腋之患已清除,因而拓跋焘没有丝毫犹豫,随即转兵南下伐宋。

崔浩不仅在战略上精心谋划,还制定出切实可行的战术。早在刘裕去世、北魏乘机南伐时,就有攻城和掠地谁为主之争。据《魏书》卷三十五《崔浩传》载:太宗拓跋嗣派奚斤南伐,众人在世祖面前讨论说:"先攻城呢?还是先抢地盘?"奚斤说:"请先攻城。"崔浩说:"南方人善于守城,苻坚攻打襄阳,经年不拔。今天以大国的力量攻其小城,如不及时攻克,挫损军势,敌人便能徐徐严整而来。我疲怠敌人精锐,这是危险的做法。不如分军略地,到淮河为限,列置守宰官员,收聚租谷。滑台、虎牢反而在我军北面，南边救援的希望断绝，必定沿河东逃。如不这样，就会成为我们的掌中之物。"公孙表请求先攻城池。奚斤等渡过黄河，先攻滑台，经久不拔，上表请求援军。太宗发怒，于是亲自南巡。拜崔浩为相州刺史，加左光禄大夫，随军为参谋。公孙表因力主攻城失败后，被太宗派人暗中处死。崔浩受到重用，其划定"以淮河为限"的方针也基本得到执行，直到崔浩被杀后，拓跋焘南下逾淮达江，结果遭遇"盱眙之辱"。

《中国历代战争史》第六册第五章对此总结道：拓跋焘初则用其群臣之议，对宋北方边疆战略要点强攻。及此种攻城战略宣告不利之后，于本战役最后一次大举攻宋时，乃采用崔浩之策，在东战场越野远程挺进，置彭城、寿阳、盱眙之宋军于不顾，而直扑大江北岸——瓜步及历阳。至于太武帝之用兵，常乃配合其骑兵之速度与冲力，遂行战略或战术之奇袭，以及突破与包围之方式。又由于奇袭作战之故，每战掳获甚丰，遂其"以战养战""胜敌益强"之谋。此种事例，在其于北方诸战役中，屡见不鲜，在其对宋用兵时，又特别重视天候，故其攻宋常在深秋及冬季，"秋凉马肥"，"冬寒地净、河水坚合"之时。

在应对宋文帝第一次北伐时，崔浩提出的策略是："现在南方土地潮湿，夏季酷热，水泽正多，草木深邃，疾疫易发，不是行军作战之时机，况且他们防备甚严，必然城坚固守，重骑兵攻打，则粮食无法供给。分开兵力讨征粮草，则无法对付强敌，不能看到这其中的利益。即使他们能来，等他们劳倦，秋凉马肥，用敌之食，徐徐图之，此是万全之计，胜利必然可见。"现在面临刘宋第二次北伐，拓跋焘仍然按照崔浩的计划安排，虽然这时崔浩已被杀并株连九族，但他制定的战略战术已深入人心。诚如拓跋焘也在自觉或不自觉间遵照执行，他命令北魏军队大踏步北撤，在阴山下一面避暑，一面整训。两个月后，天气转凉，战马膘肥，士兵技战术得以提升，士气高涨。而此时的宋军，还在滑台城下苦苦鏖战。拓跋焘认为反击时机成熟，即亲自率军南下解救滑台，闰十月九日，拓跋焘率领魏军渡过黄河，面对魏主亲自率领的号称百万的魏军,王玄谟惊慌失措,尚未与魏军交战,即下令撤离。魏军趁机对仓皇撤退的宋军穷追猛打,宋军数万人马被魏军斩杀一万多人,余部四散溃逃。东路宋军在滑台遭遇大败。东路大军是刘宋北伐主力军,北伐主力的溃败则意味着"北伐"转变为"被伐"。

拓跋焘反击战略及反击时机选择得非常适当,充分利用骑兵速度快、机动性强的特点,大胆实施迂回穿插、长途奔袭等战术,同时置宋军西路部队于不顾,集重兵对付宋军东、中两路,一下子就将战场主动权掌握在自己手中。

三 凯旋北返盱眙城下遭遇滑铁卢

自此魏军转入战略反攻。魏军总人数达四十余万,《宋书》卷四十六《张畅传》载:拓跋焘兵临彭城,遣俘虏来的宋军队主蒯应到城门前求酒和甘蔗,城门守卫队主梁发与之对话。梁发问"虏主自来不",蒯应回答说"来了",梁发又问:"士马多少?"蒯应回答"四十余万"。可知北魏南下大军有四十余万。《魏书》卷五十三《李孝伯传》也有类似记载。

拓跋焘命令魏军各军分道并进:永昌王拓跋仁从洛阳朝寿阳(今安徽省寿县)方向攻击前进;尚书长孙真率军直扑马头(今安徽省当涂县淮河南岸);楚王拓跋建率军朝钟离(今安徽省凤阳县东北)方向进击;高凉王拓跋那从青州朝下邳(今江苏省邳州市)方向前进;拓跋焘自己则率军从东平(今山东省东平县)向邹山(今山东省邹城市)扑来。

十一月辛卯(初五),北魏国主抵达邹山,生擒鲁郡太守崔邪利。

十一月十七日,拓跋仁率领八万骑兵连拔悬瓠、项城后在尉武(今安徽省寿县西北数十里)追上了刘康祖之军,刘康祖所率八千人的部队几乎全部被魏军斩杀,只有区区数十人侥幸逃归了寿阳。他们沿途纵火焚烧,劫掠了马头、钟离两地。

壬子(二十六日),北魏国主抵达彭城。魏尚书李孝伯与宋安北长史、沛郡太守张畅对话时,竟称魏军"自入此境七百余里,主人竟不能一相拒逆"。可知宋军在滑台败退后,一溃七百里,似乎比一溃千里要好那么一点。自然对魏军的反击也没能展开有效的阻击,魏军也没有丝毫客气,纵横江淮,横扫千军如卷席。

十二月丙辰朔(初一),魏军在攻彭城不下后,挥师南下,准备兑现"去扬州住"的"诺言"。拓跋焘命令东、中、西三路大军齐头并进:东路由尚书郎鲁秀攻击广陵(今江苏省扬州市),中路由高凉王拓跋那进攻淮河下游重镇山阳(今江苏省淮安市),西路拓跋仁率领大军自寿阳南下占领横江(今安徽省和县东南长江北岸),自率中军直扑淮河下游另一重镇盱眙(今江苏省盱眙县);北魏军队途经之处无不抢掠烧杀,所有城池,听说北魏军队前来进犯,都马上奔逃溃散。

戊午(初三),刘宋都城建康实行戒严。己未(初四),北魏军队抵达淮上。

因"刈藋苇作筏"耽误了几天,魏军直到乙丑(初十)才渡过淮河,随即与奉命北上增援彭城的臧质部队遭遇,双方发生激战,臧质所率万人仅剩七百,被盱眙太守沈璞接纳。第二天,"闻盱眙有积粟,欲以为北归之资",便尝试着对盱眙城发动进攻,不料围攻盱眙没有奏效,拓跋焘只好命令部将韩元兴率领数千魏军守在盱眙近郊,自己率领大军南下。庚午(十五日),拓跋焘大军进抵瓜步山(今江苏省南京市六合区东南),与建康城仅一江之隔。拓跋焘本来是想住到扬州的,只是扬州被刘义隆下令放火烧毁了。刘义隆下令烧扬州的目的是不留任何可以资敌的物资,但有没有让拓跋焘到扬州居住的"诺言"兑现不了的因素?最终,拓跋焘没到扬州居住,而是选择住在瓜步山上。

至此,草率的北伐全线败退,最初的三路大军北伐之战,演变成长江守卫战。长江以北,广袤的两淮平原上,除了彭城、山阳、盱眙少数几座孤城外,刘宋江北领土几乎丧失殆尽。西线战场,柳元景、薛安都等人虽打了几场胜仗,但对大局影响甚微,东线魏军并没有分兵前往支援,袭扰牵制的作用没收到预期效果,几场小胜也不知是否能稍慰刘义隆那颗已经惶恐不安的朕心。

接下来,北伐与反击的战争进入尾声,双方为了面子,互相都开动宣传机器,都说是己方拒绝了对方的婚约要求,似乎主动拒绝比打胜仗还风光。《魏书》卷四《拓跋焘本纪》载:"甲申,义隆使献百牢,贡其方物,又请进女于皇孙以求和好。帝以师婚非礼,许和而不许婚。"意思是宋文帝刘义隆进献了很多礼品后,又请求将女儿嫁给拓跋焘孙子,以求两国和好。拓跋焘以北魏大军压境被迫结成的婚姻是不符合礼法的,答应和谈而不答应通婚,派散骑侍郎夏侯野回复刘义隆的要求。命令皇孙拓跋濬写信表达问候之意。

《宋书》卷九十五《索房传》载:"上(宋文帝)遣奉朝请田奇饷以珍馐异味。焘得黄甘,即啖之,并大进酃酒,左右有耳语者,疑食中有毒,焘不答,以手指天,而以孙儿示奇曰:'至此非唯欲为名,实是贪结姻缘,若能酬酢,自今不复相犯秋毫。'又求嫁女与世祖。"说法与《魏书》所载完全相反,变成了是拓跋焘为孙儿求婚,如刘义隆同意,还愿意将女儿嫁给刘义隆的儿子。

《资治通鉴》的说法基本采用了《宋书》的说法:宋文帝派遣奉朝请田奇带着奇珍异果送给北魏国主。北魏国主得到黄柑,拿过来就吃,并痛饮酃酒。站在北魏国主身边的左右侍从中,有人趴在北魏国主耳边低语,怀疑食物里边有毒药。北魏国主没有回答,而抬起手,用手指着天,把他的孙子叫过来给田奇看,说:"我从很远的地方来到这里,不是想要成就功业,传播自己的名声,其实是想维持过去的友好,安定百姓,永远结成婚姻,永远相互援助。宋国皇帝如果能够把他的女儿嫁给我这个孙子,我也把自己的女儿许配给武陵王刘骏为妻,那样,从今以后不会再让一匹马南下骚扰。"不管双方如何巧舌如簧,结果是谁也没有嫁,谁也没有娶。北魏和刘宋没做成亲家才是事实。

拓跋焘北返路线因东线水网沼泽遍布而被放弃,选择经山阳北返本是最近路线,无奈在白水陂受阻,只好调转马头折向盱眙。这样东路攻扬州的鲁秀部,中路攻山阳的高凉王拓跋那部和拓跋焘所率的拓跋谭部,至少三十万北魏大军一起汇聚到盱眙。想那场面该是何等的壮观！这在盱眙历史上恐怕是空前绝后的仅此一次。

本来在北返时攻下盱眙夺取粮草以资军饷是计划之内的安排,当初留下韩元兴率几千人马监视盱眙,就是等待返还时再攻城夺粮。只不过主帅拓跋焘则是可以不参加的;然而人算不如天算,冥冥之中自有安排。少了拓跋焘的参与,发生在盱眙的这场风云际会,就会因缺少主角而黯然失色,盱眙保卫战会因默默无闻而淹没于历史长河之中。

拓跋焘来了,如约而至。一个月后,拓跋焘退走了,无功而退。

面对三千守卒的盱眙小城,拥有数十万大军的拓跋焘猛攻一个月,丢下数万魏兵尸体无功退走。从守城角度看,守住就是胜利;相反从攻城角度看,无功就是失败。拓跋焘失败了,这是他有生以来第一次。此前纵横于蒙古草原,出没于塞北大漠,转战于白山黑水,驰骋于西域戈壁,也曾多次陷入绝境,但最终都化险为夷、转危为安。今次在盱眙城下,幸运之神没能再次眷顾拓跋大帝,反而用其一生中遭受到的最大耻辱,成全了盱眙城守军主将臧质和沈璞,二人在盱眙城的表现,成为元嘉北伐期间的唯一亮点,为刘义隆挣得一丝脸面;当然也成全了盱眙这座小城,经此一战而闻名遐迩。

附录五：关于臧质城的研究回顾

一 《中国历史地图集》考证三则之"历代盱眙和泗州的治所"[1]

谭其骧 遗稿

盱眙故城有三，皆依山而筑，濒淮水南岸。

《说文》："盱，张目也"；"眙，直视也"。《方舆纪要》谓邑以城居山上可以瞩远而得名盱眙，其说当有所本。自建县后二千年来城址虽一迁再迁，要不离乎淮滨诸山之麓，仍与县名原义相符。

盱眙故城皆依山而筑，而唐以前故城又在今县治东北（下详），今县东北淮水北岸无山，惟南岸有之，故知唐以前故城当与今县相同，亦在南岸。杨图自秦至唐皆置盱眙县治于北岸，盖以官本《水经注·淮水》"径盱眙县故城南"一语为据。按大典本、朱本、全本、赵本《水经注》"南"皆作"西"，兹以地形验之，则作西是也。淮水自今盱眙县治以下作东北偏北流向，正当流经盱眙县故城之西。杨昧于地形，致有此误。

其在今县治东北约二十五里盱眙山之侧者，乃秦县故址，楚汉之际义帝都之，西汉为临淮郡都尉治，东汉属下邳国，西晋为临淮郡治。

《舆地纪胜》盱眙军："先福寺在郡东二十五里古盱眙城。"又："皇城在郡东北二十五里长围山之侧。《寰宇记》云：'古老相传，谓之皇城，盖义帝旧都也'"。

---

[1] 原载《历史地理》第20辑，上海：上海人民出版社2004年版，第385—389页。

按上引《寰宇记》云云，今本《寰宇记》系于县东一里台子山上之义帝祠条下，文辞羼错，赖《纪胜》此条，方知《寰宇记》原文皇城与义帝祠本各为一条，今本误并为一。又按：《寰宇记》、《纪要》、《一统志》皆谓长围山在宋县亦即今县东北七里，古盱眙城即皇城既在今县东北二十五里，则不得在长围山侧。

《寰宇记》："盱眙山在县东四十里。按阮昇之记云，其山形若马鞍，遂名马鞍山。天宝中改为盱眙山。"《纪胜》："马鞍山在郡南二十五里，或名盱眙山。"

按天宝中改马鞍山曰盱眙山，当得名于其山为盱眙故治所在，《一统志》引《县志》谓故城在县东北盱眙山之麓淮水之滨者是也。此山方位当从《寰宇记》在宋县即今县之东，《纪胜》作南者误，其里距又当以《纪胜》二十五里为正，《寰宇记》作四十里者误，故城当在其北麓淮滨，则正值宋后盱眙之东北，是《纪胜》所谓皇城在长围山之侧者，长围山乃盱眙山之误也（在长围山侧者乃东晋后之故城，详下文）。

《一统志》引《县志》："又有汉王城，在县东北三十里；相近又有霸王城，小儿城，相传皆项氏立义帝时屯兵处，或以为汉县治此"，此所谓汉王城与霸王城，其中当有一城即《纪胜》所谓皇城。

盱眙山不见于今图，依道里求之，约当在圣人山（县东二十里）与龟山（县东三十里）之间。

其在今县治东北约五里许都梁山之东北麓者，乃东晋至唐初之盱眙郡县所治，宋之南兖州，齐之北兖州，陈之北谯州亦当治此，唐武德中之西楚州亦治此。

欲明乎此一时期盱眙故城所在，当自寻绎史乘所载宋魏盱眙之战及通鉴胡注有关各节入手。

《通鉴》宋元嘉二十七年，臧质御魏兵于盱眙，使胡崇之臧澄之营东山（《宋书·臧质传》作城东高山），毛熙祚据前浦。胡注："东山、前浦皆在盱眙城左右，东山在今盱眙城东南。东山之北则高家山，高家山之东则陡山，稍南则都梁山，都梁山之东北则古盱眙城，城临遇明河。又东径杨茅涧口,又东径富陵河口则君山,魏太武作浮桥于此,自北渡淮,稍东则龟山。"

又:元嘉二十八年,魏主自瓜步还师,攻盱眙,"筑长围一夜而合,运东山土石以填堑,作浮桥于君山(《宋书·臧质传》军山),绝水陆道"。胡注:"今盱眙县北七里有长围山。《图经》云:臧质守盱眙,魏太武于都梁山筑长城造浮桥绝水路即此。"

又:"唐咸通十年,辛谠为泗州迎粮于淮南,还至斗山。"胡注:"斗山在今盱眙县,亦曰陡山,临淮流,斗山之东,则古盱眙。"

据上引,可知胡注所谓古盱眙城,在宋盱眙城(即今县)之东,都梁山之东北,斗山之东,君山之西。

都梁山方位,诸志所载不一,当以《寰宇记》为正。其在县南十六里者,盖山之主峰。县东南十五里有隋所置都梁驿(今本驿下衍一宫字),盖在主峰之东北麓。县西南十六里有炀帝所立都梁宫,盖在主峰之西北隅,以逼近淮流,故《记》又谓都梁宫周回二里。"东据林麓西枕长淮,南望岩峰(指主峰)北瞰城郭(指盱眙城)","又于宫西南淮侧造钓鱼台"也(此条今本误系在临淮县下)。《纪胜》谓宫在县东十五里,《纪要》《一统志》谓山在东南五十里,皆误。惟都梁山非只一峰,绵互甚广,故胡注所谓都梁山当在城之东南方,而其东北麓之古盱眙城则又当在城(东北方)。

《方舆纪要》谓陡山在今县东北五里,与胡注所载方位相合,《寰宇记》谓在县治西南者误。诸志皆谓君山在今县东北六里,又东北一里为长围山,以魏太武筑长围于此而得名。二山密迩相连,皆都梁支脉,亦被都梁之称,故魏太武筑长围于长围山立浮桥于君山而图经谓长城浮桥,并在都梁也。太武所筑长围,又不仅在长围一山之上,故《元和志》又系筑长围事于军山条下(《纪胜》引)。

魏太武攻围盱眙时遗迹所在之君山、长围山既皆在胡注所谓古盱眙城之近郊,则此城自当即刘宋时之盱眙郡城,亦即臧质所守之城。斗山当在城之西南而非正西,君山长围山当在城之东北而非正东。故《寰宇记》谓臧质城"西近淮水"。此城西距唐宋后之盱眙城仅五里许。《纪胜》谓在郡北二十里者误也。

但据上引史文，宋魏攻战之所又有东山、前浦二地，亦当在刘宋郡城近郊。东山《纪胜》谓在郡治之东，胡注亦谓在城东南。前浦《纪胜》谓亦名赤渊浦，据《寰宇记》赤渊浦在县城南二里。东山、前浦既即在宋县之东之前，是刘宋时郡城似当与宋县同在一地。杨图置东晋、宋、齐盱眙郡治于今县治所，殆以此为据。然使臧质所守之城果在今县治所，则魏师何得远在六七里外之君山长围山筑围？窃意凡山之在县治东者皆得谓为东山；则宋后之东山，未必即刘宋时之东山；前浦当作东西流向，则此浦在臧质城之前，亦得在今县之前；故推定臧质城位置，自当以君山、长围山为依据。又《纪胜》载有"后浦在旧盱眙县北长围山下"。此所谓旧盱眙县既在长围山下，当即臧质城。后浦既在臧质城后，则前浦亦当得名于在此城之前，其在今县南二里者特其上游耳。

至《寰宇记》谓"台子山在县东一里"，元嘉中魏师"造弩台以射城中，因以为名"，此事不见史载，殆出后人附会，自不足为刘宋时郡治即在今治之证。

据《寰宇记》："废臧质城西近淮水，……臧质屯兵于盱眙筑城以拒魏师。隋大业十年孟让贼据都梁宫，其年，江都通守王世充修理此城，屯军破贼。至唐武德六年辅公祏江南作逆，……李勣等在此屯军，聚造器仗；至七年破辅公祏以定江南，军去之后空废。"是臧质城至唐平辅公祏始空废，自此之前，隋之盱眙县与唐之西楚州仍治此城；故盱眙之自臧质城再移今治，当在武德八年罢西楚州以县属楚州（《旧唐志》）时。

至盱眙于何时始自盱眙山侧之秦汉故城移治都梁山麓臧质城故址，已无可确考。兹以刘宋盱眙郡乃因于东晋之旧，东晋之立盱眙郡，事在义熙七年（《晋志》），自义熙上溯永嘉之乱，中间经历百年，长淮左右，迭遭兵燹，秦汉故城，存者殆鲜，姑断以义熙为移治之始。

今本《寰宇记》义帝祠一条，最为羼杂错乱，不仅如上文所及义帝祠与皇城应各为一条，其叙皇城又有"至晋义熙中于此置盱眙郡，至东魏郡废"二语系南北朝时郡治于秦汉故城，亦显与史实背谬，故《纪胜》皇城条虽引《寰宇记》文而无此二语,阮元注《晋志》节引《寰宇记》此条乃谓义熙中置盱眙于台子山(义帝祠所在),误甚。

臧质城自唐平辅公祏后虽归空废,但其城隍则至唐末犹存。《通鉴》:咸通九年庞勋所部围泗州,淮南遣兵赴救,"屯都梁城,与泗州隔淮相望",已而出战,淮南兵大败,勋众"遂陷都梁城"。未几戴可师奉诏讨勋,"围都梁城",勋众伪降夜遁,可师既入城,勋众数万奄至纵击,可师一军尽没。此所谓都梁城当即臧质城,盖时人以其在都梁山麓,故名。《通鉴考异》引《彭门纪乱》又作"都梁山旧城"。

《水经·淮水注》:"淮水又东历客山,径盱眙县故城西",自来释者皆以"客山"当盱眙山,"故城"当秦汉故城。今按郦时秦汉故城废弃已久,盱眙山广袤不及都梁,险峻不及斗山,非淮滨诸山中之显著者,颇疑客山当即都梁山或专指斗山,而故城乃义熙以来之盱眙城亦即都梁城。

至唐始移治慈氏山,唐五代宋初及自南宋至今之盱眙县,南宋之盱眙军招信军,元初之招信路临淮府皆治此。故城圮于明永乐中,自后无城。

唐武德八年盱眙县已不在都梁城(见上考),唐宋间无移治之迹。《寰宇记》《纪胜》《通鉴》胡注与《纪要》《一统志》所载盱眙县境山川古迹道里悉同,故知唐宋县治即在今治。

《通鉴》:咸通十年辛谠为泗州迎粮于淮南,"还至斗山",庞勋将"王弘芝帅众万余,拒之于盱眙,密布战舰百五十艘以塞淮流",已而"谠命勇士乘小舟入其下,矢刃所不能及,以枪揭火牛焚之,战舰既燃",勋众"溃走,官军乃得过入城"。辛谠自下游来,至斗山而勋众拒之于盱眙,塞淮流以阻其入泗州之路,足证其时盱眙已在斗山之西,与宋后同。

《一统志》引元学士曹元用《重修县治碑记》:"盱眙县旧寓慈氏山麓,延祐庚申,迁筑东狱行祠之右。泰定四年,县尹李克中,以县治卑隘,又迁临淮府旧基,即今治也",此所谓迁治,皆指县署而言,非谓城邑也。慈氏山自宋后亦名第一山(宋自京师至汴口并无山,惟隔淮有此,故名),至今仍为县治所在。宋世曾屡筑盱眙城,明永乐中旧城圮,其后迄未重筑(参《纪胜》《一统志》,朱云锦《皖省志略》,武同举《淮系年表》)。

宋自景德中又移盱眙县治于淮水对岸之泗州城中,金明昌以前因之,此又盱眙故治之在盱眙故城之外者,合计历代盱眙治所凡四。

泗州故城亦有四:周、隋、唐初治宿预县,故城在今宿迁县东南,此其一。自唐开元至清康熙治汴口,故城东南与盱眙隔淮相对,相去五里,此其二。清康熙十九年州圮城于淮水,寄治盱眙县此其三。乾隆四十二年省虹县徙州治之,即今泗县治,此其四。

自唐开元至清康熙,九百余年,州城位置不改,其郭下县则迭有更易,初曰临淮,宋景德后为盱眙,金明昌后改淮平,元至元后为临淮,至明洪武初省并入州。

泗州初置治宿预与清康熙后一移盱眙,再移虹县,皆明载诸志,毋庸详究,兹请专考唐以后汴口故治。

盱眙对岸汴渠入淮之口,唐人习称淮口。其地本属徐城县:"长安四年割徐城南界两乡于沙熟淮口置临淮县"(《旧唐志》),始为县治。开元二十三年自宿预移泗州来治临淮,(《元和志》《旧唐志》)自是遂为州治。初只一城,在汴口之东(《元和志》)。其后又于汴西增筑一城,至明初合而为一。清康熙十九年州城为淮水所没,故址在今洪泽湖中(《纪要》《一统志》)。

州城旧与盱眙县治相去五里,(据《寰宇记》《纪要》作七里)淮水流经其间,河床时有移动,两岸时有塌涨,其初州治即淮口所在。至唐末庞勋与官军攻夺泗州时,乃别有淮口镇在州城之外(《通鉴》咸通九年),可见自长安以来百五六十年间,北岸有所增涨,此后又九十年至周世宗用兵淮南时,则城南但有水寨及月城而已(《通鉴》显德四年),又可见唐末五代时汴口必有所倾圮。宋世泗州城南亦不闻另有邑落。至明清之际则淮宽二里,南距盱眙县治二里,北据州城一里,自州城沦没,故址左右,淮流遂扩展成湖,今两岸相去已在十里以上,盱眙城亦迫临水浒矣(参《纪要》《一统志》《淮系年表》)。

州之郭下县初为临淮。至宋景德二年移临淮县于徐城驿〔建隆二年省徐城县为驿入临淮，至是又移县治之，在州城西北六（一作五）十里，见《九域志》《广记》《纪要》《一统志》〕，当即移盱眙于郭下，故《九域志》《舆地广记》皆以盱眙为州之首县。《广记》谓乾德元年移州治盱眙，其误有二，据《寰宇记》，州在太平兴国中仍治临淮，不得于乾德时已改盱眙，一也。州据汴渠入淮之口，为南北往来冲要，其时汴运方殷，必不得既移临淮县于徐城，又移州就盱眙而空废州城，二也。按《九域志》盱眙下有盱眙镇，知其时旧县已废为镇，是《广记》所谓移州治盱眙，实为移县入州郭之误。《金志》泗州首淮平，下云："旧盱眙县，明昌六年以宋有盱眙军故更"，更可证自明昌六年以前，盱眙为泗州郭下县。

金明昌六年更盱眙为淮平后，至元二十年又并淮平入临淮，临淮还治州郭，至明洪武初省并入州（《元志》《明志》《纪要》《一统志》）。

其淮南之盱眙旧县，则自南渡初淮北入于金，宋即复镇为县，建炎三年升为盱眙军，四年复为县，绍兴十二年复升军，宝庆三年入于金，绍定四年复，改为招信军。元至元十四年升招信路，十五年改为临淮府，至二十七年府废。自南宋置军以来郭下仍有盱眙县，至是县乃还隶泗州，复北宋之旧（《纪胜》《宋志》《元志》）。

《宋志》泗州与招信军二条，皆有脱讹。其泗州条下云："绍兴十二年入金，后复"，则所载系绍兴三十一年金人渝盟至隆兴和议再成宋复有州境时之制。其时郭下县仍当为盱眙，而志脱载，但领临淮、虹、淮平三县。

淮平下云："绍兴二十一年地入于金，析临淮地置今县。南渡后有淮平无盱眙，盖盱眙县即招信军也。"其文错乱不可通读。意者"地入于金"四字乃衍文，二十一年当系三十一年之误，盖必绍兴三十一年宋收复泗州时方有析临淮置淮平之可能，若在二十一年，则宋金方划淮而守，宋安得在淮北有所措施，至其地入于金，则南渡初已然矣，何待至绍兴二十一年或三十一年？且地既入金矣，宋又安得析置"今县"。

其谓南渡后无盱眙县，又招信军条下作领县二天长、招信而无盱眙，亦非。宋置盱眙军后郭下仍有盱眙县，明见《纪胜》《元志》，谓招信军治盱眙县则可，不得谓有招信军便无盱眙县也。

又招信军下云："本泗州盱眙县，建炎三年升军，四年为县"，绍兴"十二年复升军，……宝庆三年入于金，绍定四年复，仍为招信军"，"仍"字应改作"改"。此郡在绍定以前史乘所载皆作盱眙军，未尝作招信军。兹言"仍"则一若自建炎以来即名招信矣。《纪要》《一统志》即因是而竟作"建炎三年升为招信军"。

《宋志》所载之淮平县，故治在州西二十里（《纪要》《一统志》），诸志皆不载废于何时。窃疑《金志》所谓明昌六年，改盱眙为淮平，其实际情况殆为并盱眙淮平二县为一，而移淮平之名于州之郭下县耳，淮平故治即废于是时。

杨图自唐至明置泗州于今盱眙县治稍北，又置五代之盱眙县宋之招信军于今盱眙县东北，又置宋之淮平县于今盱眙县治西约二十里，皆在淮水南岸，皆误。泗州除清康熙乾隆间寄治盱眙时外，始终未尝在淮南，五代之盱眙县宋之招信军皆治今县，宋之淮平县应在淮水北岸之泗州城西，并见上考，兹不复赘。

（1959年12月30日）

二　1961年《盱眙县志》附卷二：盱眙城考

盱眙处在淮河以南，长江以北。而沿淮山脉起伏，又形成了天然的居高临下形势。因此古代不论南征北战，皆必以争夺淮水攻占盱眙为先。其原因就是盱眙依山筑城，有险可守。但是各个朝代所处的环境不同，其建城地点也不固定就在一处。从楚汉开始到南宋期间，盱眙就有了三座县城。今天的盱城遗迹，仅不过是最后的一座城池，因为传说中，只认为盱眙古来只有一座城，因此把这三座城的地点和考据写在下面，并附图说明。同时必须说明这个考据还嫌不足，验断也未必正确，仅作提出，供读者参考。

一、西楚盱眙城

秦朝二世(皇帝)二年,盱眙东阳陈婴起义,与项梁合兵,立楚怀王孙子芈氏熊姓名心为楚义帝,定都在盱眙,为盱眙建城之前开始。它的具体地点,应该在"圣人山",有以下几点依据:

(一)从命名来说

原志稿"古迹"卷第三页引(寰宇记)书上说(皇城在治"指今治"东北,为义帝旧都。);又"山川"卷第二十九页(皇城湖在治东北圣人山),既叫"皇城",当然可以意味着是皇城所居之城;其"皇城湖"也当然可说,因湖居皇城下而得名。后来皇城拆毁,人们因圣人山而叫它为"圣人山湖",这是很可能的事情。

(二)从方向,距离来看

原志稿"山川"卷第五页引(盱眙图径)书上说(斗山周围二十里,与都梁山相对,俗名陡山,兼有二山、三山、四山而言。)又(胡三省通鉴注)书上说(陡山之东古盱眙城也。);又"山川"卷第六页(圣人山在治"指今治"东北二十里。)考今治东北有斗(陡)山、甘泉山、圣人山、龟山。如以斗山、甘泉山计算,则不足二十里;如以龟山计算,则超过约二十里;只有圣人山却能符合这个距离。

又考这"山川"卷第六页(君"军"山"即下龟山"在盱眙东北六里),又说(治东七里有长围山俗名叫长尾山)。这个距离是以"圣人山"县治为准。如以今治为准,则距离不对。那么为什么不用"皇城"来定方向,距离而用县治来定呢?因为楚义帝在"圣人山"上建都只有两个多月,就迁都到徐州(原志稿"兵事"卷第一、第二页)。在义帝迁都后,此城改作郡县治,甚至再加整修是可能的(参看下节"刘宋盱眙城")。因而标定君山,长围山方向,距离是用圣人山治作为依据的。

(三)从形势和现有遗物来看

原志稿"古迹"卷三页〔是东北汉王城,项王城、小儿城三城相连。

相传项氏立楚后（即楚义帝）时屯兵处］根据这个形势，楚义帝之城，恰据中间且处于外围的三座城，有着保卫皇城之意义。再以现有之遗物砖石（现砌在已废之圣人山庙第一层台阶）来看。既非今时出窑之物，也不是民间或者是庙宇所用墙砖可比。而恰恰是符合砌城用砖的尺度。这座城并不算大（周回约六里），而形势却居险要。城中有河（即枯河）通淮。两旁有连山拱卫，实为易守难攻之天然形势，此为后来在此设置郡县治，也提出了理由。

二、南北朝盱眙城

南北朝时，名为旧盱眙治者有两座城。其为作战而筑者，还有三座城，这些城的整修与新筑，是发生在北魏拓跋焘南侵与刘宋大将臧质交战时期，现分述如下：

（一）北魏旧盱城

北魏侵入盱眙，是在刘宋元嘉二十七年，当时盱眙属南朝。魏主拓跋焘之侵入，是从君（军）山搭浮桥过淮的。军山就是下龟山［原志稿"山川"卷续补遗第一页引（唐国史补后）］有（验山海径）书上说（水兽好为善，禹锁之于君山之下，其名曰"巫支奇"）。魏兵过淮，首先就在下龟山寺后筑城，名叫"魏武城"（原志稿"古迹"卷第三页）。因为宋将臧质被魏军败，奔投盱眙（即刘宋盱眙），拓跋焘没有打开这座城，便引兵向南，转攻瓜州，留下几千人守盱眙城（下龟山），这个下龟山城就成为北魏的盱眙郡治。也称为古盱眙城。在当时来说，盱眙是有两个郡治。

（二）刘宋盱眙城

宋将臧质，在刘宋元嘉二十七年奉令北救徐州，行至盱眙，魏主拓跋焘已领军过淮。臧质乃分筑"长围"（距离下龟山一里）、"龟山"（在下龟山尾）、"臧质"（应在小龟山，为臧质之营）三座城，对魏兵作包围抗拒形势。臧质为魏军击败，夜间顺着淮河退投盱眙，与盱眙太守沈璞增修城恒，合力共守。这座城就是"圣人山"城，也是原来的西楚盱眙城。

第二年拓跋焘由南回师，再攻盱眙（圣人山城），从城的东北方切开一条攻道，运东山土石以填堑沟，魏军又怕臧质利用穿城河从水路逃走，复在下龟山作浮桥以绝淮道，至此臧质军队水陆路并断。

根据战争的地理形势：第一、圣人山之东北有尖山，与圣山交接处有一条山沟，取东山之土填堑，应该是指这条山沟而言。现时的盱城东北，就不是这个形势；第二、圣人山上这座城，有条古河贯穿在城内，下通淮河，出口便是下龟山，所以拓跋焘在下龟山作浮桥以阻断臧质军队水路。如现时的盱城作战，就不必远在龟山作浮桥。

三、南宋盱眙城

南宋盱眙城，就是现在盱眙城的遗址。它建造在南宋绍兴六年五月。为宋将张浚驻兵盱眙时所筑。周围二十七华里。（原志稿古迹卷第四页）此城有六门——东门、南门、宝积门、玻璃门、淮汴门、山口门。（参看原志稿"建置"第三页）现在城墙遗迹，还有部分存在；从宝积山、照面山、象山等处，都可以看出旧迹。其斩龙涧和照面山两处，还残留着城根旧石基。近来地方老人还有传说（盱城七里七、天长三里三）（指穿城南北直径说）可见这座盱眙城很大，与周围二十七里可以符合的。

盱眙在南宋时为边区大镇，常驻重兵，为淮上军事险要据点。曾为金、宋两国交争目标。到了明朝燕王朱棣（就是永乐皇帝），率"靖难师"南下攻南京，因盱眙城难攻，暗从马过咀渡绕道，出其不易攻下山城。朱棣从盱眙进取南京以后，深恐有皇族再据盱城，威胁南京，因乘胜把盱眙城拆去，时为明朝建文四年。传说盱城拆时，列兵于途，传递城砖而至淮安，转建"大河卫"。就是淮安新城东门内之建筑物，在明朝是一个军事机构，为控制漕运而设。现已荒废，砖石全无。但查山阳县志，并没有记载大河卫之砖石为盱城之来源。故盱眙原志稿上也仅作传说。其城根大石，为泗洲修护城堤时取去；（原志稿"建置"卷第三页）其河下砖石为李兆受拆去，在旧县造方城所用。（原志稿"古迹"卷第二页）。

又据传说,盱山是朱洪武的"祖坟"的"面岸"。明朝永乐时认为盱眙城对他家的"祖坟"有"反弓"的嫌疑。"反弓"就是坟对着弓背的意思,会出反叛子孙。又说盱城在坟面前像一顶和尚帽子,是朱家出和尚的根源。因为朱洪武曾在凤阳皇觉寺里做过和尚,允炆皇帝也出家做了和尚,盱城如不拆将来还要出和尚。所以痛恨盱眙城把它拆去。

还要说明是,现在的盱眙城是南宋时盱眙城的遗址,在南宋以前盱眙就没有城。原志稿各卷诗词中可以看出,唐朝有诗人颜师古、北宋有诗人米芾、苏轼等都是为题咏第一山、玻璃泉、龟山或者是淮、湖而作。假如南宋以前有城,当然要出现一些以山城为题的诗篇。再看北宋时所名的"盱眙十景",也未把盱城列为一景。所以我们初步判断是,现时盱城的遗址,仅是最后的一座城池,南宋以前的盱眙县城,应该是在圣人山和龟山两地。

那么,为什么一个县治要出现三个县城呢?原因是古代国都多在河南、陕西,六朝又都是建都南京。此两处,都建过皇业基地,南征北战,也就因基地开端。河南有条汴河流向东南而通泗水入淮,其入淮处,即东汴河口之临淮安,古为下邳国又设过临淮郡主。与临淮相对之处,就是下龟山和圣人山。再从此通过古禹王河或者高宝湖,便可以直达长江。也可以从此改陆路直趋南京。而江南北上也还得利用这条水陆路而进入河南、陕西。所以原志稿上"疆域"卷第十二页上说[盱眙是水陆要道,从汴京到吴、楚(国名,吴都苏州,楚都江陵)。从东南到秦(秦国都咸阳)、豫(河南)、皆必须经过盱眙]。这个形势,从秦汉到北宋一直是这样。(参阅"交通")因此下龟山、圣人山两地筑城,是符合于当时交通、军事需要的。到了南宋时期,由于京城偏于浙东,在形势上有了变化。(宋与金国是以淮为界的)淮北的泗州就属于金国,仅与盱眙一淮之隔,为加紧边防,有着筑城之必要。张浚依山筑城,城垣既大且坚,也就为此。总之一句话,这三座城都是为适应当时环境而产生。那么建治的地方是不是一定要有城、有城的地方又是不是一定是县治呢?这倒不一定。因为城与县治的作用不同,城为军事上防守要点,治为行政上枢纽,在承平时期,尽管是一个县治,不一定就要有城;而在战争时期,为军事上需要,就是在一块荒山之地上,做成土围子或用乱石堆成圈子,也得算上一座城,在原志稿"古迹"卷里,各朝在盱所遗城址,竟有三十九处之多。所以秦始皇设盱眙县时,当时并没有城,到了刘邦、项羽反秦,便有了皇城。南北朝时国内混战,金、宋间互夺淮流,城池也就随着战争而出现,再从北宋统一局面来看,由于国内没有战争,盱眙是一个县治,并没有筑城,并且出现在了许多诗人留名石刻;元、明、清有一段时期,并出现了许多建筑物。不仅如此,人民且在此期间内,过着一段安居乐业的生活,因此可以说:哪一个朝代统一,县治就不一定要城,人民生活也就好过,文化、建设事业也就随之发达;哪一个朝代城池过多,那就说明国内在混战,一个县内能筑上许多城,人民且在颠沛流离,过着痛苦生活。如南宋张浚在筑盱城时,就是当朝宰相赵鼎也说(盱城筑在暑天,征用老百姓从山下运土石,每天皆有许多的农民,凡十里以内的竹木皆尽,新旧坟墓也不知挖废了多少,老百姓有苦无诉,忍痛应工。)(原志稿"兵事"卷第二十八、二十九页)人民需要统一局面,人民需要和平环境,战争给人民带来了痛苦,筑城给人民以劳役苦难,这是古今人民内心愿望和反对的共同点!

(转自盱眙县地方志办公室、盱眙县档案局、盱眙县历史文化研究会编:《盱眙县志》,2017年再版,内部刊印。)

三 《洪泽湖志》汇考篇·盱眙故城考

荀德麟

盱眙秦代建县,县城临淮守险,为滨淮重镇,曾做过项梁扶持的楚怀王的都城。南北朝时期,著名的盱眙保卫战在这里展开。然而,这样一座著名古城,古籍上对其遗址的地望却说法不一,迁治时间,亦异说迭出,悬殊太大。本文即试图将这些问题加以澄清。

关于盱眙县古城的位置，《重修安徽通志》载："盱眙古城在今县（指今盱眙县城）东北，盱眙山之麓，淮水之滨，本秦县。"这条记载本是比较清楚的，但由于盱眙山之名久废，今盱眙滨淮的山头又较多，使我们无法确指哪座山是引文中所说的古盱眙山，对判断盱眙故城的位置，仍无实质性的帮助。

有鉴于此，我们只能从涉及盱眙故城地理位置的史料入手。关于这方面的资料，较早和具代表性的主要有：

《太平寰宇记》："新开直河，在（盱眙）县城北六十步县郭内，其淮河决，开至黄土岗。太极元年，敕使魏景倩开淮水向扬州。"

《资治通鉴》元嘉二十七年胡三省注："都梁山之东北则古盱眙城，城临遇明河。"

《太平御览》引唐《盱眙图经》："都梁山，周回三十里，在县南。"

关于都梁山，尽管讲"周回三十里"，但由于盱眙滨淮处连绵皆山，其起讫处无法界定，故这一地理坐标也难以单独进行有效应用。如能找到新开直河和遇明河的准确位置，古盱眙城的位置倒是可以大体弄清。

关于新开直河和遇明河，在本编《直渎·禹王河·遇明河》和《盱眙直河考》二文中，已经考证出：新开直河即盱眙直河，其入淮处与遇明河（即古禹王河，亦即古直渎）是同一处，位于今甘泉山和圣人山之间的圣山湖入淮处。古盱眙城又在"淮水之滨"，故可以初步认定：古盱眙城在圣山湖通淮之处，而直河又"在县城北六十步县郭内"（古称五步为尺，六十步约三十丈），所以古盱眙城靠近直河南侧的甘泉山麓。甘泉山在淮水之东，古盱眙城在"淮水之滨"，所以城必在山之西北麓。

笔者作出这样的判断，还基于如下的记载和考察结果：

《舆地纪胜》："废臧质城，又名古盱眙城，在郡北二十里。《寰宇记》：西近淮水。"因为南宋时盱眙曾设招信军或盱眙军，泗州治也曾设于盱眙，故称"郡"，治于今盱眙县城。郡北二十里，正当圣山湖附近。

同治《盱眙县志》，"（县治）东北二十里小儿城，刘、项共立怀王孙心于此,与汉王城、霸王城三城相连,或云即汉县治也。"三城地望也在圣山湖附近。

又,据盱眙县文博人员在圣人山、甘泉山一带考察,发现山麓确有几座古城遗址。其中甘泉山西北麓的霸王城遗址,一部分被淮水淹没,目前能见到的遗址面积约 10 万平方米,遗址中心高出四周平地 1 米多,文化层厚度 80 厘米～150 厘米,有大量的秦汉特征断砖碎瓦。查《史记》,楚怀王建都盱眙仅三个月,项羽在这里停留的时间更短。临时驻军,不可能建筑如此规模的城池,说它是"霸王城",只能说明楚霸王项羽曾在这个县城屯过兵。所谓"霸王城",无疑是古盱眙县城。

那么,盱眙县治何时迁至今盱城镇?关于这个问题,有东晋、唐、宋三种说法。

持"东晋迁治"说者认为,东晋义熙七年置盱眙郡时,盱眙县撤废,郡治就已迁至今县城范围了。甘泉山麓的县城废,故《水经注》说"淮水又东历客山,经盱眙县故城西。"刘宋时抗北魏的盱城保卫战,主要是在今盱城镇打的,宋将胡崇之、臧澄之所营之东山,毛熙祚所据之"前浦",均在今盱城镇境内;北魏军所筑的"一夕而合"的"长围",也在今盱城镇境内:"魏引军士造弩台以射城中"的台子山,即今盱城镇内的天台山。

为了对这些证据及由此而得出的结论加以澄清,有必要引录和剖析有关的原始资料。

在引录和剖析有关原始资料之前,首先必须澄清的是,"淮水又东历客山,经盱眙县故城西"一语,不是北魏郦道元的《水经注》文,而是东汉桑钦的《水经》文。从秦到东汉,迭经变乱,盱眙县城被毁废之事肯定有的,今甘泉山、圣人山一带,几座古城堡遗址靠得很近,不知桑钦指的是哪一座。好在东汉时的记载不能用来作为讨论"东晋迁治"说的证据,故此处掠过,不加深究。

《晋书·地理志》:义熙七年(411),"以盱眙置盱眙郡,统考城、直渎、阳城三县"。至宋末又增统信都、睢陵二县。而临淮郡在宋武帝永初(420—422)时又统有盱眙县。也就是说,在刘宋初期,盱眙郡和属临淮郡的盱眙县是并存的。郡、县同名异地而又不相统属，实属罕见且令人费解。因此我们只能认定，盱眙郡、县治所不在一地。郡、县治不在一地，还存在两种可能性：一种可能是以原来的县（俗称霸王城）为郡治，而另建新县治，依据刘宋临淮郡和盱眙郡的方位，新建县治在原县治霸王城以北比较合理。霸王城以北，隔古直河相望的圣人山麓，有汉王城。如果说，所谓"汉王城"就是刘宋初期的盱眙县城不是也颇合乎情理吗？另一种可能是，原县治霸王城仍为县治，另觅地新建郡治，这个新建的郡治，在霸王城南比较合理。如果说位于霸王城以南约二十里的今盱城镇是古盱眙郡治，只能以后一种可能性的成立为前提。

那么，这两种可能性，那一种符合历史的真实？我们还得从有关史料着手分析：

《资治通鉴》元嘉二十七年："上使辅国将军臧质将万人救彭城，至盱眙，魏主已过淮。质使冗从仆射胡崇之、积弩将军臧澄之营东山，建威将军毛熙祚据前浦，质营于城南。乙丑，魏燕王谭攻崇之等，三营皆败没，质按兵不敢救……是夕，质军亦溃，质弃辎重器械，单将七百人赴（盱眙郡）城。"这里提到的"东山""前浦"两个地名，《太平寰宇记》未载。《舆地纪胜》将《太平寰宇记》中所载的赤栏浦说成前浦；"东山"最初胡三省《通鉴注》说"东山、前浦皆在盱眙城左右，东山在今盱眙城东南"，胡三省注没交代出处，难免有臆断之嫌。再说，"东山""前浦"两地名，皆以方位词前置，实在不足以证明盱眙郡城在今盱城镇。如果把霸王城东的甘泉山或汉王城东的圣人山称为东山，将二城附近的淮河边某处称为前浦，不是也同样可以且同样有说服力吗？何况胡三省明明注："都梁山之东北则古盱眙城，城临遇明河"。认定甘泉山下的古城即古盱眙城。

再看魏兵第二次攻盱眙的情况，《资治通鉴》元嘉二十八年：魏兵还过山阳，以山阳太守萧僧珍准备充足，而且将白水陂蓄满，打算决水灌敌，故"魏人过山阳，不敢留，因攻盱眙。魏主就臧质求酒，质封溲便与之；魏主怒，筑长围，一夕而合；运东山土石以填堑，作浮桥于君山，绝水陆道。"胡三省注:"今盱眙县北十(引者:原注说'七'里)里有长围山。《图经》云:臧质守盱眙,魏太武于都梁山筑长城,造浮桥,绝水路,即此。"《资治通鉴》晋太元四年,"(谢)玄与田洛帅众五万,进攻盱眙,(前秦)(俱)难、(彭)超又败,退屯淮阴,玄与何谦之、田洛共追之,战于君川"。因此时盱眙城就是霸王城,所以研究者大都认为君川就是霸王城北的古直河,进而认定君山即古直河北的圣人山。这种推定具有难以辩驳的说服力,笔者完全赞成。魏兵作浮桥于君山是为了绝宋兵顺淮东遁之路。而《宋书·臧质传》又讲到臧质为了破坏敌人造浮桥,"乘舰逆战,大破之。明旦,贼更方舟为桁,桁上各严兵自卫。城内更击,不能禁。"臧质与沈璞以3000人守城,还敢分出部分兵力阻挠敌人作浮桥绝水路的企图,想来造浮桥处距城较近,如果以非常单薄的兵力跑到距城20多里的地方,阻挠强敌的绝路之举,不仅难以接近,而且给敌人以中途拦击、邀击的极大可能性。精于用兵之道的臧质,绝不至于如此愚蠢吧。因此,臧质所守之盱眙城,无疑是甘泉山下的霸王城。

魏兵所筑长围的位置也证明,臧质所守之盱眙城不在今盱眙城。魏兵筑长围(即长城),是为了断绝宋兵的陆上逃路,盱眙城西临淮水,东结重兵,北逾淮亦为敌占区,故欲突围从陆路逃走,只有向南。所以魏兵所筑长围,一定在盱眙城之南,而长围却在今盱眙城北七里,在霸王城遗址南十余里。由此进一步证明,刘宋时盱眙郡城不在盱城镇,而只能在霸王城。

《舆地纪胜》:"废臧质城,又名古盱眙城,在郡北二十里。《寰宇记》:西近淮水。宋元嘉中臧质拒魏太武之师于此。"更名言臧质与沈璞共同率领宋兵坚守的盱眙城,即霸王城。

既然此间的盱眙郡城即霸王城,按照我们前面推测的两种可能性,只能是第一种可能性了;即以原县治霸王城为盱眙郡治,而另建新县治(也不排斥利用废城堡作为县治的可能性),这个新县治应在霸王城以北。古直河北岸的圣人山麓的汉王城,很可能就是刘宋永初时的盱眙县城,因为它既紧连盱眙郡,与盱眙县的得名不相违背,又与盱眙郡夹河而峙,界限分明,所以,不相统属,才顺理成章。

根据这个军事地理形势,对照当时的战争态势,试作如下分析和推测:北魏兵由彭城南下淮泗,以偏师出山阳,主力出盱眙,他们的首要攻击目标都是滨淮重镇。北魏数十万大军,人多势众,一路上锐不可当,哪里把臧质、沈璞的万余人放在眼里?所以,他无须对据守盱眙的宋军实施迂回战术(当然,由于北魏人多,渡河需时,故不排斥其由几个地方渡淮,但那主要不是为了迂回作战),而径直由龟山、圣人山一带渡淮。臧质、胡崇之等第一次与北魏兵交战之处,应在沈璞所坚守的盱眙郡城以北的汉王城(即盱眙县城)附近,这对郡城可起到某种意义上的掩护作用。故第一次交战后,臧质的一万部队仅剩700人,而婴城固守的沈璞的2000人却未损失。关于臧质第一次与魏兵交战的屯兵处,胡三省注引《宋略》云:"质屯盱眙城北。"这进一步证明,上面的分析和推测是正确的。汉王城很可能是臧质在盱眙最初的屯兵处。

到刘宋后期,临淮郡盱眙县裁撤;这个盱眙县城(可能是"汉王城")自然也随之空废。齐、梁、后魏、后周复置,均属盱眙郡,为附郭县,郡县遂合治。隋文帝开皇三年,废郡存县。县治仍在霸王城。《太平寰宇记》引录旧史料云:"都梁宫,周回二里,在县西南十六里,大业元年隋炀帝立名,宫在都梁,东据林麓,西枕长淮,南望岩峰,北瞰城廓。"同书"都梁山"条云:"都梁山在县南十六里。"按都梁山为今盱城镇周围诸山的总称,今盱眙第一山旧称都梁第一山,位于都梁山中部。《太平御览》引唐《盱眙图经》云:"都梁山,周回三十里,在县南"。若以都梁山南北长八里计,第一山居中,则第一山北四里为都梁山之北缘。而都梁山在盱眙县城南十六里,则现城在第一山北约二十里,其地望仍当霸王城附近。到大业十年,"孟让贼据都梁宫。其年,王世充修理此城,屯军破贼。武德中,辅公祏叛,徐世勣在此屯军破公祏,其后空废"。

可以确认在今盱城镇范围内构筑的城堡,最早的要推都梁城。《读史方舆纪要》:"都梁故城,隋建。"其修筑时间大约与都梁宫同时,即隋炀帝大业元年。所以在都梁山筑城池,修行宫,主要是因为大运河凿成以后,都梁山直对淮河左岸的通济渠口。今盱眙县城遂成为水陆交通要冲。《太平寰宇记》载:"唐武德四年,以其地当水陆要冲,遂立西楚州,辖盱眙一县。八年,废州,县属楚州,建中二年来属(泗州)。"在古都梁城立西楚州,是因"其地当水陆冲要",差使频繁。立州置县于此,便于遣差派役等。据此分析,盱眙县治当于此间由霸王城迁至今盱城镇范围内。或许有人说,这之后的唐太极元年,魏景倩凿新开直河,不是还讲"在县城北六十步县郭内"嘛。如果武德时迁治,为何不讲"在县故城北六十步郭内"? 笔者认为,应把同书中记载的"废臧质城"联系起来,进行综合考察,废臧质城即新开直河口的"县城",臧质城已废,"县城"一定为故城,所以"县城"二字中间必脱一"故"字。

至于宋代的所谓"迁治",不过是在今盱城镇的范围内县署迁移而已,就不打算多费口舌了。

盱眙故城——霸王城,作为郡、县治虽然撤废,但由于它濒临淮河,而且这段淮河是联结通济渠与邗沟的水上交通主动脉,所以它仍不失为聚落闹市。据《元丰九域志》载,作为泗州附郭县的盱眙县,辖有五乡三镇,三镇之首即盱眙镇。《元丰九域志》是不把县治所在地列为乡镇建置的,所以,这个"盱眙镇"就是甘泉山麓、淮水之滨的霸王城。不作县治而依旧繁荣,无怪乎把这个县城仍习惯称为"县城"呢。

(转自《洪泽湖志》编纂委员会编:《洪泽湖志》,方志出版社2003版。)

附录六：图　版

图版一　春秋末期善道(盱眙)位置

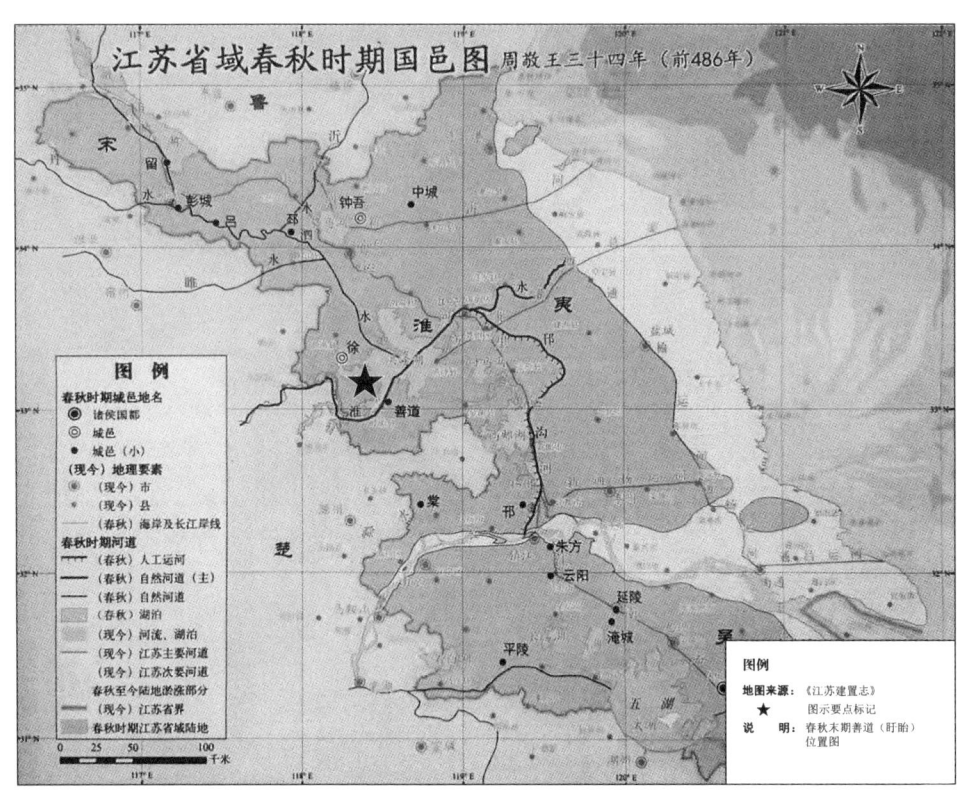

图版二　南朝齐时盱眙郡的位置

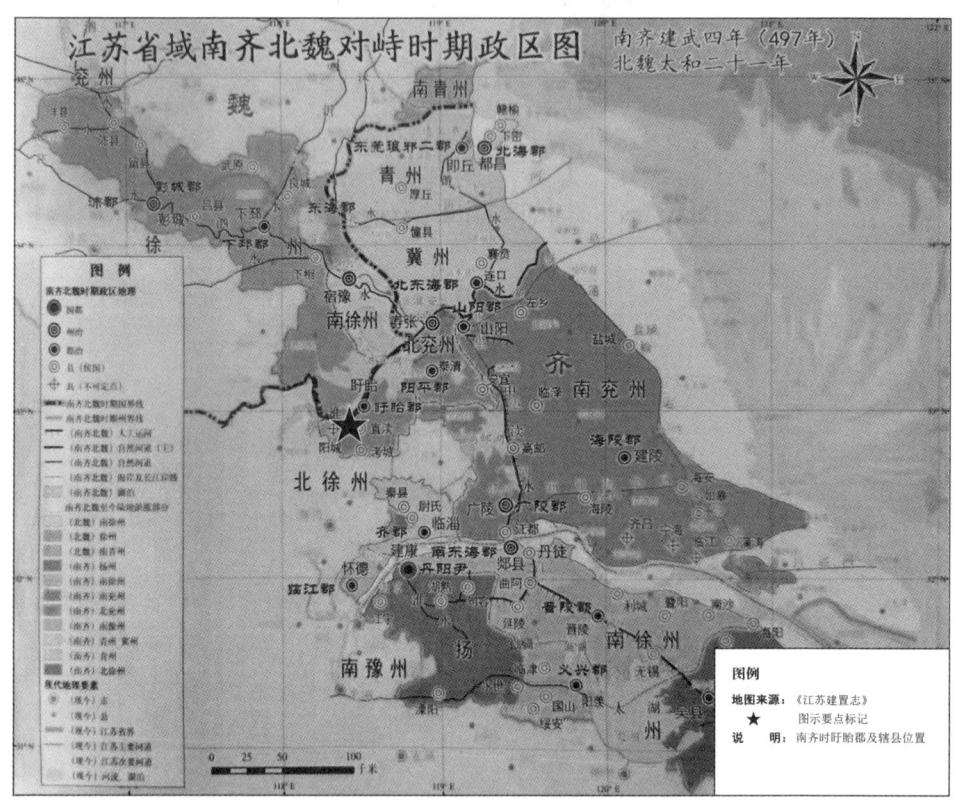

时盱眙郡属南兖州,辖盱眙、考城、直渎、阳城四县

图版三 十九世纪二十年代盱眙县区域

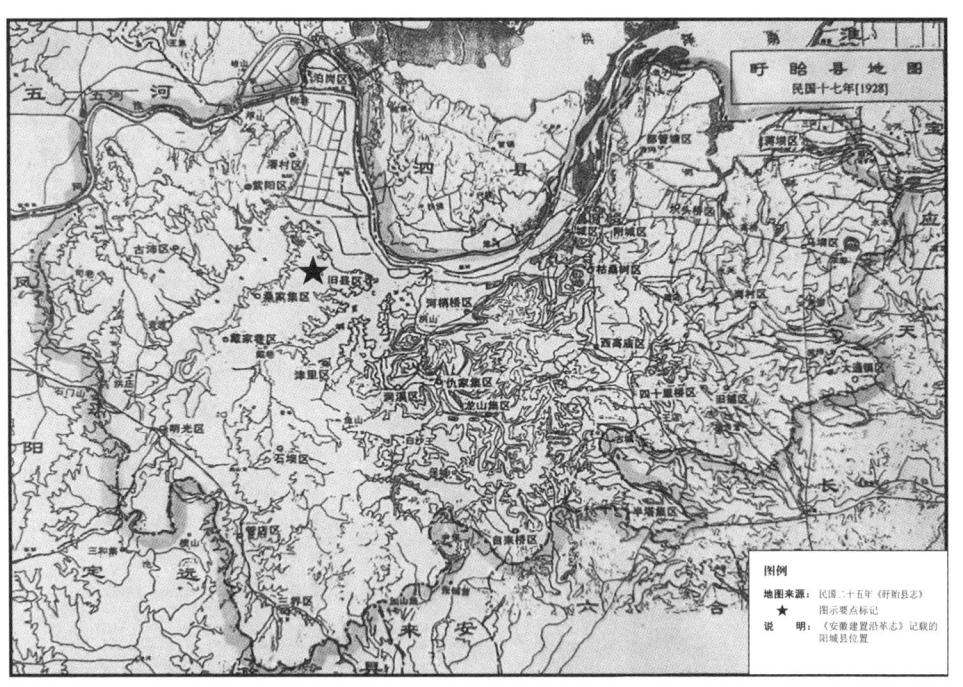

图中标注的地方,即《安徽建置沿革志》记载为阳城县所在地

图版四　今盱眙县政区图

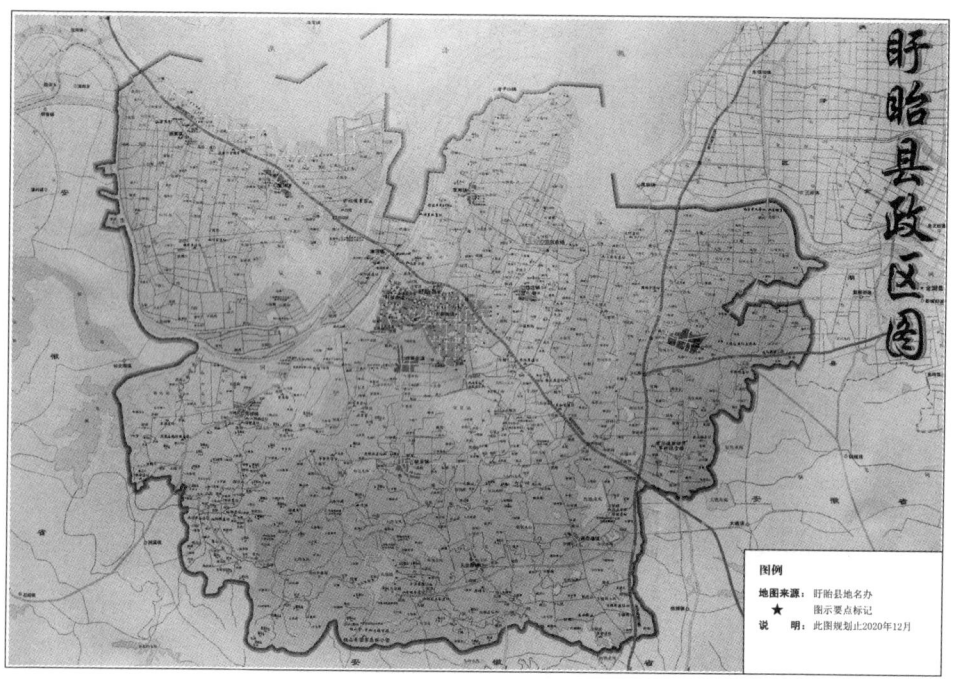

图版五　长围城与南宋初年盱眙城城墙示意图

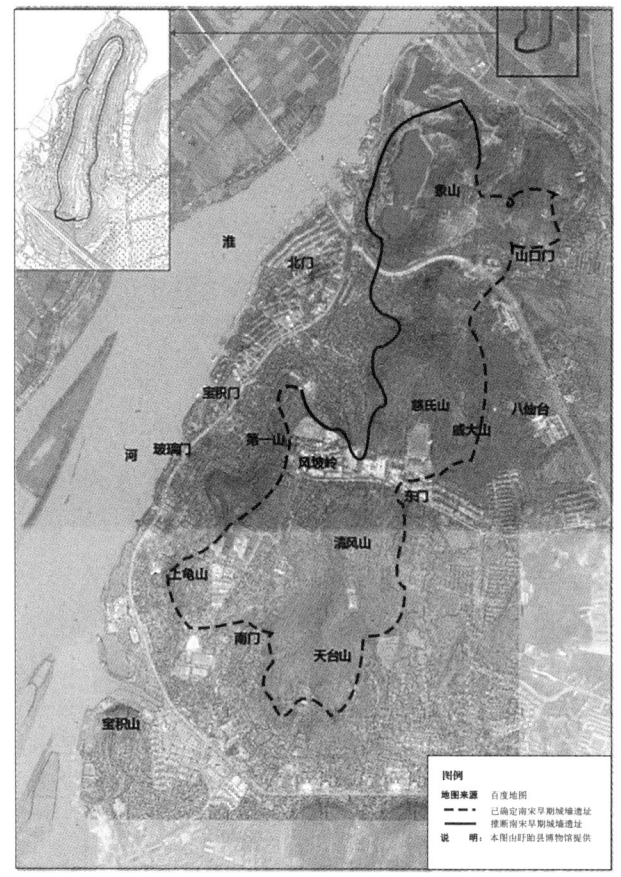

图左、右上角是长围城图,《太平御览》引《盱眙图经》曰:"长围山周回四里,在县北七里,上置军营,将士一千人守,至德二年(757年),节度使高适置。"考古发掘表明城墙遗址清晰完整,其下方线条部分,为近年修筑宁宿徐高速公路时损坏部分。

图版六　南宋后期盱眙城墙示意图

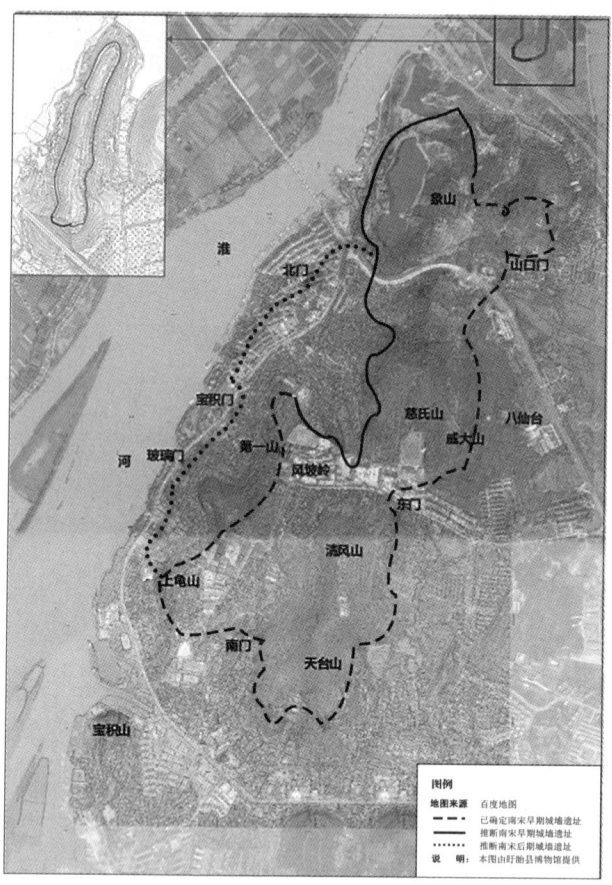

图版七　第一山至龟山地标图

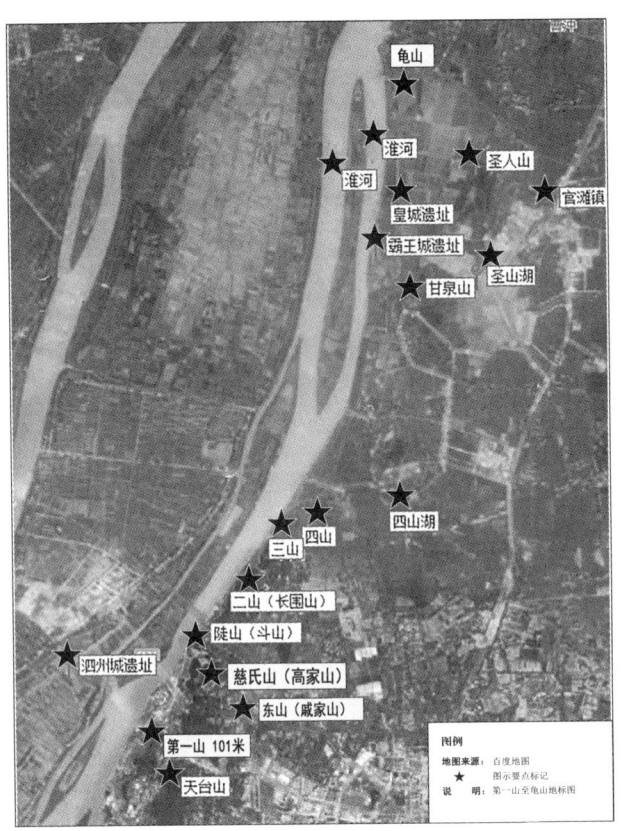

图版八　陡山(斗山)、盱眙郡城遗址、霸王城、疑似都梁宫考古点位置图

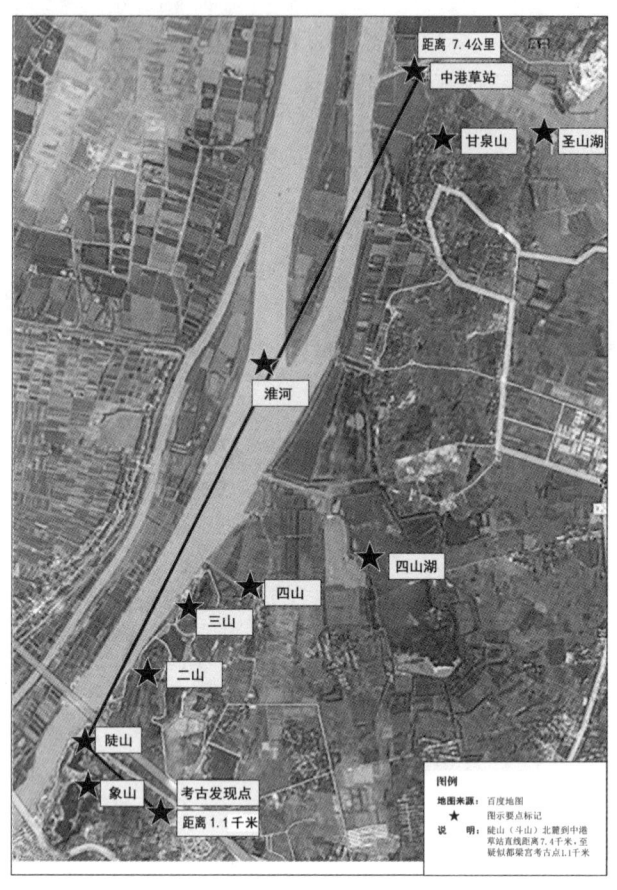

陡山(斗山)北麓到中港草站直线距离7.4千米,至疑似都梁宫考古点1.1千米

图版九 陡山(斗山)鸟瞰图

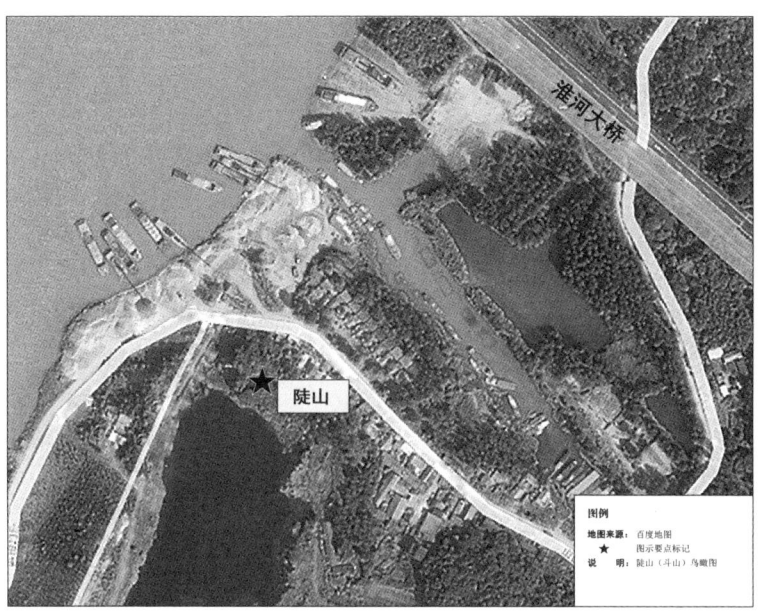

图版十　元嘉二十七年底至元嘉二十八年初刘宋、北魏交战示意图

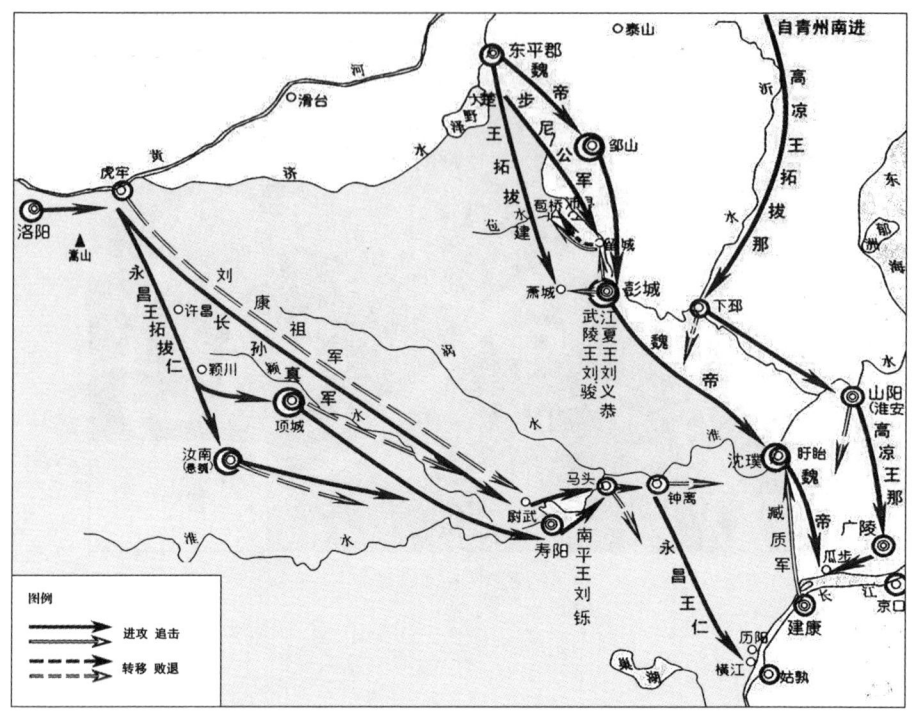

主要参考文献

1. 按书名首字汉语拼音排序
2. 所引出自期刊者,均随文出注,此处不列
3. 所引文献截止时间为 2019 年 12 月

A

《安徽省建置沿革志》,徐学林主编,方志出版社 1999 年版

B

《北史》,李延寿著,中华书局 2000 年版
《北齐书》,李百药著,中华书局 2000 年版

C

《陈书》,姚思廉著,中华书局 2000 年版
《辞海》,上海辞书出版社 1979 年版,1983 年增补本
《春秋左传注》,杨伯峻编著,中华书局 1981 年版
《春秋公羊传译注》,刘尚慈译注,中华书局 2010 年版
《春秋谷梁传译注》,承载著,上海古籍出版社 2004 年版
《春秋地名考略》,高士奇著,据《钦定四库全书》经部藏本复印本

D

《读通鉴论》,王夫之著,中华书局 2004 年版
《读史方舆纪要》,顾祖禹著,贺次君等点校,中华书局 2005 年版

《东晋疆域志》，洪亮吉著，商务印书馆，民国二十八年出版

《东晋南朝侨州郡县与侨流人口研究》，胡阿祥著，江苏教育出版社 2008 年版

《帝乡纪略》，曾惟诚著，明万历二十七年刊本，台湾成文出版社影印本

《大元一统志》，孛兰肹等撰，民国二十年至二十三辽海书社排印本

《大明一统志》，李贤著，天顺五年本影印件

《杜佑评传》，郭锋著，南京大学出版社 2004 年版

F

《方舆胜览》，祝穆著，祝洙增订，施和金点校，中华书局 2003 年版

G

《国史大纲》，钱穆著，商务印书馆 2010 年据 1940 年版再版

《国学举要·史卷》，田昌五著，湖北教育出版社 2001 年版

《古史新证》，王国维著，清华大学出版社 1994 年版

《光绪重修安徽通志》沈葆桢、吴坤修等著，上海古籍出版社 1995 年影印版

《光绪盱眙县志稿》，王锡元著，台湾盱眙同乡会 1964 年据台湾师大藏本翻印本

H

《汉书》，班固著，颜师古注，中华书局 1962 年版

《后汉书》，范晔著，李贤等注，中华书局 1965 年版

《汉魏古注十三经》，中华书局 1998 年据 1936 年版《四部备要》缩印

《淮河》，胡阿祥、张文华著，江苏教育出版社 2010 年版

《洪泽湖志》，荀德麟主编，方志出版社 2003 年版

J

《江苏旧方志提要》，徐复、季文通主编，江苏古籍出版社1993年版

《江苏建置志》，胡阿祥、姚乐主编，江苏人民出版社2013年版

《晋书》，房玄龄等著，中华书局1974年版

《旧唐书》，刘昫等著，中华书局2000年版

《建炎以来系年要录》，李心传著，中华书局1956年据商务印书馆版

《嘉庆重修一统志》，穆彰阿等著，中华书局1986年据首都师范大学藏本影印版

《嘉靖泗州备遗》，袁淮修，侯廷训纂，明嘉靖七年刻本复印本

《嘉庆重修江宁府志》，姚鼐总修，嘉庆十六年刻本影印本

L

《六朝通鉴博议》，李焘著，胡阿祥等点校，南京出版社2007年版

《六朝疆域与政区研究》，胡阿祥著，西安地图出版社2001年版

《六朝政区》，胡阿祥著，南京出版社2008版

《吕著中国通史》，吕思勉著，华东师范大学出版社1991年版

《亮剑》，都梁著，解放军文艺出版社2005年版

《老盱眙》，吴坤著，北京图书出版社2013年版

M

《梦溪笔谈》，沈括著，上海书店出版社2009年版

《民国盱眙县志略》，王汾纂修，民国二十五年铅印本复印本

《明祖陵600年》，胡仁生编著，广陵书社2014年版

N

《南齐书》，萧子显著，中华书局1972年版

《南史》，李延寿著，中华书局2000年版

Q

《清史稿》,赵尔巽主编,中华书局 1971 年版

《清康熙盱眙县志》,朱弘祚撰,盱眙县历史文化研究会 2016 年据北京图书馆康熙十一年《盱眙县志》影印件重印本

《清康熙泗州志》,莫之翰等撰,盱眙县历史文化研究会 2016 年据康熙二十七年本点校重印本

《乾隆盱眙县志》,郭起元等著,乾隆十二年刻本复印本

《清末才女汪藕裳及其家族名人研究》,王泽强著,上海三联书店 2017 年版

S

《史记》,司马迁著,裴骃集解,司马贞索隐,张守节正义,中华书局 1959 年版

《三国志》,陈寿著,裴松之注,中华书局 1959 年版

《宋书》,沈约著,中华书局 1974 年版

《隋书》,魏征等著,中华书局 2000 年版

《水经注》,郦道元著,《摛藻堂四库全书荟要》影印本

《宋史》,脱脱等著,中华书局 2000 年版

《苏轼文集》,王新龙编,中国戏剧出版社 2009 年版

《说文解字注》,许慎撰,段玉裁注,凤凰出版社 2007 年版

《史记地名考》,钱穆著,商务印书馆 2001 年版

《水经注全译》,陈桥驿译注,王东补注,中华书局 2009 年版

《泗州通志》,李德耀修,戚玾撰,康熙十二年完稿没出版,2013 年盱眙县图书馆据北京图书馆抄本翻印版

《泗虹合志》,方瑞兰等著,黄山书社 2011 年据光绪本点校版

T

《通典》,杜佑著,王文锦等点校,中华书局 1988 年版
《天下郡国利病书》,顾炎武著,上海古籍出版社 2002 年版
《唐才子传全译》,李立朴著,贵州人民出版社 1994 年版
《太平广记》,李昉等编,中华书局 1961 年版
《太平寰宇记》,乐史著,王文楚点校,中华书局 2007 年版
《太平御览》,李昉著,河北教育出版社 1994 年版
《苕溪渔隐丛话》,胡仔著,人民文学出版社 1962 年版
《通鉴地理通释校注》,王应麟、张保见著,四川大学出版社 2009 年版
《同治盱眙县志》,崔秀春等著,清同治十二年刻本复印本

W

《魏书》,魏收著,中华书局 1974 年版
《问水集》,刘天和著,中国水利学会 1936 年版《中国水利珍本丛书》
《务本丛谈》,郭介梅著,国光印书局民国二十五年(1936)版
《万历帝里盱眙县志》,李上元等著,万历二十三年刻本复印本

X

《新唐书》,欧阳修、宋祁著,中华书局 2000 年版
《续资治通鉴》,毕沅著,中华书局 1957 年版
《盱眙县志》,张恩钤总编,江苏科学技术出版社 1993 年版
《盱眙本草》,王行政主编,北京图书出版社 2016 年版
《盱眙金石》,成兆友、谭勇主编,北京图书出版社 2016 年版
《盱眙老北头》,马培荣著,北京图书出版社 2017 年版

Y

《舆地纪胜》,王象之著,中华书局 1992 年版

《舆地志辑注》,顾野王著,上海古籍出版社 2011 年版
《舆地广记》,欧阳忞著,四川大学出版社 2003 年版
《元史》,宋濂等著,中华书局 2000 年版
《杨守敬集》,谢承仁主编,湖北人民出版社 1988 年版
《尹焕章文集》考古卷,南京博物院编,文物出版社 2009 年版

Z

《资治通鉴》,司马光著,胡三省注,中华书局 1956 年版
《资治通鉴考异》,司马光著,据《钦定四库全书》史部藏本复印本
《资治通鉴地理今释》,吴熙载著,光绪八年江苏书局刻本(复印本)
《正德盱眙县志》,李天畀等著,北京图书馆影印本
《中国通史》,白寿彝著,上海人民出版社 1999 年版
《中国通史简编》,范文澜著,人民出版社 1964 版
《中国历史地图集》,谭其骧主编,中国地图出版社 1982 年精装版
《中国地名大辞典》,刘钧仁主编,北平研究院民国十九年(1930 年)版
《中国古今地名大词典》,戴均良主编,上海辞书出版社 2005 年版
《中国历史地名大词典》,史为乐主编,中国社会科学出版社 2005 年版
《中国历史地名大辞典》,魏嵩山主编,广东教育出版社 1995 年版
《中国古今地名大词典》,臧励和主编,商务印书馆民国二十年(1931 年)版
《中国历代战争史》,台湾三军大学编撰,1983 年中国军事译文出版社内部版
《中国古代北方民族通论》,林幹著,内蒙古人民出版社 2007 年版
《中国度量衡史》,吴承洛著,上海书店 1984 年据商务印书馆 1937 版复印本
《中国行政区划通史》三国两晋南朝卷,周振鹤主编,胡阿祥、孔祥军、徐成著,复旦大学出版社 2014 年版
《子虚记》,汪藕裳著,王泽强点校,中华书局 2014 年版

后　记

　　盱眙保卫战是南北朝时与淝水之战齐名的一场大战,战争结果改变了南北双方的攻守态势,在中国战争史上留下浓墨重彩一笔。但令人遗憾的是,多年来众多史料对战争发生地均表述不明确,明清以来泗州、盱眙等地方志书对"臧质城"的记述或讹误多多,或以讹传讹;经典文献的记载也矛盾百出,让人莫衷一是,依违难定。因此,厘清盱眙保卫战发生地成为驱动本书写作的动机和目的,初衷只是想为盱眙地方史志做点裨补阙漏的事情。机缘巧合的是动笔前,得到了南京大学胡阿祥老师的勉励支持;初稿草成后,阿祥老师在繁忙的教学与社会活动中抽出时间审阅,并提出修改意见;二稿完成后,阿祥老师再次拨冗指导,特别是在眼疾手术未愈情况下,亲自动手修改本书,让我感动敬佩之至。后再经阿祥老师推荐,书稿被列入南京大学六朝研究所"戊种·公共史学"系列,一步登上大雅之堂,喜出望外之情无以言表。可以说拙作能够顺利付梓,与阿祥老师的精心辅导、倾力教诲、无私举荐是分不开的,借此机会对阿祥老师表示真诚的感谢!

　　本书的写作过程也是学习过程。就本书内容来说,涉及历史资料相对较多,还有政治、军事、民族、地理等方面文献;时间跨度较长,远自春秋末期,近至当下;许多知识都是在写作过程中学习,在学习中提高。再一个就是向阿祥老师学习做人的过程,阿祥老师是博士生导师,因上"百家讲坛"而闻名,因"中国地名大会"而受到全国人民关注。这样一位著名学者,对一本普通不能再普通的书稿,不顾疾病缠身,挤出时间一改再改;对一个普通不能再普通的历史爱好者,不因学术水平的悬殊居高临下轻视小看,而是以平等的身份相互交流,以亲切的口吻善意提醒不足,用行动体现出令人景仰的名家大师风范。阿祥老师这种科学严谨的学术态度、平易近人的谦逊作风、诲人不倦的治学精神、提携后进的宽广胸怀永远值得学习。

虽得名师指导,无奈笔者庶竭驽钝,拙作难免存在不足,欢迎各位老师、方家批评指正。

盱眙县历史文化研究会对本书写作出版给予了大力支持,会长成兆友先生、副会长张承东先生均多次给予关心鼓励。朱少成先生为本书制作图片,陈大羽先生的关门弟子、民革中央画院理事欧锦钺先生为本书题签。此外,史玉明、朱红祥、汪永平、叶洪军、傅育成、杨绵发、谭勇、金科等诸位先生在本书写作过程中都曾给予帮助,为本书增添光彩。家人吕志超、钟山也给予关心、鞭策,在此一并表示谢意!

钟海平

初稿于二〇一七年中元

定稿于二〇二〇年国庆

"南京大学六朝研究所书系"已出图书

一、甲种专著

1.《东晋南朝侨州郡县与侨流人口研究》(修订本),胡阿祥著,江苏人民出版社2019年10月版,"甲种专著"第壹号;

2.《中古丧葬礼俗中佛教因素演进的考古学研究》,吴桂兵著,科学出版社2019年12月版,"甲种专著"第贰号;

3.《六朝的城市与社会》(增订本),刘淑芬著,南京大学出版社2021年1月版,"甲种专著"第叁号。

4.《探寻臧质城——刘宋盱眙保卫战实地考实》,钟海平著,南京大学出版社2022年3月版,"甲种专著"第伍号。

二、乙种论集

1.《"都城圈"与"都城圈社会"研究文集——以六朝建康为中心》,张学锋编,南京大学出版社2021年1月版,"乙种论集"第壹号。

2.《六朝史丛札》,楼劲著,南京大学出版社2022年3月版,"乙种论集"第叁号。

三、丙种译丛

1.《中古中国的荫护与社群:公元400—600年的襄阳城》,[美]戚安道著,毕云译,南京大学出版社2021年1月版,"丙种译丛"第壹号;

2.《从文物考古透视六朝社会》,[德]安然著,周胤等译,南京大学出版社2021年1月版,"丙种译丛"第贰号。

四、丁种资料

1.《建康实录》,(唐)许嵩撰,张学锋、陆帅整理,南京出版社2019年10月版,"丁种资料"第壹号。

五、戊种公共史学

1.《"胡"说六朝》,胡阿祥著,江苏人民出版社2019年6月版,"戊

种公共史学"第壹号;

2.《谢朓传》,胡阿祥、王景福著,凤凰出版社2019年12月版,"戊种公共史学"第贰号。